物流运筹学

主　编　姚文斌　黄燕东　曹淼清
副主编　宫政云　张启慧　李金营　林　龙

北京理工大学出版社
BEIJING INSTITUTE OF TECHNOLOGY PRESS

图书在版编目（CIP）数据

物流运筹学／姚文斌，黄燕东，曹淼清主编．－－北
京：北京理工大学出版社，2023.3
ISBN 978－7－5763－2211－8

Ⅰ．①物… Ⅱ．①姚…②黄…③曹… Ⅲ．①物流－
运筹学 Ⅳ．①F252

中国国家版本馆 CIP 数据核字（2023）第 052020 号

出版发行／北京理工大学出版社有限责任公司

社　　址／北京市海淀区中关村南大街5号

邮　　编／100081

电　　话／（010）68914775（总编室）

　　　　　（010）82562903（教材售后服务热线）

　　　　　（010）68944723（其他图书服务热线）

网　　址／http：//www.bitpress.com.cn

经　　销／全国各地新华书店

印　　刷／唐山富达印务有限公司

开　　本／787 毫米×1092 毫米　1/16

印　　张／15.5　　　　　　　　　　　　　　责任编辑／多海鹏

字　　数／330 千字　　　　　　　　　　　　文案编辑／多海鹏

版　　次／2023 年 3 月第 1 版　2023 年 3 月第 1 次印刷　　责任校对／周瑞红

定　　价／79.00 元　　　　　　　　　　　　责任印制／施胜娟

图书出现印装质量问题，请拨打售后服务热线，本社负责调换

前　言

"运筹学"是一门基础的应用学科，主要研究系统最优化的问题，通过建立实际问题的数学模型并求解，为决策者的决策提供科学依据。运筹学在自然科学、社会科学、工程技术生产实践、经济建设及现代管理中有着重要的意义。

随着科学技术和社会经济建设的不断发展，"运筹学"得到迅速的发展和广泛的应用。作为"运筹学"的组成部分——线性规划、整数规划、非线性规划、网络计划与网络优化、排队论、库存控制、博弈论等内容已成为物流类、经济管理类专业学生所应掌握的必要知识和学习其他相应课程的重要基础。本书根据应用型本科、高职学生知识结构的需要，系统介绍上述内容的基本理论及应用方法。

随着智能技术与数字技术的发展和应用，"运筹学"课程地位越来越重要，然而在传统的教学过程中主要强调基本原理与算法的讲授，过于强调数学公式及其推导，与企业优化决策过程联系较少，且较少使用计算机，与现代管理不相适应，不便于学生专业技能的培养。本教材根据职业教育的特点，选择典型的运筹学内容，结合制造业、物流业、商贸流通业的特点及部分案例，按照工作过程进行整合，主要介绍线性规划及运输优化、整数规划及指派优化、网络计划及网络最优化、非线性规划、排队论、需求预测与库存优化及其应用，教材中将 Excel 电子表格作为一项主要内容，为相应教学及学习提供了一个舒适而愉快的环境。

本书由浙江经济职业技术学院姚文斌、黄燕东及杭州安昌供应链管理有限公司曹淼清担任主编，以工作任务为导向，适用项目化教学，并汇集了浙江省思政建设课程"物流优化技术"的研究成果。本书编写分工如下：浙江经济职业技术学院姚文斌编写了项目一　认识运筹学的发展及应用、项目二　掌握线性规划、项目四　掌握整数规划及应用、项目七　认识排队论、项目八　掌握需求预测与库存控制；李金营编写了项目三　学习运输问题；黄燕东编写了项目六　认识网络计划与网络最优化中任务一；林龙老师编写项目六　认识网络计划与网络最优化中任务二；张启慧编写了项目六　认识网络计划与网络最优化中任务三、任务四；杭州安昌供应链管理有限公司曹淼清编写了项目九　认识对策行为与对策论；杭州电子科技大学官改云编写了项目五　认识非线性规划、附录。此外聂华教授认真审阅了本书，在此一并表示衷心的感谢。

由于编者水平有限，书中错误和不当之处在所难免，恳请广大读者给予指正。

编　者

目　录

项目一 认识运筹学的发展及应用

教学目标：通过本项目内容的学习，同学们能够了解运筹学的发展及主要分支，同时能掌握运筹学目前在我国的发展现状，以及在物流中运筹学是如何应用的。

本项目内容要点：本项目内容主要包括运筹学的发展及主要分支、运筹学在我国的发展和运筹学在物流中的应用。

运筹学这个名称，最早于 1938 年出现在英国，英国人称之为 Operational Research，1942 年美国开始从事这项工作时，称之为 Operations Research。我国运筹学的先驱者从《史记》"运筹帷幄之中，决胜千里之外"一语摘取"运筹"二字作为这门科学的名称，既显示其军事的起源，也表明其萌芽早已出现在我国。

思政小课堂

中国古代劳动人民应用运筹学的优化和系统思想进行决策、建设大型工程及提出危难关头解决方案的案例比比皆是，从《孙子兵法》到张良运筹帷幄，从《史记》中记载的田忌赛马的博弈论雏形到《梦溪笔谈》里记载的丁谓修皇宫（梦溪笔谈·权智），从几乎不可能完成的都江堰水利工程到《梦溪笔谈》中的"导水治堤"与"泽国长堤"，这些成就无一不让我们认识到中国劳动人民的勤劳和智慧。中国古代劳动人民应用运筹学的优化和系统思想进行决策、大型工程的建设、危难关头的解决方案的案例比比皆是，从孙子兵法到张良运筹帷幄，从《史记》中记载的田忌赛马的博弈论雏形到《梦溪笔谈》里记载的丁谓修皇宫（梦溪笔谈·权智），从几乎不可能完成的都江堰水利工程到梦溪笔谈中的"导水治堤"与"泽国长堤"。这些成就无一不让我们认识到中国劳动人民的勤劳和智慧。在当前新的历史时期，深入贯彻落实党的二十大精神，必须践行全心全意为人民服务的根本宗旨，深入贯彻以人民为中心的发展思想，坚持发展为了人民、发展依靠人民、发展成果由人民共享，促进全体人民共同富裕，实现好、维护好、发展好广大人民的根本利益，不断把人民对美好生活的向往变为现实。

任务一　认识运筹学的发展及主要分支

学习目标

知识目标	技能目标	素质目标
➤了解运筹学的发展过程 ➤掌握运筹学的主要分支	➤能够阐述运筹学的发展过程 ➤能够列出运筹学的主要分支	➤培养学生热爱科学，并为国家科学事业奋斗的精神

任务描述

李元是某学校物流管理专业的学生，今天是他们大二开学的第一天，听说第一节课是"物流运筹实务"，他不知道这门课要学习什么内容，运筹学又是什么意思呢？请同学们帮助李元解开这些迷惑吧！

任务资讯

一、运筹学的发展

运筹学作为一门近代新兴的科学，始源于第二次世界大战期间。20世纪30年代后期，英国军事管理部门邀请了一批科学家，研究与防御有关的战略和战术问题，以便最有效地利用有限的军事资源，最成功地使用现有的武器装备。早期的工作包括研究新式雷达的有效使用及野外火炮控制设备的效能（尤其是火炮在实战中的应用）等。这个小组的建立及其工作标志着第一次正式的运筹学活动。英国运筹小组卓有成效的工作促使美国军事管理部门也开始进行类似的活动。美国运筹小组的工作包括反潜艇策略、深水炸弹的起爆深度研究等。这些早期的运筹学工作，使用的方法一般说来都极为浅显，而成效卓著，人们开始认识到武器系统的有效使用和估价是必不可少的工作，用定量分析方法研究实际问题、建立数学模型等方法也是行之有效的。

第二次世界大战以后，那些企业管理家们也注意到了运筹小组的成就，想利用运筹学方法来解决产业部门内部新型的管理问题，以提高生产率和增加利润，甚至在政府部门制定计划、进行决策时，也试图采用运筹学方法。所有这些都使得运筹学的研究队伍和应用领域不断扩大。20世纪50年代，计算机科学与计算技术的成就，对运筹学的发展也起到了很大的推动作用。

二、运筹学的主要分支

运筹学有着很多的应用领域和研究领域，时至今日仍在不断发展和扩充。这里只能简单叙述一下它最主要的几个分支。

（一）数学规划（Linear Programming）

数学规划是研究计划管理工作中在给定条件下，按某一衡量指标来寻找最优方案，它可以表示为在满足约束条件下，求极大、极小值问题。

数学规划中最简单的是线性规划。线性规划是研究在线性不等式或等式的限制条件下，使得某一个线性目标取得最大（或最小）的问题。由于线性规划模型比较简单，理论与计算方法比较成熟，因而，线性规划在交通、工业、农业、军事、经济、管理等方面有很多成功应用的实例。

由于在实际问题中某些变量的取值只能为整数（例如，机器的台数，完成工作的人数等），因此，在线性规划的模型中有一部分或全部变量要求是整数，这就构成了（线性）整数规划问题（Integer Programming）。

非线性规划（Nonlinear Programming）是线性规划的进一步发展与继续。在很多实际问题当中，变量与变量之间大多是非线性关系。如果在数学规划模型当中，至少有一个非线性函数出现（不论是目标函数，还是约束函数），我们就称其为非线性规划问题。

动态规划（Dynamic Programming）是与时间有关的规划问题，它是贝尔曼（R. Bellman）等人在1951年，根据一类多阶段决策问题的特性，提出了解决这类问题的著名的"最优化原理"，随后又应用这一原理解决了很多实际问题，从而创建了解决多阶段决策问题的一种新方法——动态规划。动态规划在工程技术、经济、管理、军事等有关部门都有着广泛的应用。

（二）对策论（Theory of Games）

对策论也是运筹学的一个重要分支。1928年，冯·诺意曼（J. von Neumann）等人由于经济问题的启发，研究了一类具有某种特性的博弈问题，这是对策论最早期的工作。在我国古代的战国时期，"齐王与田忌赛马"就是一个非常典型的对策论的例子。对策论所研究的主要对象是带有斗争性质（或至少含有斗争成分）的现象。由于对策论研究的对象与政治、军事、工业、农业、交通运输等领域有密切关系，处理问题的方法又有着明显的特色，所以越来越受到人们的注意。

（三）存储论（Inventory Control）

存储论是研究在各种不同情况下的库存问题，形成数学模型，选择合理的存储决策，以使相应问题中考虑的各项费用的总和为最小。随着社会经济的不断发展，需要存储的对象越来越多，因而，研究存储问题对我们来说是十分有意义的。

（四）排队论（Queuing Theory）

排队论有时也被称为随机服务系统，它同样是运筹学的一个重要分支。它是研究系统拥挤现象和排队现象的一门学科，其目的是研究排队系统的运行效率，估计服务质量，确定系统参数的最佳值，以决定系统结构是否合理、研究设计改进措施等。排队论的开创性工作是 1915 年丹麦数学家埃尔朗（A. K. Erlang）在研究自动电话系统中通话线路与电话用户呼叫的数量关系问题时，建立了呼叫生灭模型，推导出了后来被人们命名的埃尔朗公式，它极为成功地解决了这一问题。排队论在城市管理、计算机研制、卫星通信、水库调度、生产管理等方面都得到了广泛的应用。

（五）图论（Graph Theory）

图论作为数学的一个分支，迄今已有 200 多年的历史。随着科学技术的发展及电子计算机的出现与广泛应用，在 20 世纪 50 年代，图论的理论得到进一步发展。图论在物理、化学、电学、计算机科学等方面得到应用，特别是许多运筹学问题可以化为纯图论问题，使用图论的理论和方法来求解便显得十分方便。因此，图论中的某些理论和方法也可看作是运筹学的一个重要分支。

 **任务实施**

运筹学在 20 世纪 50 年代以后得到了广泛的应用。对于系统配置、聚散、竞争运用机理深入的研究和应用，形成了比较完备的一套理论，如规划论、排队论、存贮论、决策论等。此外，随着其理论上的成熟及电子计算机的问世，又大大促进了运筹学的发展，世界上不少国家已成立了致力于该领域及相关活动的专门学会，美国于 1952 年成立了运筹学会，并出版期刊《运筹学》，世界其他国家也先后创办了运筹学会与期刊，并于 1959 年成立了国际运筹学协会（International Federation of Operations Research Societies, IFORS）。

 **任务拓展**

请大家查阅资料，了解一下运筹学在我国的主要分支，与同学们一起谈论一下吧！

任务巩固

一、判断题

1. 数学规划是研究计划管理工作中在给定条件下，按某一衡量指标来寻找最优方案，它可以表示为在满足约束条件下，求极大、极小值问题。（　　）

2. 数学规划中最简单的是非线性规划。（　　）

3. 1928年，冯·诺意曼（J. von Neumann）等人由于经济问题的启发，研究了一类具有某种特性的博弈问题，这是对策论最早期的工作。（　　）

4. 存储论是研究在各种不同情况下的库存问题，形成数学模型，选择合理的存储决策，以使相应问题中考虑的各项费用的总和为最大。（　　）

5. 我国将运筹学作为一门近代新兴的科学，始源于第二次世界大战之后。（　　）

6. 图论中的某些理论和方法也可看作是运筹学的一个重要分支。（　　）

二、思考题

1. 简要阐述运筹学的主要分支。
2. 简要说明第二次世界大战之后为什么运筹学取得了较快的发展。

 任务评价

学习任务完成情况评价

名称		评分标准或要求	分值	评价方式			得分
				自评	互评	师评	
理论知识评价	1	能简单描述运筹学的发展过程	15				
	2	掌握运筹学的主要分支	20				
技能操作评价	3	能够阐述运筹学发展的阶段	25				
	4	能够列出运筹学的主要分支	20				
职业素养评价	5	积极参与课堂互动	10				
	6	勇于表达自己的观点，语言表达流畅	10				
总分值			100	总得分			

任务二　了解运筹学在我国的发展

 学习目标

知识目标	技能目标	素质目标
▶了解运筹学在我国的发展	▶能够阐述运筹学的主要发展	▶培养学生爱国热情，提高民族自豪感，增强文化自信

 任务描述

　　李元在了解了这门课要学习什么内容和运筹学的概念之后，他发现运筹学的发展基本都在国外。那我们国家是何时才引进运筹学的呢？现如今有发展的怎么样了？请同学们继续帮助李元回答下这些问题吧！

 任务资讯

　　现代运筹学被引入中国是在 20 世纪 50 年代后期。中国第一个运筹学小组在钱学森、许国志先生的推动下在 1956 年于中国科学院力学研究所成立，而运筹学思想可以追溯到很早以前。我国古代的能人志士曾采用运筹学思想指导实践，有些案例至今仍有借鉴作用。

一、丁谓修宫，一举而三役济

　　宋真宗大中祥符年间，大内失火，一夜之间，大片宫室楼台、殿阁亭榭变成了废墟。为了修复这些宫殿，宋真宗挑选了善于思考的晋国公丁谓负责。当时，要完成这项重大建筑工程，需要解决一系列相关难题：一是取土困难，因为要到郊区去取土，路途太远；二是与此相关的运输问题难以解决，这不光是运土问题，还要运输大量其他材料；三是大片废墟垃圾的处理问题。丁谓运筹规划，制定了高明的施工方案。首先下令"凿通衢取土"，从施工现场向外挖了若干条大深沟，挖出的土作为施工用土。这样一来，取土问题就舍远求近地就地解决了。第二步，把宫外的汴水引入新挖的大沟中，"引诸道竹木筏排及船运杂材，尽自堑中入至宫门"。这样，又解决了大批木材、石料的运输问题。待建筑运输任务完成之后，再排除堑水，把工地所有垃圾倒入沟内，重新填为平地。

二、田忌赛马

战国初期，齐国的国王要求田忌和他赛马，规定每人从自己的上马（即头等马）、中马、下马中各选一匹马来比赛，并且说好每输一匹马就得支付一千两银子给获胜者，当时齐王的马比田忌的马强，好像田忌要输三千两银子了，但田忌的谋士们给田忌出主意：上马虽不及齐王的上马，但却强于齐王的中马，因此用上马与齐王的中马比赛，同理用中马与齐王的下马比赛，而用下马与齐王的上马比赛。比赛结果田忌反赢得一千两银子，田忌所用的策略就是如今运筹学中对策论的策略。

三、侯叔献治水

宋神宗熙宁年间，睢阳（今河南商丘）界中掘汴堤放水淤田，不料汴水暴涨，堤坊崩溃，一时大水汹涌，人力无法堵塞。就在这万分紧急的时刻，恰好官居都水丞的侯叔献来到现场。他知道上游数十里有一座无人的古城，便立即下令在上游掘堤，把水引入古城。这样一来，下游水势大减，使险情得以缓解，从而赢得时间修复河堤。到第二天，上游的古城水满，汴水涌向下游时，河堤已经修好，这一最佳方案挽救了千万人的生命财产。

从上述案例中，我们可以看到运筹学思想在我国具有良好的基础。运筹学概念虽然起源于欧美，但在学科研究方面，我国并不落后。在 20 世纪 50 年代末，著名数学家华罗庚等老一代科学家就曾为运筹学的发展和应用做出了突出贡献，20 世纪 60 年代，他们亲自指导青年科技工作者在全国推广运筹学方法，华罗庚的"优选法"和"统筹方法"被各部门采用，取得了很好的效果，受到中央领导的好评；杨纪珂教授亲自带领学生深入厂矿企业，推广应用"质量控制"技术，也取得了很好的效果，受到各界的好评。他们还为管理人员编写了通俗易懂的普及性读物，让更多的人学习和运用运筹学方法。改革开放以来，运筹学的应用更为普遍，特别是在流通领域应用更为广泛。例如运用线性规划进行全国范围的粮食、钢材的合理调运，广东水泥的合理调运等；许多企业的作业调配、工序安排、场地选择等，也使用了运筹学方法，并取得了显著的效果。

任务实施

计算机为非破坏性试验和系统仿真带来了强有力的手段，也促进了运筹学难解问题的算法研究，元启发式算法和人工智能算法应运而生。但在运筹学发展的历史上并不总是一帆风顺，也曾经出现过波折，特别是在 20 世纪 70 年代，运筹学曾深深陷入数学泥沼，出现大量让人费解的算法，如严格限制条件下的收敛性证明，使建模与算法远远脱离了实际问题和应用，限制了很多以实际为背景的研究，运筹学界内部也分成为两派。我国运筹学界在 20 世纪 90 年代开始纠正这一现象，打出了"应用——运筹学的生命"的旗帜。运筹学和企业实践相结合取得了丰硕的成果。

 任务拓展

　　现代运筹学被引入中国是在 20 世纪 50 年代后期。中国第一个运筹学小组在钱学森、许国志先生的推动下，于 1956 年在中国科学院力学研究所成立。可见，运筹学从一开始就被理解为与工程有密切联系的学科。请大家查阅资料，与同学们一起谈论一下自从我国引进运筹学之后，发生了哪些有趣的事件吧！

 任务巩固

一、思考题

1. 根据所学的运筹学及其他学科知识，谈谈如何理解"运筹帷幄，决胜千里"。
2. 请简要列举 3 个我国古代朴素的运筹学思想，并论述其运筹学原理。
3. 请论述如何把你所学的运筹学的知识应用到今后的管理实践中去。
4. 请查阅资料，并谈一谈运筹学的性质和特点。
5. 你知道运筹学目前都有哪些应用领域吗？与同学们一起讨论一下吧！

 任务评价

学习任务完成情况评价

名称		评分标准或要求	分值	评价方式			得分
				自评	互评	师评	
理论知识评价	1	能简单描述运筹学在我国的发展过程	40				
技能操作评价	2	能够阐述运筹学在我国的发展过程	40				
职业素养评价	3	积极参与课堂互动	10				
	4	勇于表达自己的观点，语言表达流畅	10				
总分值			100	总得分			

任务三　认识运筹学在物流中的应用

 学习目标

知识目标	技能目标	素质目标
➤了解运筹学在物流中的应用	➤能够阐述运筹学在物流中的主要应用	➤培养学生重视成本管理、物流效率的素养

 任务描述

> 　　在了解运筹学在我国的发展之后，李元觉得自己好像明白运筹学是什么了，以及它在我国目前的发展是什么样的，但是针对运筹学与物流的关系，他还不是很明白，请大家帮助他阐述一下运筹学与物流的关系吧！

 任务资讯

　　运筹学的特点是利用数学、管理科学、计算机科学等研究事物的数量化规律，使有限的自然资源和社会资源得到更加充分、合理的利用。它以数学为工具，从系统的观点出发研究全局性的规划，寻找各种物流问题的最优方案和最适宜的可行解。它在现代物流中的应用越来越广泛，对辅助物流活动决策、物流合理化建设也发挥了重要作用，并取得了良好的经济效益。运筹学在现代物流中的应用主要涉及库存问题、运输问题、配送问题、物流设施设备的使用分配问题和物流中心的规划选址问题。

一、库存管理

　　运筹学主要应用于解决多种物资库存量的管理，确定某些设备的能力或容量，如某仓库库存能力的大小、某港口码头的转运能力、车载量的大小等。为解决实际中的库存问题，运筹学还专门发展了存储论这一分支学科。合理应用存储论，不仅可以节省实际运行费用，还能减少相应的其他活动、资源的开销，比如减少管理人员、提高转运设备的使用率及减少运输、装卸设备，等等。

二、运输问题

运输问题历来也是运筹学研究的重中之重，它包括了空运、水运、公路运输、铁路运输、管道运输、内部物流、第三方物流等。水运有船舶航运计划、港口装卸设备的配置和船到码头后的作业安排。公路运输除了汽车调度计划外，还有公路网的设计分析、最优路径的选择、驾驶员的调度安排、行车时刻表的安排、运输费用的合理定价、车场的设立等一系列问题。铁路方面的应用则更多、更复杂。

三、配送问题

随着现代物流的发展，配送逐步成为物流中的一个重要组成部分，同时由于配送并不单单只是一个相对独立的物流功能，它从一产生起就表现出了相当强的综合性，从某种意义来看，一个大型的物流配送中心几乎就是一个微缩的全过程物流，因此配送过程中涉及的运筹学问题也更多、更复杂，比如货物分拣搭配、货配车、车配货、人员调度安排、库存空间分配等。

四、物流设施和设备的使用分配问题

物流设施和设备的使用分配问题的解决将大大降低物流成本，合理利用资源，提高物流企业和客户企业的效率和效益，提高资源利用率。

五、物流中心的规划选址

优化物流中心以及其他物流结点的布局安排，增强物流中心布局的合理性，以最少的物流结点辐射尽可能大的物流活动区域，增大物流园区建设实施的可行性。

 任务实施

"运筹学"与"物流学"作为一门正式的学科都始于第二次世界大战期间，从一开始，两者就密切地联系在一起，相互渗透和交叉发展。与物流学联系最为紧密的理论有系统论、运筹学、经济管理学，运筹学作为物流学科体系的理论基础之一，其作用是提供实现物流系统优化的技术与工具，是系统理论在物流中应用的详细方法。第二次世界大战后，各国都转向快速恢复工业和发展经济，而运筹学此时正转向经济活动的研究，因此极大地引起了人们的关注，并由此进入了各行业和部门，获得了长足发展和广泛应用，形成了一套比较完整的理论，如规划论、存储论、决策论和排队论等。而战后的物流并没像运筹学那样引起人们及时的关注，直到 20 世纪 60 年代，随着科学技术的发展、管理科学的进步、生产方式和组织方式等的改变，物流才为管理界和企业界所重视。因此，相比运筹学，物流的发展滞后了一些。不过，运筹学在物流领域中的应用却随着物流学科的不断成熟而日益广泛。

 **任务拓展**

请大家查阅资料，谈一谈运筹学在物流中的应用吧！

 任务巩固

一、多选题

1. 物流合理化涵盖了（　　）等一系列问题，这些问题通常要通过运筹学的方法解决。

　　A. 配送车辆调度问题

　　B. 设备使用安排问题

　　C. 最优路径选择问题

　　D. 网络最大流问题

2. 运筹学在现代物流中的应用主要涉及（　　）等。

　　A. 库存问题

　　B. 运输问题

　　C. 配送问题

　　D. 物流设施和设备的使用分配问题

二、判断题

1. 运筹学的特点是利用数学、管理科学、计算机科学等研究事物的数量化规律，使有限的自然资源和社会资源得到更加充分、合理的利用。（　　）

2. 公路运输除了汽车调度计划外，还有公路网的设计的分析、最优路径的选择、驾驶员的调度安排、行车时刻表的安排、运输费用的合理定价、车场的设立等一系列问题。（　　）

三、思考题

请简要阐述物流运筹学的研究对象包括什么。

四、综合训练

你了解的物流运筹学研究的内容有哪些？

 任务评价

学习任务完成情况评价

名称		评分标准或要求	分值	评价方式			得分
				自评	互评	师评	
理论知识评价	1	能简单描述运筹学在物流中的应用	25				
技能操作评价	2	能够阐述运筹学在物流中的应用	25				
职业素养评价	3	积极参与课堂互动	25				
	4	勇于表达自己的观点，语言表达流畅	25				
总分值			100	总得分			

项目二　掌握线性规划

教学目标：通过本项目内容的学习，了解线性规划在网络配送、选址、设备合理利用、资源分配等问题中的应用，熟练掌握这类问题数学模型的构建，并能用 Excel 熟练求解，同时认识并了解线性规划的对偶理论。

本项目内容要点：本项目内容主要包括线性规划数学模型及单纯性法、两阶段法、Excel 求解方法、线性规划的对偶理论。

线性规划是运筹学中理论比较完善、方法比较成熟，并具有广泛应用的一个分支，近十年来，随着计算机技术的发展，使得有成千上万个约束条件和决策变量的线性规划问题能被快速求解。线性规划主要研究两类问题：一是在资源有限的条件下，如何合理安排，才能以最少的人力、资源去完成任务；二是在任务确定后，如何计划、安排使资源消耗最少。

思政小课堂

康托洛维奇于 1912 年出生于俄国彼得堡，1939 年创立了线形规划理论，但是他的理论并没有受到苏联国内的重视，欧美学术界也并没有充分了解他的工作，从而导致 1947 年丹捷格发表了单纯形算法后，学术界将"线性规划之父"以及"运筹学诞生标志"的荣誉堆积在丹捷格身上。康托洛维奇并没有丧失信心，在 20 世纪 40 年代，他写了《经济资源的最佳利用》著作，1959 年才出版，成了一项引人注目的成果。

任务一　认识线性规划问题的一般形式

学习目标

知识目标	技能目标	素质目标
➤理解线性规划问题的概念 ➤掌握线性规划问题的一般形式	➤能够阐述什么样的数学问题是线性规划问题 ➤能够列出线性规划问题的一般形式	➤培养学生发现、分析、解决问题的能力 ➤培养坚持不懈、持之以恒的工作作风

任务描述

　　小李是某企业的项目部经理，最近他通过考察发现有两个项目值得投资。他清楚地知道，制订投资计划时，不仅要考虑可能获得的盈利，而且要考虑可能出现的亏损，现在他打算投资甲、乙两个项目，根据预测，甲、乙两个项目可能的最大盈利率分别为100%和50%，可能的最大亏损率分别为30%和10%，小李计划投资金额不超过10万元，要求确保可能的资金亏损不超过1.8万元，假设你是小李，对甲、乙两个项目如何投资，才能使可能的盈利最大？你有哪些方法可以解决呢？

任务资讯

一、线性规划问题的一般形式

　　线性规划（Linear Programming，LP）是运筹学的重要分支之一，在实际中应用得较广泛，其方法也较成熟，借助计算机，使得计算更方便，应用领域更广泛和深入。

　　线性规划通常解决下列两类问题：

　　（1）当任务或目标确定后，如何统筹兼顾，合理安排，用最少的资源（如资金、设备、原材料、人工、时间等）去完成确定的任务或目标。

　　（2）在一定的资源条件限制下，如何组织安排生产获得最好的经济效益（如产品量最多、利润最大）。

　　【例2.1】某流通加工中心计划加工甲、乙、丙三种产品。这些产品分别要在A、B、C、D、四种不同的设备上加工。按工艺资料规定，单件产品在不同设备上加工所需要的

台时如表 2 - 1 - 1 所示，已知各设备在计划期内的能力分别为 20、15、16、12（小时）；每生产一件甲、乙、丙三种产品，企业可获得利润分别为 4、3、5（元）。流通加工中心应如何安排生产计划，使计划期内总的利润收入最大？

表 2 - 1 - 1　产品加工台时表

加工　　产品 　台时 设备	甲	乙	丙	设备能力
A	3	1	2	20
B	2	2	4	15
C	4	0	1	16
D	0	3	5	12
利润	4	3	5	

为了用数学表达式表达这一问题，假设在计划期内生产这三种产品的产量为待定未知数 x_1、x_2、x_3，加工设备 A 总加工量为 $3x_1 + x_2 + 2x_3$，但计划期内总加工能力为 20，因此应有：

$$3x_1 + x_2 + 2x_3 \leqslant 20$$

类似的，我们可以得到：

$$B：2x_1 + 2x_2 + 4x_3 \leqslant 15$$
$$C：4x_1 + x_3 \leqslant 16$$
$$D：3x_2 + 5x_3 \leqslant 12$$

同时，各产品的数量不应该是负数，因此还有：

$$x_1 \geqslant 0,\ x_2 \geqslant 0,\ x_3 \geqslant 0$$

所获得的总利润为

$$f = 4x_1 + 3x_2 + 5x_3$$

求得 f 的最大值为 $\max f$。

综合起来可以把这个问题的数学形式写成：

$$\max f = 4x_1 + 3x_2 + 5x_3 \tag{2 - 1 - 1}$$

$$\begin{cases} 3x_1 + x_2 + 2x_3 \leqslant 20 & (2 - 1 - 2) \\ 2x_1 + 2x_2 + 4x_3 \leqslant 15 & (2 - 1 - 3) \\ 4x_1 + x_3 \leqslant 16 & (2 - 1 - 4) \\ 3x_2 + 5x_3 \leqslant 12 & (2 - 1 - 5) \\ x_1 \geqslant 0,\ x_2 \geqslant 0,\ x_3 \geqslant 0 & (2 - 1 - 6) \end{cases}$$

其中，记号 $\max f$ 表示求函数 f 的最大值，函数 $f = 4x_1 + 3x_2 + 5x_3$ 称为目标函数；式（2 - 1 - 2）~式（2 - 1 - 6）称为约束条件。满足约束条件（2 - 1 - 2）~（2 - 1 - 6）的一组 x_1、x_2、x_3 的值称为此问题的可行解，使目标函数 f 最大的可行解称为最优解。从计划安排的角度看，可行解是一个生产安排的方案，最优解就是一个最好的安排方案，上述问题即一个线性规划问题。

一般地，如果要求出一组变量的值，使之满足一组约束条件，则这组约束条件只含有线性不等式或线性方程；同时，这组变量的值使某个线性的目标函数取得最优值（最大值或最小值），这样的数学问题就是线性规划问题。

工农业生产、交通运输等领域的许多问题都可以归结为求一个线性规划的解的问题。线性规划的数学模型由决策变量、目标函数及约束条件构成，称为三个要素。

其特征如下：

（1）解决问题的目标函数是多个决策变量的线性函数，通常是求最大值或最小值；

（2）解决问题的约束条件是一组多个决策变量的线性不等式或等式。

具有 n 个变量的线性规划问题可以写成下述形式：

$$\max（\min）f = c_1x_1 + c_2x_2 + \cdots + c_nx_n$$

$$\begin{cases} a_{11}x_1 + a_{12}x_2 + \cdots + a_{1n}x_n \leqslant （或 =，\geqslant） b_1 \\ a_{21}x_1 + a_{22}x_2 + \cdots + a_{2n}x_n \leqslant （或 =，\geqslant） b_2 \\ \cdots\cdots \\ a_{m1}x_1 + a_{m2}x_2 + \cdots + a_{mn}x_n \leqslant （或 =，\geqslant） b_m \\ x_j \geqslant 0,\ j = 1,\ 2,\ \cdots,\ n \end{cases} \quad (2-1-7)$$

为了书写方便，式（2-1-7）也可写成：

$$\max(\min)f = \sum_{j=1}^{n} c_j x_j$$

$$\begin{cases} \sum_{j=1}^{n} a_{ij}x_j \leqslant （或 =，\geqslant）bi \quad i = 1,2,\cdots,m \\ x_j \geqslant 0, j = 1,2,\cdots,n \end{cases} \quad (2-1-8)$$

在实际中一般 $x_j \geqslant 0$，但有时 $x_j \leqslant 0$ 或 x_j 无符号限制。

满足约束条件（2-1-7）和（2-1-8）的一组 x_1、x_2、$\cdots$、x_n 的值称为此问题的可行解，使目标函数 f 最大的可行解称为最优解。

任务实施

经过此次内容的学习，我们发现小李不仅可以利用以前学过的图解法，还可以利用线性规划的形式求解，求解的过程如下。

步骤一：设定未知数

根据已知的条件假设投资人投资甲项目 x 万元，投资乙项目 y 万元。

步骤二：列出目标函数

最终小李希望通过投资获得甲、乙项目的总收益最大化，即目标函数表示的是利润最大。假设用 Z 表示利润，甲、乙两个项目可能最大的盈利率为 1 和 0.5，则 $Z = x + 0.5y$，即目标函数可表示为

$$\text{Max}Z = x + 0.5y$$

步骤三：寻找约束条件

首先甲、乙两个项目的最大亏损率为 0.3 和 0.1，但是要确保资金亏损不超过 1.8 万元，即可得约束条件 1 为

$$0.3x + 0.1y \leqslant 1.8$$

其次投资人小李计划投资的金额不超过 10 万元，则可得约束条件 2 为

$$x + y \leqslant 10$$

最后投资额必定大于等于 0，所以可得约束条件 3 为

$$x \geqslant 0，y \geqslant 0$$

步骤四：线性规划问题的一般形式

综合起来这个问题的线性规划问题的一般形式可表示为

$$\text{Max}Z = x + 0.5y$$

$$\text{st.} \begin{cases} 0.3x + 0.1y \leqslant 1.8 \\ x + y \leqslant 10 \\ x \geqslant 0，y \geqslant 0 \end{cases}$$

 任务拓展

  某河流旁设置有甲、乙两座化工厂，如图 2 - 1 - 1 所示，已知流经甲厂的河水日流量为 $500 \times 10^4 \text{ m}^3$，在两厂之间有一条河水日流量为 $200 \times 10^4 \text{ m}^3$ 的支流。甲、乙两厂每天生产工业污水分别为 $2 \times 10^4 \text{ m}^3$ 和 $1.4 \times 10^4 \text{ m}^3$，甲厂排出的污水经过主流和支流交叉点 P 后已有 20% 被自然净化，

图 2 - 1 - 1 工厂与河流位置

按环保要求，河流中工业污水的含量不得超过 0.2%，为此两厂必须自行处理一部分工业污水，甲、乙两厂处理每万立方米污水的成本分别为 1 000 元和 800 元，在满足环保要求的条件下，各厂每天应处理多少污水，才能使两厂的总费用最少？请大家试着建立规划问题的模型。

任务巩固

一、判断题

1. 一般在计划安排线性规划问题中，最优解是一个生产安排的方案，可行解就是一个最好的安排方案。（　　）

2. 当任务或目标确定后，如何统筹兼顾，合理安排，用最少的资源（如资金、设备、原材料、人工、时间等）去完成确定的任务或目标的问题即为线性规划的问题。（　　）

二、思考题

1. 什么是线性规划模型？线性规划模型的三要素是什么？

2. 建立一个实际问题的数学模型一般要经过哪些步骤？

3. 请简单阐述线性规划模型中的"线性"二字如何理解。

三、计算题

某昼夜服务的公交线路每天各时间区段内所需驾驶员和乘务人员数如表 2 – 1 – 2 所示。

表 2 – 1 – 2　各时间区段所需人数

班次	时间	所需人数
1	6：00—10：00	60
2	10：00—14：00	70
3	14：00—18：00	60
4	18：00—22：00	50
5	22：00—2：00	20
6	2：00—6：00	30

设驾驶员和乘务人员分别在各时间区段一开始时上班，并连续工作八小时，问该公交线路至少配备多少名驾驶员和乘务人员，列出这个问题的线性规划模型。

四、综合训练

一艘货轮分前、中、后三个舱位，它们的容积与最大允许载重量如表 2 – 1 – 3 所示。现有三种货物待运，已知的有关数据已列于表 2 – 1 – 4。

表 2 – 1 – 3　舱位容积及最大允许载重量

项目	前舱	中舱	后舱
最大允许载重量/t	2 000	3 000	1 500
容积/m³	4 000	5 400	1 500

表 2 - 1 - 4　待运货物相关数据

商品	数量/件	每件体积/ (m³·件⁻¹)	每件重量/ (t·件⁻¹)	运价/ (元·件⁻¹)
A	600	10	8	1 000
B	1 000	5	6	700
C	800	7	5	600

又为了航运安全，前、中、后舱的实际载重量大体保持各舱最大允许载重量的比例关系。具体要求：前、后舱分别与中舱之间载重量比例的偏差不超过 15%，前、后舱之间不超过 10%。问该货轮应装载 A、B、C 各多少件，运费收入为最大？试建立这个问题的线性规划模型。

 任务评价

学习任务完成情况评价

名称		评分标准或要求	分值	评价方式			得分
				自评	互评	师评	
理论知识评价	1	能简单描述线性规划问题的概念	15				
	2	掌握线性规划问题的一般形式	20				
技能操作评价	3	能够阐述什么样的数学问题是线性规划问题	25				
	4	能够列出线性规划问题的一般形式	20				
职业素养评价	5	积极参与课堂互动	10				
	6	勇于表达自己的观点，语言表达流畅	10				
总分值			100	总得分			

任务二 掌握线性规划问题的求解

学习目标

知识目标	技能目标	素质目标
➤掌握线性规划问题的标准型 ➤理解线性规划问题的矩阵形式、线性规划的基本定理	➤利用图解法求解线性规划问题 ➤利用单纯形法、两阶段法求解线性规划问题 ➤能够利用 Excel 求解物流中的线性规划问题	➤传授低碳、环保、可持续发展的理念,提高学生可持续发展理论水平

任务描述

　　一个毛纺厂用羊毛和涤纶生产 A、B、C 三种混纺面料,生产 1 单位产品需要的原料如表 2 – 2 – 1 所示,这三种产品的利润分别为 4、1、5,每月可购进的原料限额为羊毛 8 000 单位,涤纶 6 000 单位,问此毛纺厂应如何安排生产能获得最大利润?请试着建立线性规划模型,并用表格法和 Excel 表求解。

表 2 – 2 – 1　生产 1 单位产品所需原料

产品	原料	
	羊毛	涤纶
A	3	2
B	1	1
C	2	4

任务资讯

一、线性规划问题的标准型

　　在用单纯法求解线性规划问题时,为了讨论问题方便,需将线性规划模型化为统一的标准形式。

线性规划问题的标准型如下：

（1）目标函数求最小值（有时求最大值）。

（2）约束条件都为等式方程。

（3）变量为非负。

（4）常数 b_i 都大于或等于零。

$$\min f = \sum_{j=1}^{n} c_j x_j$$

$$\begin{cases} \sum_{j=1}^{n} a_{ij} x_j = b_i, i = 1, 2, \cdots, m \\ xj \geqslant 0, j = 1, 2, \cdots, n \end{cases} \qquad (2-2-1)$$

式中，$b_i \geqslant 0$。

【例2.2】 将下列线性规划化为标准型：

$$\max Z = -x_1 + x_2 - 3x_3 \qquad (2-2-2)$$

$$\begin{cases} 2x_1 + x_2 + x_3 \leqslant 8 \\ x_1 + x_2 + x_3 \geqslant -3 \\ -3x_1 + x_2 + 2x_3 \leqslant 5 \\ x_1 \geqslant 0, \ x_2 \geqslant 0, \ x_3 \ 无符号要求 \end{cases} \qquad (2-2-3)$$

【解】

（1）因为 x_3 无符号要求，即 x_3 可取正值也可取负值，标准型中要求变量非负，所以令 $x_3 = x_3' - x_3''$，其中 x_3'，$x_3'' \geqslant 0$。

（2）第一个约束条件是"$\leqslant$"号，在"$\leqslant$"左端加入松弛变量 x_4，$x_4 \geqslant 0$，化为等式。

（3）第二个约束条件是"$\geqslant$"号，且常数项为负数，在"$\geqslant$"号左端减去剩余变量（也称松弛变量）x_5，$x_5 \geqslant 0$，同时两边乘以 -1。

（4）第三个约束条件是"$\leqslant$"号，因此在"$\leqslant$"左边加入松弛变量 x_6，$x_6 \geqslant 0$。

（5）目标函数是最大值，为了化为求最小值，令 $f = -Z$，得到 $\min f' = -Z$，即当 Z 达到最大值时 f 达到最小值，反之亦然。

综合起来得到下列标准型：

$$\min f = x_1 - x_2 + 3x_3' - 3x_3''$$

$$\begin{cases} 2x_1 + x_2 + x_3' - x_3'' + x_4 = 8 \\ -x_1 - x_2 - x_3' + x_3'' + x_5 = 3 \\ -3x_1 + x_2 + 2(x_3' - x_3'') + x_6 = 5 \\ x_1 、 x_2 、 x_3' 、 x_3'' 、 x_4 、 x_5 、 x_6 \geqslant 0 \end{cases}$$

可以看出，变量 x_4、x_5、x_6 分别只出现在一个方程中，且系数为 1，我们将这些变量称为基变量，x_1、x_2、x_3'、x_3'' 为非基变量，具有上述特点的线性规划标准型称为典则形式。

二、图解法

一般只有两个决策变量的线性规划问题，可以通过图解的方法来求解，图解法具有简单、直观、便于初学者窥探线性规划基本原理和几何意义等优点。

【例2.3】用图解法求解下列线性规划问题：

$$\max Z = 2x_1 + x_2$$

$$\text{s. t} \begin{cases} x_1 + 1.9x_2 \geq 3.8 \\ x_1 - 1.9x_2 \leq 3.8 \\ x_1 + 1.9x_2 \leq 10.2 \\ x_1 - 1.9x_2 \geq -3.8 \\ x_1, \ x_2 \geq 0 \end{cases}$$

【解】求解上述线性规划问题时，需要在满足所有约束条件的所有点 (x_1, x_2) 中，找到一个能使该目标函数值最大的最优方案。因为该问题只有两个非负的决策变量，所以作出如图 2-2-1 所示的二维坐标系，其中 x_1 对应横轴，x_2 对应纵轴。

先考虑约束1，在二维坐标中画出 $x_1 + 1.9x_2 = 3.8$，可得该直线右上方的任何一点都满足约束1，类似的考虑约束2、约束3和约束4，即可得图 2-2-1 中阴影区域为该线性规划问题的"可行域"。

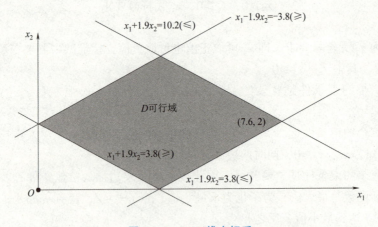

图 2-2-1 二维坐标系

下面考虑目标函数，即要在可行域上找到使目标函数获得最大值的方案。首先继续在图 2-2-1 中画出直线 $L_0: 0 = x_1 + 2x_2$，当该直线平行向右移动时，随机选取两条直线，分别为 $4 = x_1 + 2x_2$，$11 = x_1 + 2x_2$（这两条直线也称目标函数的等值线，以 $4 = x_1 + 2x_2$ 为例，该直线上任意一点所对应的目标函数值都为4，所以将 $4 = x_1 + 2x_2$ 称为目标函数的等值线），可以看到 Z 的值从0变为4、11，所以可得该直线往右移动目标函数值越来越大的结论，所以要得到目标函数的最大值，我们应尽可能向右平移该直线，如图 2-2-2 所示。

当移动至可行域最右边的点 (7.6, 2) 时，该直线与可行域只有一个交点 (7.6, 2)，进一步平行移动，得到 $20 = x_1 + 2x_2$，但是该直线与可行域没有交集了，所以点 (7.6, 2)

为目标函数取得最大值的点，即 $x_1 = 7.6$，$x_2 = 2$，可得最优目标函数值 $\max Z = 17.2$，且此点为唯一最优解。

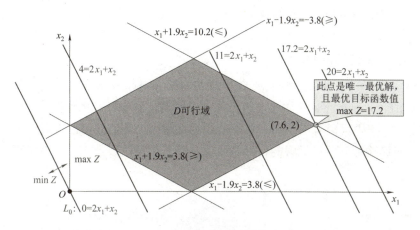

图 2 − 2 − 2　图解法求目标函数最大值

综上，对于只有两个决策变量的线性规划问题，图解法的一般步骤包括：

第一步：作出二维直角坐标系，非负约束构成坐标系的第一象限；

第二步：画出每条约束所对应的区域（对不等式约束，首先画出等式线，再判明约束方向），并确定线性规划问题的可行域。

第三步：根据目标优化方向平移目标函数等值线，直到不能再平移为止，确定线性规划问题对应的最优点。

1. 存在多个最优解的情况

在［例2.3］中，假设目标函数发生变化，变为 $\max Z = 3x_1 + 5.7x_2$，那么此时该如何求解目标函数的最优解呢？此时因为可行域并没有发生变化，所以只需要调整目标函数的等值线即可，具体如图 2 − 2 − 3 所示。

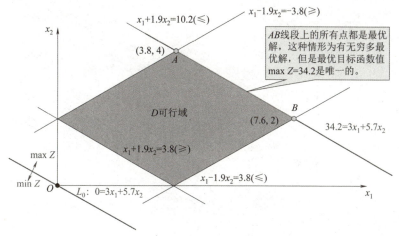

图 2 − 2 − 3　存在多个最优解的情况

从图 2 – 2 – 3 中可以看出，等值线的斜率刚好和可行域的一个边界平行，所以当等值线移动至与边界重合时，图 2 – 2 – 3 中 AB 线段上的任何一个点都是最优解，即该线性规划问题有无穷多个最优解，但是最优的目标函数值 $\max Z = 34.2$ 是唯一的，因为该等值线的值为 34.2。

2. 无有界最优解的情况

在［例 2.3］中，假设目标函数变为 $\max Z = 3x_1 + 5.7x_2$，约束条件中去掉 $x_1 + 1.9x_2 \leq 10.2$，那么此时该如何求解目标函数的最优解呢？具体如图 2 – 2 – 4 所示。

从图 2 – 2 – 4 中可以看出，在平移等值线的过程中，等值线可以无限地向目标函数的方向平移，即该线性问题最优解的目标函数值是趋于无穷的。

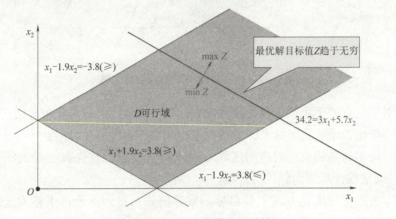

图 2 – 2 – 4　无有界最优解的情况

3. 可行域为空集的情况

假设在绘制可行域的过程中，如果各个约束条件所确定的区域的交集为空，那么可行域为空集，这意味着不存在能同时满足所有约束条件的方案，因此该线性规划问题无解，如图 2 – 2 – 5 所示。

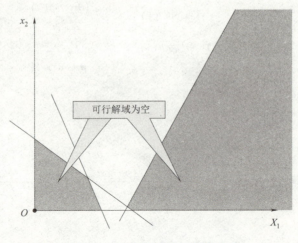

图 2 – 2 – 5　可行域为空集的情况

需要注意的是，线性规划问题解的可能情况有以下几种：

（1）唯一最优解；

（2）无穷多最优解；

（3）无解（没有有界最优解，无可行解）。

另外若线性规划问题的可行域非空，则可行域是一个凸集；若线性规划问题的最优解存在，则一定可以在可行域凸集的某个顶点上达到。

三、单纯形法

单纯形法的基本思路是有选择地取基本可行解，并从可行域的一个极点出发，沿着可行域的边界到另一个相邻的极点，要求新极点的函数值不比原目标函数值差。

对于线性规划的一个基，当非基变量确定后，基变量与目标函数值也随之确定。因此，一个基本可行解向另一个基本可行解的移动，以及移动时基变量与目标函数值的变化，可以分别将基变量和目标函数用非基变量的表达式来表示。同时，当可行解从可行域的一个极点沿着可行域的边界移动到相邻极点的过程中，所有非基变量中只有一个变量的值从开始增加，而其他非基变量的值都保持不变。

根据上述讨论，单纯性法的基本过程如图 2 - 2 - 6 所示。

单纯形法的基本步骤可描述如下：

（1）寻找一个初始的可行基和相应基本可行解（极点），确定基变量和非基变量。

（2）在用非基变量表示的目标函数表达式中，称非基变量的系数的负值为检验数，记为 δ_j。若 $\delta_j > 0$，那么相应的非基变量 x_j 的值从当前值 0 开始增加时，目标函数值随之减小，这个选定的 x_j 称为进基变量，转（3）。如果任何一个非基变量的值增加，都不能使目标函数值减小，即所有的检验数为非正，则当前的基本可行解就是最优解，计算结束。

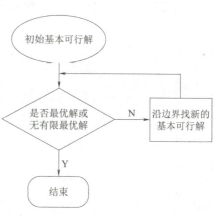

图 2 - 2 - 6　单纯性法的流程图

（3）在基变量用非基变量表示的表达式中，观察进基变量增加过程中各基变量的变化情况，因为所有变量为非负，故确定基变量的值在进基变量增加过程中，首先减少到 0 的变量 x_r，满足 $\theta = \min\left\{\dfrac{b'_r}{a'_{ij}} \mid a'_{ij} > 0\right\} = \dfrac{b'_r}{a'_{rj}}$，这个基变量 x_r 称为出基变量，当进基变量值增加到 θ 时，出基变量 x_r 减小到 0，可行解移到了相邻的基本可行解（极点），转（4）。如果进基变量值增加，所有基变量的都不减少，即所有的 a'_{ij} 非正，则表示可行域不是封闭的，即目标函数值随进基变量的增加可以无限减小，此时不存在有限最优解，计算结束。

（4）将进基变量作为新的基变量、出基变量作为新的非基变量，确定新的基、新的

基本可行解和新的目标函数值，在新的基变量和非基变量的基础上重复以上过程。

【例2.4】用单纯性法求解线性规划问题：

$$\max Z = 3x_1 + 4x_2$$

$$\begin{cases} x_1 + 2x_2 \leqslant 6 \\ 3x_1 + 2x_2 \leqslant 12 \\ x_2 \leqslant 2 \\ x_1 \geqslant 0, \ x_2 \geqslant 0 \end{cases}$$

【解】

首先将此线性规划问题化为标准形式：

$$\min f = -Z = -3x_1 - 4x_2$$

$$\begin{cases} x_1 + 2x_2 + x_3 = 6 \\ 3x_1 + 2x_2 + x_4 = 12 \\ x_2 + x_5 = 2 \\ x_1 \geqslant 0, \ x_2 \geqslant 0, \ x_3 \geqslant 0, \ x_4 \geqslant 0, \ x_5 \geqslant 0 \end{cases}$$

可以看出，上述标准型为典则形式，将其写成表格形式，见表2-2-2。

表2-2-2　　[例2.4] 单纯形表1

C_B	C_j X_B　　x_j	-3 x_1	-4 x_2	0 x_3	0 x_4	0 x_5	b
0	x_3	1	2	1	0	0	6
0	x_4	3	2	0	1	0	12
0	x_5	0	1	0	0	1	2
检验数 λ_j		3	4↑	0	0	0	0

表2-2-2中，C_j行是函数 f 的各变量系数，x_j 行依次写入各个变量，X_B列写入三个基变量，C_B列写入基变量在目标函数 f 中的系数，在 x_3、x_4、x_5 分别写入约束方程的系数，b 为常数项，检验数行中各数的求法如下：x_1 对应的检验数记为 λ_{01}，它等于 C_B 中各数与 x_1 中各数之积的和减去目标函数 f 中系数的差，即：

$$\lambda_{01} = 0 \times 1 + 0 \times 3 + 0 \times 0 - (-3) = 3$$

类似，可以求得 $\lambda_{02} = 4$，$\lambda_{03} = \lambda_{04} = \lambda_{05} = 0$。最后，表2-2-2中右下角（常数列）中的数字是 C_B 列中各数与常数列中各对应数字乘积的和，记为 λ_0，即：

$$\lambda_0 = 0 \times 6 + 0 \times 12 + 0 \times 2 = 0$$

实际上检验数一行，λ_j 分别等于目标函数用非基变量表示时，各变量系数及常数项的相反数。

将上述形式的表格称为对应于基变量 x_3、x_4、x_5 的单纯形表，直观地表现了上述典则形式。

在上述线性规划中，令非基变量 $x_1 = x_2 = 0$，得到：$x_3 = 6$，$x_4 = 12$，$x_5 = 2$，这显然是线性规划问题的可行解，反映到单纯形表中，由 X_B 列和常数列恰好可以看出基变量 x_3、x_4、x_5 的取值，这样的可行解称为基本可行解，目标函数值恰好为表右下角的数字。

但是，由于 $f = -3x_1 - 4x_2$，显然，当 x_1、x_2 取正数时，可以使目标函数值进一步减小，使系数最小的（-4）对应变量 x_2 取尽可能大的正数，约束方程可得：

$$\begin{cases} x_3 = 6 - x_1 - 2x_2 \\ x_4 = 12 - 3x_1 - 2x_2 \\ x_5 = 2 - x_2 \\ x_3 \geq 0,\ x_4 \geq 0,\ x_5 \geq 0 \end{cases}$$

如果令 $x_1 = 0$，并令 $x_2 = \theta \geq 0$，看最大可以取多少？

解得

$$\begin{cases} \theta \leq 3 \\ \theta \leq 6 \\ \theta \leq 2 \\ \theta \geq 0 \end{cases}$$

由此不等式组可知，θ 最大只能取 2，即 $\theta = \min\left\{\dfrac{6}{2},\ \dfrac{12}{2},\ \dfrac{2}{1}\right\} = 2$，故可取 $x_2 = 2$，此时

$$\begin{cases} x_3 = 6 - x_1 - 2x_2 = 2 \\ x_4 = 12 - 3x_1 - 2x_2 = 8 \\ x_5 = 2 - x_2 = 0 \\ x_3 \geq 0,\ x_4 \geq 0,\ x_5 \geq 0 \end{cases}$$

于是得到另一个可行解：$x_1 = 0$，$x_2 = 2$，$x_3 = 2$，$x_4 = 8$，$x_5 = 0$，对应的目标函数值为

$$f = -8$$

这一结果也可以这样得到：由第三个约束方程得到

$$x_2 = 2 - x_5$$

并代入前两个约束方程和目标函数，得到线性规划的另一等价形式：

$$\min f = 8 - 3x_1 + 4x_5$$

$$\begin{cases} x_1 + x_3 - 2x_5 = 2 \\ 3x_1 + x_4 - 2x_5 = 8 \\ x_2 + x_5 = 2 \\ x_1 \geq 0,\ x_2 \geq 0,\ x_3 \geq 0,\ x_4 \geq 0,\ x_5 \geq 0 \end{cases}$$

不难看出这恰好是以 x_2，x_3，x_4 为基变量的典则形式，对应的单纯形表见表 $2-2-3$。

表 2 – 2 – 3　　[例 2.4] 单纯形表 2

C_B	C_j / X_B \ x_j	-3 x_1	-4 x_2	0 x_3	0 x_4	0 x_5	b
0	x_3	1	0	1	0	-2	2
0	x_4	3	0	0	1	-2	8
-4	x_2	0	1	0	0	1	2
	检验数 λ_j	3↑	0	0	0	-4	-8

为了更简便，可以在单纯形表上直接计算得出新的单纯形表。

（1）在检验数一行找到最大的正检验数 λ_{02}，它说明应该将其对应的非基变量 x_2 调入基变量，而把某一基变量调出变为非基变量，为了确定这一调出的基变量，在 x_2 列中找到所有的正元素，并分别去除常数列中的对应元素，求出最小比值，即求

$$\theta = \min\left\{\frac{b'_r}{a'_{rj}} \,\Big|\, a'_{rj} > 0\right\} = \frac{b'_r}{a'_{rj}}$$

得

$$\theta = \min\left\{\frac{6}{2},\ \frac{12}{2},\ \frac{2}{1}\right\} = 2$$

最小比值在 x_5 行上取得，则应把 x_5 变为非基变量，在单纯性表中把 x_2 和 x_5 交叉的元素用方框圈起来，并称为旋转元。

（2）通过线性等价变换，将 x_5 行所有元素除以旋转元，使其变为 1，使得 x_2 列中除旋转元以外，都变为 0 即得到表。不难看出，将 x 调入基变量，将 x_5 调出基变量，同时，由于 x_1 对应的检验数仍为正数，故将 x_1 调入基变量，且 $\theta = \min\left\{\frac{2}{1},\ \frac{8}{3}\right\} = 2$，因此 x_1 出基，x_3 入基，得表 2 – 2 – 4 所示单纯形表。

表 2 – 2 – 4　　[例 2.4] 单纯形表 3

C_B	C_j / X_B \ x_j	-3 x_1	-4 x_2	0 x_3	0 x_4	0 x_5	b
-3	x_1	1	0	1	0	-2	2
0	x_4	0	0	-3	1	4	2
-4	x_2	0	1	0	0	1	2
	检验数 λ_j	0	0	-3	0	2↑	-14

由于 x_5 对应的检验数仍为正数，故将 x_5 调入基变量，且 $\theta = \min\left\{\frac{2}{4},\ \frac{2}{1}\right\} = \frac{1}{2}$，因此 x_4 出基，x_5 入基，得表 2 – 2 – 5 所示单纯形表。

表 2 - 2 - 5 　 [例 2.4] 单纯形表 4

C_B	C_j　x_j　X_B	-3 x_1	-4 x_2	0 x_3	0 x_4	0 x_5	b
-3	x_1	1	0	$-1/2$	$1/2$	0	3
0	x_5	0	0	$-3/4$	$1/4$	1	$1/2$
-4	x_2	0	1	$3/4$	$-1/4$	0	$3/2$
检验数 λ_j		0	0	$-3/2$	$-1/2$	0	-15

由于检验数非正，已经求得最优解，当 $x_1 = 3$，$x_2 = 3/2$ 时，目标函数最优值为 15。

【例 2.5】用单纯形法求解线性规划：

$$\min f = x_1 - 3x_2 - 2x_3$$

$$\begin{cases} x_1 + 2x_2 - 2x_3 \leqslant 2 \\ 3x_1 - x_2 - x_3 \leqslant 3 \\ x_1 + x_2 - x_3 \leqslant 1 \\ x_1 \geqslant 0,\ x_2 \geqslant 0,\ x_3 \geqslant 0, \end{cases}$$

【解】原规划化为标准形式：

$$\min f = x_1 - 3x_2 - 2x_3$$

$$\begin{cases} x_1 + 2x_2 - 2x_3 + x_4 = 2 \\ 3x_1 - x_2 - x_3 + x_5 = 3 \\ x_1 + x_2 - x_3 + x_6 = 1 \\ x_1 \geqslant 0,\ x_2 \geqslant 0,\ x_3 \geqslant 0,\ x_4 \geqslant 0,\ x_5 \geqslant 0,\ x_6 \geqslant 0 \end{cases}$$

显然是典则形式，对应单纯形表见表 2 - 2 - 6。

表 2 - 2 - 6 　 [例 2.5] 单纯形表 1

C_B	C_j　x_j　X_B	1 x_1	-3 x_2	-2 x_3	0 x_4	0 x_5	0 x_6	b
0	x_4	1	2	-2	1	0	0	2
0	x_5	3	-1	-1	0	1	0	3
0	x_6	1	1	-1	0	0	1	1
检验数 λ_j		-1	3	2	0	0	0	0

由于 x_2 对应得检验数为正数，故将 x_2 调入基变量，且 $\theta = \min\left\{\dfrac{2}{2},\ \dfrac{1}{1}\right\} = 1$，因此 x_4 出基，x_2 入基，得表 2 - 2 - 7 所示单纯形表。

表 2 - 2 - 7 ［例 2.5］ 单纯形表 2

C_B	C_j / x_j / X_B	1 x_1	-3 x_2	-2 x_3	0 x_4	0 x_5	0 x_6	b
-3	x_2	1/2	1	-1	1/2	0	0	1
0	x_5	7/2	0	-2	1/2	1	0	4
0	x_6	1/2	0	0	-1/2	0	1	0
检验数 λ_j		-5/2	0	5	-3/2	0	0	-3

由于 x_3 对应的检验数为正数，且该列中所有系数为负，所以该线性规划问题无最优解。

四、两阶段法

前面讨论了在标准型中系数矩阵有单位矩阵，即典则形式的线性规划，故很容易确定一组基可行解。在实际问题中有些模型不是典则形式，并不含有单位矩阵，为了得到一组基向量和初基可行解，在约束条件的等式左端加一组虚拟变量，得到一组基变量。这种人为加的变量称为人工变量，构成的可行基称为人工基，用大 M 法或两阶段法求解，这种用人工变量作桥梁的求解方法称为人工变量法。本书只介绍两阶段法。

【例 2.6】 求下列线性规划问题：

$$\min f = x_1 - x_2 + x_3$$
$$\begin{cases} x_1 + 2x_2 + 3x_3 = 6 \\ 4x_1 + 5x_2 - 6x_3 = 6 \\ x_1 \geqslant 0, \ x_2 \geqslant 0, \ x_3 \geqslant 0 \end{cases}$$

【解】 此线性规划问题已经是标准形式，但不是典则形式，无法直接写出单纯形表，在这种情况下，我们首先加入人工变量，并引入下面的辅助问题：

$$\min Z = y_1 + y_2$$
$$\begin{cases} x_1 + 2x_2 + 3x_3 + y_1 = 6 \\ 4x_1 + 5x_2 - 6x_3 + y_2 = 6 \\ x_1 \geqslant 0, \ x_2 \geqslant 0, \ x_3 \geqslant 0, \ y_1 \geqslant 0, \ y_2 \geqslant 0, \end{cases}$$

显然，辅助问题可以用单纯形法求此规划，可以证明：如果辅助问题的最优解 $Z = 0$，则我们就求得了原线性规划问题的一个单纯形表和对应的基本可行解，如果 $Z > 0$，则原线性规划无解，对于前一种情况，可以继续用单纯形法求解，这种方法称为两阶段法。

先进行第一阶段辅助问题的求解，见表 2 - 2 - 8 ～表 2 - 2 - 10。

表 2 – 2 – 8　　[例 2.6] 单纯形表 1

C_B	C_j / x_j X_B	0 x_1	0 x_2	0 x_3	1 y_1	1 y_2	b
1	y_1	1	2	3	1	0	6
1	y_2	4	5	-6	0	1	6
检验数 λ_j		5	7	-3	0	0	12

表 2 – 2 – 9　　[例 2.6] 单纯形表 2

C_B	C_j / x_j X_B	0 x_1	0 x_2	0 x_3	1 y_1	1 y_2	b
1	y_1	-3/5	0	27/5	1	-2/5	18/5
1	x_2	4/5	1	-6/5	0	1/5	6/5
检验数 λ_j		-3/5	0	27/5	0	-7/5	18/5

表 2 – 2 – 10　　[例 2.6] 单纯形表 3

C_B	C_j / x_j X_B	0 x_1	0 x_2	0 x_3	1 y_1	1 y_2	b
1	x_3	-1/9	0	1	5/27	-2/27	2/3
1	x_2	2/3	1	0	2/9	1/9	2
检验数 λ_j		0	0	0	-1	-1	0

　　辅助问题最优值为 0，这时人工变量从基变量中调出，转入第二阶段，求原问题的解。将人工变量列划去，将原规划目标函数系数替换辅助规划后得表 2 – 2 – 11。

表 2 – 2 – 11　　[例 2.6] 单纯形表 5

C_B	C_j / x_j X_B	1 x_1	-1 x_2	1 x_3	b
1	x_3	-1/9	0	1	2/3
-1	x_2	2/3	1	0	2
检验数 λ_j		-16/9	0	0	-4/3

　　求得原问题的最优解：$x_1 = 0$，$x_2 = 2$，$x_3 = 2/3$，对应目标函数最小为 -4/3。应该注意，一般情况下，进入第二阶段后，可能要经过若干次迭代后才能求得最优值。

【例 2.7】 求下列线性规划问题：

$$\min Z = 5x_1 - 8x_2$$

$$\begin{cases} 3x_1 + x_2 \leqslant 6 \\ x_1 - 2x_2 \geqslant 4 \\ x_1, \ x_2 \geqslant 0 \end{cases}$$

【解】 用单纯形法计算，见表 2 - 2 - 12。

表 2 - 2 - 12　　［例 2.7］ 单纯形表 1

C_B	C_j $\diagdown$ x_j X_B	0 x_1	0 x_2	0 x_3	0 x_4	1 x_5	b
0	x_3	$3^{※}$	1	1	0	0	6→
1	x_5	1	-2	0	-1	1	4
λ_j		$-1\uparrow$	2	0	1	0	4
0	x_1	1	1/3	1/3	0	0	2
1	x_5	0	$-7/3$	$-1/3$	-1	1	2
λ_j		0	7/3	1/3	1	0	2

当 $\lambda_j \geqslant 0$ 时，得到第一阶段的最优解 $X = (2, 0, 0, 0, 2)$，最优目标值 $w = 2 \neq 0$，x_5 仍在基变量中，从而原问题无可行解。

五、线性规划在物流中的应用及 Excel 求解

（一）设备合理利用问题

【例 2.8】 某加工配送中心，加工配送甲、乙两种产品，而这两种产品可使用 A、B、C 三种设备进行加工，每种设备对两种产品的加工效率不同，见表 2 - 2 - 13，请合理安排加工任务，使一个工作日内成套（甲、乙产品各一件）产品最多。

表 2 - 2 - 13　　［例 2.8］ 单纯形表 1

设备种类	设备数量/台	每台设备工作效率	
		甲产品/件	乙产品/件
A	3	15	20
B	3	20	30
C	1	30	55

【解】 令设备 A 加工甲、乙产品的数量为 x_{11}、x_{12}，设备 B 加工甲、乙产品的数量为 x_{21}、x_{22}，设备 C 加工甲、乙产品的数量为 x_{31}、x_{32}。

目标函数为

$$\max f = x_{11} + x_{12} + x_{21} + x_{22} + x_{31} + x_{32}$$

约束方程为

$$\begin{cases} \dfrac{x_{11}}{15} + \dfrac{x_{12}}{20} \leqslant 3 \\[2mm] \dfrac{x_{21}}{20} + \dfrac{x_{22}}{30} \leqslant 3 \\[2mm] \dfrac{x_{31}}{30} + \dfrac{x_{32}}{55} \leqslant 1 \\[2mm] x_{11} - x_{12} + x_{21} - x_{22} + x_{31} - x_{32} \leqslant 0 \\[1mm] x_{11} \geqslant 0, \ x_{12} \geqslant 0 \\[1mm] x_{21} \geqslant 0, \ x_{22} \geqslant 0 \\[1mm] x_{31} \geqslant 0, \ x_{32} \geqslant 0 \end{cases}$$

　　　　请同学们扫描右侧二维码，观看"利用 Excel 求解设备合理利用问题"的视频。

表 2 – 2 – 14 所示为甲、乙产品在不同设备上的生产数量。

表 2 – 2 – 14　甲、乙产品在不同设备上的生产数量

设备生产产品数量	甲产品/件	乙产品/件	设备数量（需要）/台
约束 1：设备 A	45	0	3
约束 2：设备 B	40	30	3
约束 3：设备 C	0	55	1
约束 4	0	0	0
目标函数	170		

最终求得一个工作日内最多可生产甲、乙产品共 170 件，甲产品在 A 设备上生产 45 件，在 B 设备上生产 40 件，在 C 设备上不生产；乙产品在 A 设备上不生产，在 B 设备上生产 30 件，在 C 设备上生产 55 件。

（二）资源分配问题

【例 2.9】某流通加工中心开展钢材的裁剪加工业务，定点供应某企业使用，该企业生产某种产品，需要甲、乙、丙三种型号相同、尺寸不同的圆钢作为毛坯，规格与需求如表 2 – 2 – 15 所示。

表 2 - 2 - 15　规格与需求表

毛坯种类	尺寸/m	件数/件
甲	3.1	1
乙	2.1	2
丙	1.2	4

　　该企业一次向流通加工中心订购 100 台机床的材料，而圆钢的原长度是 5.5 m，如何截取，才能使所用的材料最少？

　　【解】经过分析，如表 2 - 2 - 16 所示，共可分为 5 种下料方法。

表 2 - 2 - 16　下料方法表

序号	截 3.1 m 根数（甲）/根	截 2.1 m 根数（乙）/根	截 1.2 m 根数（丙）/根	剩料尺寸/m	下料方法
1	1	1	0	0.3	x_1
2	1	0	2	0	x_2
3	0	2	1	0.1	x_3
4	0	1	2	1	x_4
5	0	0	4	0.7	x_5

　　根据表 2 - 2 - 16，有：

$$\min f = x_1 + x_2 + x_3 + x_4 + x_5$$

$$\text{s. t.} \begin{cases} x_1 + x_2 = 100 \\ x_1 + 2x_3 + x_4 = 200 \\ 2x_2 + x_3 + 2x_4 + 4x_5 = 400 \\ x_i \geq 0 \end{cases}$$

　　　　请同学们扫描右侧二维码，观看"利用 Excel 求解资源分配问题"的视频。

　　表 2 - 2 - 17 所示为不同方法中的实际下料情况。

表 2 - 2 - 17　不同方法中的实际下料情况

序号	截 3.1 m 根数（甲）/根	截 2.1 m 根数（乙）/根	截 1.2 m 根数（丙）/根	剩料尺寸/m	实际下料的数量/根
1	1	1	0	0.3	0

序号	截 3.1 m 根数（甲）/根	截 2.1 m 根数（乙）/根	截 1.2 m 根数（丙）/根	剩料尺寸/m	实际下料的数量/根
2	1	0	2	0	100
3	0	2	1	0.1	100
4	0	1	2	1	0
5	0	0	4	0.7	25
数量	100	200	400		225

当按照第二种方法下料的原料为 100 根，按第三种方法下料的原料为 100 根，按第五种方法下料的原料为 25 根时，使用的材料最少。

（三）网络配送问题

【例 2.10】某公司网络配送问题。某公司在两个工厂生产某种产品，先收到三个顾客的下个月订单要购买这种产品，这些产品会被单独运送，表 2-2-18 显示了从每个工厂到每个顾客运送一个产品的成本。该表同样表明了每个顾客的订货量和每个工厂的生产量。现在公司的物流经理要决定从每个工厂运送多少个产品到每个顾客那里才能使总成本最小。

表 2-2-18　产品运送成本

工厂	单位运输成本/（元·个）			产量/个
	顾客 1	顾客 2	顾客 3	
工厂 1	700	900	800	12
工厂 2	800	900	700	15
订货量（个）	10	8	9	27

【解】本问题的决策变量为从每个工厂运送多少个产品到每个顾客那里。设 x_{ij} 为从工厂 i 运输到顾客 j 的产品数量（$i=1, 2$；$j=1, 2, 3$），则有：

$$\min f = 700x_{11} + 900x_{12} + 800x_{13} + 800x_{21} + 900x_{22} + 700x_{23}$$

$$\text{s. t.} \begin{cases} x_{11} + x_{12} + x_{13} = 12 \\ x_{21} + x_{22} + x_{23} = 15 \\ x_{11} + x_{21} = 10 \\ x_{12} + x_{22} = 8 \\ x_{13} + x_{23} = 9 \\ x_{ij} \geqslant 0 \end{cases}$$

配送问题 Excel 规划求解结果见表 2-2-19。

表 2 – 2 – 19　配送问题 Excel 规划求解结果

工厂	运输量/个			实际运出量/个	产量/个
	顾客 1	顾客 2	顾客 3		
工厂 1	10	2	0	12	12
工厂 2	0	6	9	15	15
实际收到量	10	8	9	20 500	27
订货量	10	8	9	目标函数值	

　　请同学们扫描右侧二维码，观看"利用 Excel 求解网络配送问题"的视频。

六、线性规划的矩阵形式

设线性规划的标准型：

$$\max Z = CX \qquad\qquad (2-2-4)$$
$$AX = b \qquad\qquad (2-2-5)$$
$$X \geq 0 \qquad\qquad (2-2-6)$$

式中：A 是 $m \times n$ 矩阵，$m \leq n$ 并且 $r(A) = m$，显然 A 中至少有一个 $m \times m$ 的子矩阵 B，使得 $r(B) = m$。

基 A 中有 $m \times m$ 子矩阵 B 并且有 $r(B) = m$，则称 B 是线性规划的一个基（或基矩阵）。当 $m = n$ 时，基矩阵唯一；当 $m < n$ 时，基矩阵就可能有多个，但数目不超过 C_n^m。

【例 2.11】线性规划

$$\max Z = 4x_1 - 2x_2 - x_3$$
$$\begin{cases} 5x_1 + x_2 - x_3 + x_4 = 3 \\ -10x_1 + 6x_2 + 2x_3 + x_5 = 2 \\ x_j \geq 0, \ j = 1, \ \cdots, \ 5 \end{cases}$$

求所有基矩阵。

【解】

约束方程的系数矩阵为 2×5 矩阵，即

$$A = \begin{bmatrix} 5 & 1 & -1 & 1 & 0 \\ -10 & 6 & 2 & 0 & 1 \end{bmatrix}$$

容易看出 $r(A) = 2$，2 阶子矩阵有 $C_5^2 = 10$ 个，基矩阵只有 9 个，即

$$B_1 = \begin{bmatrix} 5 & 1 \\ -10 & 6 \end{bmatrix}, \ B_2 = \begin{bmatrix} 5 & 1 \\ -10 & 0 \end{bmatrix}, \ B_3 = \begin{bmatrix} 5 & 0 \\ -10 & 1 \end{bmatrix}, \ B_4 = \begin{bmatrix} 1 & -1 \\ 6 & 2 \end{bmatrix}$$

$$\boldsymbol{B}_5 = \begin{bmatrix} 1 & 1 \\ 6 & 0 \end{bmatrix}, \; \boldsymbol{B}_6 = \begin{bmatrix} 1 & 0 \\ 6 & 1 \end{bmatrix}, \; \boldsymbol{B}_7 = \begin{bmatrix} -1 & 1 \\ 2 & 0 \end{bmatrix}, \; \boldsymbol{B}_8 = \begin{bmatrix} -1 & 0 \\ 2 & 1 \end{bmatrix}, \; B_9 = \begin{bmatrix} 1 & 0 \\ 0 & 1 \end{bmatrix}$$

由线性代数知，基矩阵 $\boldsymbol{B}$ 必为非奇异矩阵并且 $|\boldsymbol{B}| \neq 0$。当矩阵 $\boldsymbol{B}$ 的行列式等式零即 $|\boldsymbol{B}| = 0$ 时，就不是基。

当确定某一矩阵为基矩阵时，则基矩阵和列向量称为基向量，其余列向量称为非基向量，基向量对应的变量称为基变量，非基向量对应的变量称为非基变量。在［例2.11］中 $\boldsymbol{B}_2$ 的基向量是 $\boldsymbol{A}$ 中的第一列和第四列，其余列向量是非基向量，x_1、x_4 是基变量，x_2、x_3、x_5 是非基变量。基变量、非基变量是针对某一确定基而言的，不同的基对应的基变量和非基变量也不同。

可行解：满足式（2-1-2）及式（2-1-3）的解 $\boldsymbol{X} = (x_1, x_2 \cdots, x_n)$ 称为可行解。

例如，$\boldsymbol{X} = \left(0, 0, \dfrac{1}{2}, \dfrac{7}{2}, 1\right)'$ 与 $\boldsymbol{X} = (0, 0, 0, 3, 2,)$ 都是［例2.11］的可行解。

最优解：满足式（2-1-1）的可行解称为最优解，即使得目标函数达到最大值的可行解就是最优解，例如可行解 $\boldsymbol{X} = \left(\dfrac{3}{5}, 0, 0, 0, 8\right)$ 是［例2.11］的最优解。

基本解：对某一确定的基 $\boldsymbol{B}$，令非基变量等于零，利用式（2-2-2）解出基变量，则这组解称为基 $\boldsymbol{B}$ 的基本解。

基本可行解：若基本解是可行解，则称其为基本可行解（也称基可行解）。

显然，只要基本解中基变量的解满足式（2-2-3）的非负要求，那么这个基本解就是基本可行解。

在［例2.11］中，对 $\boldsymbol{B}_1$ 来说，x_1，x_2 是基变量，x_3，x_4，x_5 是非基变量，令 $x_3 = x_4 = x_5 = 0$，则式（2-1-2）为

$$\begin{cases} 5x_1 + x_2 = 3 \\ -10x_1 + 6x_2 = 2 \end{cases}$$

因 $|\boldsymbol{B}_1| \neq 0$，由克莱姆法则知，$x_1$，$x_2$ 有唯一解 $x_1 = \dfrac{2}{5}$，$x_2 = 1$，则基本解为

$$\boldsymbol{X}^{(1)} = \left(\dfrac{2}{5}, 1, 0, 0, 0\right)'$$

对 $\boldsymbol{B}_2$ 来说，x_1，x_4 为基变量，令非变量 x_2，x_3，x_5 为零，由式（2-1-2）得到 $x_1 = -\dfrac{1}{5}$，$x_4 = 4$，基本解为

$$\boldsymbol{X}^{(2)} = \left(-\dfrac{1}{5}, 0, 0, 4, 0\right)'$$

由于 $\boldsymbol{X}^{(1)} \geq 0$ 是基本解，从而它是基本可行解，在 $\boldsymbol{X}^{(2)}$ 中 $x_1 < 0$，因此 $\boldsymbol{X}^{(2)}$ 不是可行解，也就不是基本可行解。反之，可行解不一定是基本可行解，例如 $\boldsymbol{X} = \left(0, 0, \dfrac{1}{2}, \dfrac{7}{2}, 1\right)^{\mathrm{T}}$ 满足式（2-1-2）~式（2-1-3），但不是任何基矩阵的基本解。

基本最优解：最优解是基本解，称为基本最优解。例如，$X = \left(\dfrac{3}{5}, 0, 0, 0, 8\right)'$ 满足式（2-1-1）~式（2-1-3），是最优解，又是 B_3 的基本解，因此它是基本最优解。

最优基：基本可行解对应的基称为可行基；基本最优解对应的基称为最优基，如上述 B_3 就是最优基，最优基也是可行基。

基本最优解、最优解、基本可行解、基本解、可行解的关系如图 2-2-7 所示。

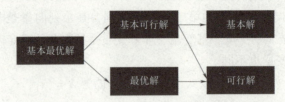

图 2-2-7　基本最优解、最优解、基本可行解、基本解、可行解的关系

凸集：设 K 是 n 维空间的一个点集，对任意两点 $X^{(1)}$、$X^{(2)} \in K$，当 $X = \alpha X^{(1)} + (1-\alpha)X^{(2)} \in K$（$0 \le \alpha \le 1$）时，则称 K 为凸集。

$X = \alpha X^{(1)} + (1-\alpha)X^{(2)}$ 就是以 $X^{(1)}$、$X^{(2)}$ 为端点的线段方程，点 X 的位置由 α 的值确定，当 $\alpha = 0$ 时，$X = X^{(2)}$；当 $\alpha = 1$ 时，$X = X^{(1)}$。

凸组合：设 X，$X^{(1)}$，$X^{(2)}$，$\cdots$，$X^{(K)}$ 是 $\boldsymbol{R}^n$ 中的点，若存在 λ_1，λ_2，$\cdots \lambda_K$，且 $\lambda_i \ge 0$ 及 $\sum\limits_{i=1}^{K} \lambda_i = 1$，使得 $X = \sum\limits_{i=1}^{K} \lambda_i X_i$ 成立，则称 X 为 $X^{(1)}$，$X^{(2)}$，$\cdots$，$X^{(K)}$ 的凸组合。

极点：设 K 是凸集，$X \in K$，若 X 不能用 K 中两个不同的点 $X^{(1)}$、$X^{(2)}$ 的凸组合表示为

$$X = \alpha X^{(1)} + (1-\alpha)X^{(2)} \quad (0 < \alpha < 1)$$

则称 X 是 K 的一个极点或顶点。

X 是凸集 K 的极点，即 X 不可能是 K 中某一线段的内点，只能是 K 中某一线段的端点。

七、线性规划的基本定理

【定理 2.1】若线性规划可行解 K 非空，则 K 是凸集。

【定理 2.2】线性规划可行解集合 K 的点 X 是极点的充要条件为 X 是基本可行解。

【定理 2.3】若线性规划有最优解，则最优值一定可以在可行解集合的某个极点上到达，最优解就是极点的坐标向量。

定理 2.2 刻画了可行解集的极点与基本可行解的对应关系，极点是基本可行解，反之，基本可行解一定是极点，但它们并非一一对应，有可能两个或几个基本可行解对应于同一极点（退化基本可行解时）。

定理 2.3 描述了最优解在可行解集中的位置，若最优解唯一，则最优解只能在某一极点上达到；若具有多重最优解，则最优解是某些极点的凸组合，从而最优解是可行解集的极点或界点，不可能是可行解集的内点。

若线性规划的可行解集非空且有界，则一定有最优解；若可行解集无界，则线性规划可能有最优解，也可能没有最优解。

定理 2.2 及定理 2.3 还给了我们一个启示，寻求最优解不是在无限个可行解中去找，而是在有限个基本可行解中去寻求。后面将介绍一种有效地寻找最优解的方法。

 **任务实施**

步骤一：建立线性规划问题的一般模型

根据已知条件可设生产产品 A 为 x_1 单位，产品 B 为 x_2 单位，产品 C 为 x_3 单位，目标函数为总利润最大，即目标函数为

$$\max Z = 4x_1 + x_2 + 5x_3$$

满足的约束条件为

$$\begin{cases} 3x_1 + x_2 + 2x_3 \leqslant 8\ 000 \\ 2x_1 + x_2 + 4x_3 \leqslant 6\ 000 \\ x_1 \geqslant 0,\ x_2 \geqslant 0,\ x_3 \geqslant 0 \end{cases}$$

可得该线性规划问题的一般形式为

$$\max Z = 4x_1 + x_2 + 5x_3$$
$$\text{st.} \begin{cases} 3x_1 + x_2 + 2x_3 \leqslant 8\ 000 \\ 2x_1 + x_2 + 4x_3 \leqslant 6\ 000 \\ x_1 \geqslant 0,\ x_2 \geqslant 0,\ x_3 \geqslant 0 \end{cases}$$

步骤二：将一般形式化为标准形式

将目标函数 Z 化为求函数最小值，两边同时增加负号，即将目标函数变为

$$\min Z = -4x_1 - x_2 - 5x_3$$

加入松弛变量 x_4，x_5，且满足 $x_4 \geqslant 0$，$x_5 \geqslant 0$，即将约束条件化为

$$\text{st.} \begin{cases} 3x_1 + x_2 + 2x_3 + x_4 = 8\ 000 \\ 2x_1 + x_2 + 4x_3 + x_5 = 6\ 000 \\ x_1 \geqslant 0,\ x_2 \geqslant 0,\ x_3 \geqslant 0,\ x_4 \geqslant 0,\ x_5 \geqslant 0 \end{cases}$$

即原规划问题的标准形式为

$$\min Z = -4x_1 - x_2 - 5x_3$$
$$\text{st.} \begin{cases} 3x_1 + x_2 + 2x_3 + x_4 = 8\ 000 \\ 2x_1 + x_2 + 4x_3 + x_5 = 6\ 000 \\ x_1 \geqslant 0,\ x_2 \geqslant 0,\ x_3 \geqslant 0,\ x_4 \geqslant 0,\ x_5 \geqslant 0 \end{cases}$$

步骤三：典则形式转化为单纯形表格

显然该问题是典则形式，对应的单纯形表见表 2 - 2 - 20。

表 2 – 2 – 20　单纯形表 1

C_B	C_j / x_j / X_B	-4 x_1	-1 x_2	-5 x_3	0 x_4	0 x_5	b
0	x_4	3	1	2	1	0	8 000
0	x_5	2	1	4	0	1	6 000
	检验数 λ_j	4	1	5↑	0	0	0

步骤四：单纯形表的求解，得到最终解

由单纯形表 2 – 2 – 20 可得，检验数为正且最大的是 $\lambda_3 = 5$，所以 x_3 作为调入基变量，可得 $\theta = \min\left\{\dfrac{8\,000}{2}, \dfrac{6\,000}{4}\right\} = 1\,500$，因此 x_5 出基，x_3 入基，得单纯形表 2 – 2 – 21。

表 2 – 2 – 21　单纯形表 2

C_B	C_j / x_j / X_B	-4 x_1	-1 x_2	-5 x_3	0 x_4	0 x_5	b
0	x_4	2	1/2	0	1	$-1/2$	5 000
-5	x_3	1/2	1/4	1	0	1/4	1 500
	检验数 λ_j	3/2↑	$-1/4$	5	0	$-5/4$	

检验数为正且最大的是 $\lambda_1 = 3/2$，所以 x_1 作为调入基变量，可得 $\theta = \min\left\{\dfrac{1\,500}{1/2}, \dfrac{5\,000}{2}\right\} = 2\,500$，因此 x_4 出基，x_1 入基，得单纯形表 2 – 2 – 22。

表 2 – 2 – 22　单纯形表 3

C_B	C_j / x_j / X_B	-4 x_1	-1 x_2	-5 x_3	0 x_4	0 x_5	b
-4	x_1	1	1/4	0	1/2	$-1/4$	2 500
-5	x_3	0	1/8	1	$-1/4$	3/8	250
	检验数 λ_j	0	$-5/8$	0	$-3/4$	$-7/8$	11 250

此次没有正数的检验数，所以该线性规划问题得到了最优解，其中 $\min Z = 11\,250$，$x_1 = 2\,500, x_2 = 0$，$x_3 = 250$，即生产 A 为 2 500 单位，B 为 0 单位，C 为 250 单位，利润最大为 11 250 单位。

步骤五：利用 Excel 求解并验证

利用 Excel 求解并验证，具体操作流程如下：

 请同学们扫描右侧二维码，观看"利用 Excel 求解线性规划问题 – 任务实施"的视频。

可以得到利用 Excel 求解得到的结果与用单纯形法求解所得的结果是相同的。

 任务拓展

利用单纯形法求解在"项目二　任务一　认识线性规划问题的一般形式"中任务拓展建立的模型，并利用 Excel 求解，如图 2 – 2 – 8 所示。

图 2 – 2 – 8　工厂与河流位置

 任务巩固

一、单选题

1. 线性规划具有无界解是指（　　　）。

A. 可行解集合无界

B. 有相同的最小比值

C. 存在某个检验数大于等于 0，它对应的技术列向量都小于等于 0

D. 最优表中所有非基变量的检验数非零

2. 线性规划无可行解是指 (　　)。

A. 第一阶段最优目标函数值等于零

B. 进基列系数非正

C. 用大 M 法求解时，最优解中还有非零的人工变量

D. 有两个相同的最小比值

3. 下列说法错误的是 (　　)。

A. 标准型的常数项非正 　　　　　　B. 标准型的变量一定要非负

C. 标准型的目标函数是求最大值 　　D. 标准型的目标函数是求最小值

4. 如果决策变量数相等的两个线性规划的最优解相同，则两个线性规划 (　　)。

A. 约束条件相同 　　　　　　　　　B. 模型相同

C. 最优目标函数值相等 　　　　　　D. 以上结论都不对

二、判断题

1. 线性规划问题的最优解一定在可行域的顶点达到。(　　)

2. 线性规划的可行解集是凸集。(　　)

3. 如果一个线性规划问题有两个不同的最优解，则它有无穷多个最优解。(　　)

4. 用单纯形法求解线性规划时，不论是极大化还是极小化问题，均用最小比值原则确定出基变量。(　　)

三、计算题

1. 对下述线性规划问题找出所有基解，指出哪些是基可行解，并确定最优解。

(1) $\max Z = 3x_1 + 5x_2$

$$\text{s. t.} \begin{cases} x_1 + x_3 = 4 \\ 2x_2 + x_4 = 12 \\ 3x_1 + 2x_2 + x_5 = 18 \\ x_j \geqslant 0, \ j = 1, \cdots, 5 \end{cases}$$

(2) $\min Z = 5x_1 - 2x_2 + 3x_3 + 2x_4$

$$\text{s. t.} \begin{cases} x_1 + 2x_2 + 3x_3 + 4x_4 = 7 \\ 2x_1 + 2x_2 + x_3 + 2x_4 = 3 \\ x_j \geqslant 0, \ (j = 1, \cdots, 4) \end{cases}$$

四、综合训练

1. 某饲养场饲养动物出售，设每头动物每天至少需 700 g 蛋白质、30 g 矿物质、100 mg 维生素。现有五种饲料可供选用，各种饲料每 kg 营养成分含量及单价见表 2 - 2 - 23。

表 2 - 2 - 23 　各种饲料每 kg 营养成分含量及单价

商品	蛋白质/g	矿物质/g	维生素/mg	价格/（元·kg⁻¹）
1	3	1	0.5	0.2
2	2	0.5	1	0.7
3	1	0.2	0.2	0.4
4	6	2	2	0.3
5	18	0.5	0.8	0.8

要求确定既满足动物生长的营养需要，又使费用最省的选用饲料的方案。

 任务评价

学习任务完成情况评价

名称		评分标准或要求	分值	评价方式			得分
				自评	互评	师评	
理论知识评价	1	能描述线性规划问题的标准型	5				
	2	能阐述单纯形法求解线性规划问题的过程	10				
	3	能阐述两阶段法求解线性规划问题的过程	10				
	4	能明确线性规划问题在物流中的应用	10				
	5	能理解线性规划问题的矩阵形式	5				
技能操作评价	6	能够利用图解法求解线性规划问题	10				
	7	能够利用单纯形法求解线性规划问题	10				
	8	能够利用两阶段法求解线性规划问题	10				
	9	能够利用 Excel 求解物流中的线性规划问题	10				
职业素养评价	10	积极参与课堂互动	10				
	11	勇于表达自己的观点，语言表达流畅	10				
总分值			100	总得分			

任务三　掌握线性规划的对偶理论

学习目标

知识目标	技能目标	素质目标
➤了解对偶问题提出的背景 ➤掌握对偶问题的基本性质 ➤掌握影子价格的含义 ➤了解对偶单纯形法的计算过程	➤能够阐述影子价格的含义 ➤能够利用对偶单纯形法进行计算	➤提高学生科学决策的能力

任务描述

设某工厂生产两种产品甲和乙，生产中需4种设备按 A、B、C、D 顺序加工，每件产品加工所需的机时数、每件产品的利润值及每种设备的可利用机时数见表 2-3-1。

表 2-3-1　产品数据表

产品设备	A	B	C	D	产品利润/（元·件⁻¹）
甲	2	1	4	0	2
乙	2	2	0	4	3
设备可利用机时数	12	8	16	12	

（1）请问充分利用设备机时，工厂应生产甲和乙型产品各多少件才能获得最大利润？请建立相应的数学模型。

（2）反过来说，若厂长决定不生产甲和乙型产品，决定出租机器用于接受外加工，只收加工费，那么4种机器的机时如何定价才是最佳决策？并利用对偶单纯形法进行求解。

任务资讯

一、对偶问题的提出

什么是对偶呢？对偶即对同一事物或问题从不同角度提出对立的两种不同表述。在平面内，矩形的面积与其周长之间的关系有两种不同的表述方法：周长一定，面积最大的矩形是正方形；面积一定，周长最短的矩形是正方形。这就是互为对偶的表述。这种表述有利于加深对事物的认识和理解，而线性规划问题也有对偶关系。如企业怎样充分利用现有人力、物力完成更多任务和怎样用最少人力、物力去完成给定的任务，就是互为对偶的一对问题。对偶理论是从数量关系上研究这一对问题的性质、关系及应用的理论和方法。因此无论是从理论还是实践角度，对偶理论都是线性规划中的一个最重要和有趣的概念。对偶理论的基本思想是，每一个线性规划问题都存在一个与其对偶的问题，在求出一个问题解时，也同时给出了另一问题的解。

【例2.12】浙江华盛公司通过公司资源生产了两种家电产品时，其线性规划问题为

$$\max Z = 2x_1 + x_2$$

$$\text{s. t} \begin{cases} 5x_2 \leqslant 15 \\ 6x_1 + 2x_2 \leqslant 24 \\ x_1 + x_2 \leqslant 5 \\ x_1, \ x_2 \geqslant 0 \end{cases} \qquad (2-3-1)$$

假定有某个公司想把华盛的资源收买过来，它至少应付出多大代价，才能使华盛公司愿意放弃生产活动，出让自己的资源？显然华盛公司愿意出让自己资源的条件是，出让代价应不低于用同等数量资源由自己组织生产活动时获取的盈利。

设分别用 y_1，y_2 和 y_3 代表单位时间（h）设备 A、设备 B 和调试工序的出让代价。因华盛公司用 6 h 设备 B 和 1 h 调试可生产一件家电甲，盈利 2 元；用 5 h 设备 A、2 h 设备 B 及 1 h 调试可生产一件家电乙，盈利 1 元。由此 y_1，y_2 和 y_3 的取值应满足：

$$6y_2 + y_3 \geqslant 2$$
$$5y_1 + 2y_2 + y_3 \geqslant 1 \qquad (2-3-2)$$

又因为该公司希望用最小的代价把华盛公司的全部资源收买过来，所以：

$$\min Z = 15y_1 + 24y_2 + 5y_3 \qquad (2-3-3)$$

显然 $y_i \geqslant 0$（$i = 1, 2, 3$），再综合式（2-3-2）和式（2-3-3），有

$$\min Z = 15y_1 + 24y_2 + 5y_3$$

$$\text{s. t.} \begin{cases} 6y_2 + y_3 \geqslant 2 \\ 5y_1 + 2y_2 + y_3 \geqslant 1 \\ y_1, \ y_2, \ y_3 \geqslant 0 \end{cases} \qquad (2-3-4)$$

上述两个线性规划问题，通常前者（2-3-1）称为原问题，而后者（2-3-4）则称为前者的对偶问题。

下面来详细分析一下对称形式下的对偶问题。

满足下列条件的线性规划问题称为具有对称形式：其变量均具有非负约束，其约束条件为当目标函数求极大时均取"＜"号，当目标函数求极小时均取"＞"号。

对称形式下线性规划原问题的一般形式为

$$\max Z = c_1 x_1 + c_2 x_2 + \cdots + c_n x_n$$

$$\text{s. t.} \begin{cases} a_{11}x_1 + a_{12}x_2 + \cdots + a_{1n}x_n \leqslant b_1 \\ a_{21}x_1 + a_{22}x_2 + \cdots + a_{2n}x_n \leqslant b_2 \\ \qquad\qquad \cdots \\ a_{m1}x_1 + a_{m2}x_2 + \cdots + a_{mn}x_n \leqslant b_m \\ \qquad x_j \geqslant 0 \quad (j=1, \cdots, n) \end{cases} \quad (2-3-5)$$

用 y_i $(i=1, 2, 3, \cdots, m)$ 代表第 i 种资源的估价，则其对偶问题的一般形式为

$$\min w = b_1 y_1 + b_2 y_2 + \cdots + b_m y_m$$

$$\text{s. t.} \begin{cases} a_{11}y_1 + a_{12}y_2 + \cdots + a_{m1}y_m \geqslant c_1 \\ a_{12}y_1 + a_{22}y_2 + \cdots + a_{m2}y_m \geqslant c_2 \\ \qquad\qquad \cdots \\ a_{1n}y_1 + a_{2n}y_2 + \cdots + a_{mn}y_m \geqslant c_n \\ \qquad y_i \geqslant 0 \quad (i=1, \cdots, m) \end{cases} \quad (2-3-6)$$

用矩阵形式表示，对称形式的线性规划问题的原问题和对偶问题可分别表示为

$$\max Z = CX$$

$$\text{s. t.} \begin{cases} AX \leqslant b \\ X \geqslant 0 \end{cases} \quad (2-3-7)$$

$$\min w = Y^T b$$

$$\text{s. t.} \begin{cases} A^T Y \geqslant C^T \\ Y \geqslant 0 \end{cases} \quad (2-3-8)$$

Y 是列向量，$Y = (y_1, y_2, \cdots, y_m)^T$。

将上述对称形式下线性规划的原问题与对偶问题进行比较，可以列出如表 2-3-2 所示的对应关系。

表 2-3-2　原问题与对偶问题的比较

项目	原问题	对偶问题
A	约束系数矩阵	其约束系数矩阵的转置
b	约束条件的右端项向量	目标函数中的价格系数向量
C	目标函数中的价格系数向量	约束条件的右端项向量
目标函数	$\max Z = CX$	$\min \omega = Y^T b$
约束条件	$AX \leqslant b$	$A^T X \geqslant C^T$
决策变量	$X \geqslant 0$	$Y \geqslant 0$

在式（2-3-8）的对偶问题中令 $w' = -w$，可改写为

$$\max w' = -Y^{\mathrm{T}}b$$

$$\text{s. t.} \begin{cases} -A^{\mathrm{T}}Y \leqslant -C^{\mathrm{T}} \\ Y \geqslant 0 \end{cases} \tag{2-3-9}$$

如将其作为原问题，并按表 2-3-1 所列对应关系写出它的对偶问题，则有：

$$\min Z' = -CX$$

$$\text{s. t.} \begin{cases} AX \geqslant -b \\ X \geqslant 0 \end{cases} \tag{2-3-10}$$

再令 $Z = -Z'$，则上式可改写为

$$\min Z = CX$$

$$\text{s. t.} \begin{cases} AX \leqslant b \\ X \geqslant 0 \end{cases} \tag{2-3-11}$$

可见对偶问题的对偶即原问题，因此也可以把表 2-3-2 右端的线性规划问题作为原问题，写出其左端形式的对偶问题。

【例 2.13】试求下述线性规划原问题的对偶问题：

$$\min Z = 2x_1 + 3x_2 - 5x_3 + x_4$$

$$\text{s. t.} \begin{cases} x_1 + x_2 - 3x_3 + x_4 \geqslant 5 \\ 2x_1 + 2x_3 - x_4 \leqslant 4 \\ x_2 + x_3 + x_4 = 6 \\ x_1 \leqslant 0, \ x_2, \ x_3 \geqslant 0, \ x_4 \ \text{无约束} \end{cases}$$

【解】设对应于约束条件①，②，③的对偶变量分别为 y_1，y_2，y_3，则由表 2-3-2 中原问题和对偶问题的对应关系，可以直接写出上述问题的对偶问题，即：

$$\max Z' = 5y_1 + 4y_2 + 6y_3$$

$$\text{s. t.} \begin{cases} y_1 + 2y_2 \geqslant 2 \\ y_1 + y_3 \leqslant 3 \\ -3y_1 + 2y_2 + y_3 \leqslant -5 \\ y_1 - y_2 + y_3 = 1 \\ y_1 \geqslant 0, \ y_2 \leqslant 0, \ y_3 \ \text{无约束} \end{cases}$$

因为并非所有线性规划问题均具有对称形式，故本书中暂不讨论非线性形式的对偶问题。

二、对偶问题的基本性质

（一）对称性

对偶问题的对偶是原问题。

证明：设原问题为

$$\max Z = CX$$

$$AX \leqslant b$$
$$X \geqslant 0$$

根据对偶问题的对称变换关系，可以找到它的对偶问题为

$$\min\omega = Yb$$
$$YA \geqslant C$$
$$Y \geqslant 0$$

若将上式两边取负号，且 $-\min\omega = \max(-\omega)$，可得到：

$$\max(-\omega) = -Yb$$
$$-YA \leqslant -C$$
$$Y \geqslant 0$$

根据对称变换关系,得到其对偶问题为

$$\max(-\omega') = -CX$$
$$-AX \geqslant -b$$
$$X \geqslant 0$$

又因为 $-\min\omega = \max(-\omega)$,所以可得 $\max(-\omega') = -\max(\omega')$,即：

$$\max(\omega') = CX = \max Z$$
$$AX \leqslant b$$
$$X \geqslant 0$$

所以对偶问题的对偶是原问题。

（二）弱对偶性

若 $\overline{X}$ 是原问题的任一可行解，$\overline{Y}$ 是对偶问题的任一可行解，则有 $C\overline{X} \leqslant \overline{Y}b$。

证明：设原问题为

$$\max Z = CX;\ AX \leqslant b;\ X \geqslant 0$$

因 $\overline{X}$ 是原问题的可行解，所以满足约束条件，即

$$A\overline{X} \leqslant b$$

若 $\overline{Y}$ 是给定的一组值，设它是对偶问题的可行解，将 $\overline{Y}$ 左乘上式，得到

$$\overline{Y}A\overline{X} \leqslant \overline{Y}b$$

原问题的对偶问题为

$$\min\omega = Yb;\ YA \geqslant C;\ Y \geqslant 0$$

因为 $\overline{Y}$ 是对偶问题的可行解，所以满足

$$\overline{Y}A \geqslant C$$

将 $\overline{X}$ 右乘上式，得到

$$\overline{Y}A\overline{X} \geqslant C\overline{X}$$

于是得到

$$C\overline{X} \leqslant \overline{Y}A\overline{X} \leqslant \overline{Y}b$$

（三）无界性

若原问题（对偶问题）为无界解，则其对偶问题（原问题）无可行解。

证　由弱对偶性可得。

注意这个问题的性质不可逆。当原问题（对偶问题）无可行解时，其对偶问题（原问题）或具有无界解或无可行解。例如下述一对问题两者皆无可行解。

原问题（对偶问题）

$$\min \omega = -x_1 - x_2$$

$$\begin{cases} x_1 - x_2 \geqslant 1 \\ -x_1 + x_2 \geqslant 1 \\ x_1, \ x_2 \geqslant 0 \end{cases}$$

对偶问题（原问题）

$$\max Z = y_1 + y_2$$

$$\begin{cases} y_1 - y_2 \leqslant -1 \\ -y_1 + y_2 \leqslant -1 \\ y_1, \ y_2 \geqslant 0 \end{cases}$$

（四）可行解是最优解时的性质

设 $\hat{X}$ 是原问题的可行解，$\hat{Y}$ 是对偶问题的可行解，当 $C\hat{X} = \hat{Y}b$ 时，$\hat{X}$，$\hat{Y}$ 是最优解。

证　若 $C\hat{X} = \hat{Y}b$，根据弱对偶性可知：对偶问题的所有可行解都存在 $\overline{Y}b \geqslant C\hat{X}$，因为 $C\hat{X} = \hat{Y}b$，所以 $\overline{Y}b \geqslant \hat{Y}b$。可见 $\hat{Y}$ 是使目标函数取值最小的可行解，因而是最优解。同样可证明对于原问题的所有可行解 $\overline{X}$，存在

$$C\hat{X} = \hat{Y}b \geqslant C\overline{X}$$

所以 $\hat{X}$ 是最优解。

（五）对偶定理

若原问题有最优解，那么对偶问题也有最优解，且目标函数值相等。

证　设 $\hat{X}$ 是原问题的最优解，它对应的基矩阵 B 必存在 $C - C_B B^{-1} A \leqslant 0$，即得到 $\hat{Y}A \geqslant C$，其中 $\hat{Y} = C_B B^{-1}$。

这时 $\hat{Y}$ 是对偶问题的可行解，它使

$$\omega = \hat{Y}b = C_B B^{-1}b$$

因原问题的最优解是 $\hat{X}$，使目标函数取值为

$$Z = C\hat{X} = C_B B^{-1}b$$

由此得到

$$\hat{Y}b = C_B B^{-1}b = C\hat{X}$$

可见 $\hat{Y}$ 是对偶问题的最优解。

三、影子价格

所谓"影子价格"，是指在保持其他参数不变的情况下，某个约束的右边项在一个微

小范围内变动一单位时，导致最优目标函数值的变动量。影子价格是经济学和管理学中的一个重要概念，它有时也被称为边际价格或对偶价格。

线性规划中每个约束都对应一个影子价格，其量纲是目标函数的单位除以约束的单位，因此不同约束的影子价格量纲可能是不同的。影子价格反映了资源对目标函数的边际贡献，即资源转换成经济效益的效率。

在资源配置问题中，影子价格反映了各项资源在系统内的稀缺程度，如果资源供给有剩余，则进一步增加该资源的供应量不会改变最优决策和最优目标函数值，因此该资源的影子价格为零。对于紧约束资源，增加该资源的供应量有可能会改变最优决策，也可能不会改变最优决策，因此该资源的影子价格可能为正，也可能为零，这和互补松弛定理是完全一致的。

在单纯形法的每步迭代中，目标函数取值 $z = C_B B^{-1}b$ 和检验数 $CN - C_B B^{-1}N$ 中都有乘子 $Y = C_B B^{-1}$。

由强对偶定理知

$$z^* = CX^* = C_B B^{-1}b = Y^* b = W^*$$

由此 $z^* = Y^* b = b_1 y_1 + b_1 y_2 + \dots b_m y_m$，即

$$\frac{\partial z^*}{\partial b_i} = C_B B^{-1} = Y^* \text{ 或} \frac{\partial z^*}{\partial b_i} = \frac{\partial (Y^* b)}{\partial b_i} = y_i^*$$

影子价格是对偶解的一个十分形象的名称，它既表明对偶解是对系统内部资源在当前最优利用配置下的一种客观估价，又表明它是一种虚拟的价格（或价值的影像）而不是真实的价格。

四、对偶单纯形法

对偶单纯形法是求解线性规划的另一个基本方法，它是根据对偶原理和单纯形法原理而设计出来的，因此称为对偶单纯形法，不能简单理解为是求解对偶问题的单纯形法。

前面讲到原问题与对偶问题解之间的对应关系时指出：在单纯形表中进行迭代时，在 b 列中得到的是原问题的基可行解，而在检验数行得到的是对偶问题的基解。通过逐步迭代，当在检验数行得到对偶问题的解也是基可行解时，根据性质（4）、（5）可知，已得到最优解，即原问题与对偶问题都是最优解。

根据对偶问题的对称性，也可以这样考虑：若保持对偶问题的解是基可行解，即 $c_j - C_B B^{-1}P_j \leq 0$，而原问题在非可行解的基础上，通过逐步迭代达到基可行解，这样也得到了最优解。其优点是原问题的初始解不一定是基可行解，可从非基可行解开始迭代，方法如下：

设原问题

$$\max Z = CX$$
$$\begin{cases} AX = b \\ X \geq 0 \end{cases}$$

又设 B 是一个基，不失一般性，令 $B = (P_1, P_2, \cdots, P_n)$，则它对应的变量为

$$X_B = (x_1, x_2, \cdots, x_n)$$

当非基变量都为零时，可以得到 $X_B = B^{-1}b$。若在 $B^{-1}b$ 中至少有一个负分量，设 $(B^{-1}b)_i < 0$，并且在单纯形表检验数行中的检验数都为非正，即对偶问题保持可行解，它的各分量如下：

（1）对应基变量 x_1，x_2，$\cdots$，x_n 的检验数为

$$\delta_i = c_i - z_i = c_i - C_B B^{-1}P_j = 0, \quad i = 1, 2, \cdots, m$$

（2）对应非基变量 x_{m+1}，$\cdots$，x_n 的检验数为

$$\delta_j = c_j - z_j = c_j - C_B B^{-1}P_j \leqslant 0, \quad i = m + 1, m + 2, \cdots, n$$

每次迭代是将基变量中的负分量 x_l 取出，去替换非基变量中的 x_k，经基变换，所有检验数仍保持非正。从原问题来看，经过每次迭代，原问题由非可行解往可行解靠近。当原问题得到可行解时，便得到了最优解。

对偶单纯形法的计算步骤如下：

（1）对线性规划问题进行变换，使列出的初始单纯形表中所有检验数 $\sigma_j \leqslant 0$（$j = 1$，2，$\cdots$，n），即对偶问题为基可行解。

（2）检查 b 列的数字，若都为非负，检验数都为非正，则已得到最优解，停止计算。当检查 b 列的数字时，至少还有一个负分量，检验数保持非正，那么继续进行计算。

（3）确定换出变量。

按 $\min\limits_{i} \left[(B^{-1}b)_i \mid (B^{-1}b) < 0 \right] = (B^{-1}b)_l$ 对应的基变量 x_l 为换出变量。

（4）确定换入变量。

在单纯形表中检查 x_i 所在行的各系数 a_{ij}（$j = 1$，2，$\cdots$，n），若所有 $a_i \geqslant 0$，则无可行解，停止计算；若存在 $a_{ij} < 0$（$j = 1$，2，$\cdots$，n），计算 $\theta = \min\limits_{j} \left(\dfrac{c_i - z_i}{a_{lj}} \middle| a_{lj} < 0 \right) = \dfrac{c_k - z_k}{\alpha_{lk}}$，按 θ 规则所对应的列的非基变量 x_k 为换入变量，这样才能保持得到的对偶问题解仍为可行解。

（5）以 a_{lk} 为主元素，按原单纯形法在表中进行迭代运算，得到新的计算表。

重复计算步骤（2）至（5）。

【例 2.14】用对偶单纯形法求解：

$$\min \omega = 2x_1 + 3x_2 + 4x_3$$

$$\text{s. t} \begin{cases} x_1 + 2x_2 + x_3 \geqslant 3 \\ 2x_1 - x_2 + 3x_3 \geqslant 4 \\ x_1, x_2, x_3 \geqslant 0 \end{cases}$$

【解】先将此问题化成下列形式，以便得到对偶问题的初始可行基：

$$\max Z = -2x_1 - 3x_2 - 4x_3$$

$$\text{s. t} \begin{cases} -x_1 - 2x_2 - x_3 + x_4 = -3 \\ -2x_1 + x_2 - 3x_3 + x_5 = -4 \\ x_j \geqslant 0, \quad j = 1, 2, 3, 4, 5 \end{cases}$$

建立此问题的初始单纯形表，如表 2 – 3 – 3 所示。

表 2 – 3 – 3　初始单纯形表

C_B	C_j　x_j　X_B	-2　x_1	-3　x_2	-4　x_3	0　x_4	0　x_5	b
0	x_4	-1	-2	-1	1	0	-3
0	x_5	-2	1	-3	0	1	-4
	$c_j - z_j$	-2	-3	-4	0	0	

从表 2 – 3 – 3 中可以看到，检验数行对应的对偶问题的解是可行解。因 **b** 列数字为负，故需进行迭代运算。

换出变量的确定：按上述对偶单纯形法计算步骤（3），即

$$\min(-3, -4) = -4$$

故 x_5 为换出变量。

换入变量的确定：按上述对偶单纯形法计算步骤（4），即

$$\theta = \min\left\{\frac{-2}{-2}, \frac{-4}{-3}\right\} = \frac{-2}{-2} = 1$$

故 x_1 为换入变量。

所以按照单纯形法进行迭代，可得到表 2 – 3 – 4。

表 2 – 3 – 4　单纯形表 1

C_B	C_j　x_j　X_B	-2　x_1	-3　x_2	-4　x_3	0　x_4	0　x_5	b
0	x_4	0	$-5/2$	$1/2$	1	$-1/2$	-1
-2	x_1	1	$-1/2$	$3/2$	0	$-1/2$	2
	$c_j - z_j$	0	-4	-1	0	-1	

在表 2 – 3 – 4 中 b 列仍有负数，所以继续进行迭代，可得表 2 – 3 – 5。

表 2 – 3 – 5　单纯形表 2

C_B	C_j　x_j　X_B	-2　x_1	-3　x_2	-4　x_3	0　x_4	0　x_5	b
0	x_2	0	1	$-1/5$	$-2/5$	$1/5$	$2/5$
-2	x_1	1	0	$7/5$	$-1/5$	$-2/5$	$11/5$
	$c_j - z_j$	0	0	$-9/5$	$-8/5$	$-1/5$	

可以看到，在表 2 - 3 - 5 中，b 列数字全非负，检验数全非正，故问题的最优解为
$$X^* = (11/5, \ 2/5, \ 0, \ 0, \ 0)^{\mathrm{T}}$$
若对应两个约束条件的对偶变量分别为 y_1 和 y_2，则对偶问题的最优解为
$$Y^* = (y_1^*, y_2^*) = (8/5, 1/5)$$

 **任务实施**

根据已知条件求解的过程如下：

步骤一：设定未知数

根据已知的条件假设甲、乙型产品各生产 x_1 和 x_2 件。

步骤二：建立数学模型

目标函数表示的是利润最大。假设用 Z 表示利润，甲、乙两种产品的单位利润为 2 和 3，则 $Z = 2x_1 + 3x_2$，即目标函数可表示为
$$\max Z = 2x_1 + 3x_2$$
按 A，B，C，D 工序加工时，设备可利用的机时数限制为 12，8，16，12，则
$$\mathrm{s.\,t} \begin{cases} 2x_1 + 2x_2 \leqslant 12 \\ x_1 + 2x_2 \leqslant 8 \\ 4x_1 \leqslant 16 \\ 4x_2 \leqslant 12 \\ x_1, \ x_2 \geqslant 0 \end{cases}$$

步骤三：最佳决策分析

若厂长决定不再生产甲和乙型产品，决定出租机器用于接受外加工，只收加工费。在市场竞争的时代，厂长的最佳决策显然应符合两条：

（1）不吃亏原则，即机时定价所赚利润不能低于加工甲、乙型产品所获利润，由此原则便构成了新规划的不等式约束条件。

（2）竞争性原则，即在上述不吃亏原则下，尽量降低机时总收费，以便争取更多用户。

显然根据 4 种机器的机时定价分析，需建立问题（1）的对偶模型。

步骤四：建立对偶模型

设 A、B、C、D 设备的机时价分别为 y_1，y_2，y_3，y_4，则新的线性规划数学模型为
$$\min \omega = 12y_1 + 8y_2 + 16y_3 + 12y_4$$

$$\text{s. t} \begin{cases} 2y_1 + y_2 + 4y_3 \geqslant 2 \\ 2y_1 + 2y_2 + 4y_4 \geqslant 3 \\ y_1,\ y_2,\ y_3,\ y_4 \geqslant 0 \end{cases}$$

步骤五：利用对偶单纯形法求解

先将此问题化成下列形式，以便得到对偶问题的初始可行基：

$$\max Z = -12y_1 - 8y_2 - 16y_3 - 12y_4$$

$$\text{s. t} \begin{cases} -2y_1 - y_2 - 4y_3 + y_5 = -2 \\ -2y_1 - 2y_2 - 4y_4 + y_6 = -3 \\ y_1,\ y_2,\ y_3,\ y_4,\ y_5,\ y_6 \geqslant 0 \end{cases}$$

建立此问题的初始单纯形表，如表 2-3-6 所示。

表 2-3-6　初始单纯形表

C_B	C_j x_j X_B	−12 y_1	−8 y_2	−16 y_3	−12 y_4	0 y_5	0 y_6	b
0	y_5	−2	−1	−4	0	1	0	−2
0	y_6	−2	−2	0	−4	0	1	−3
	$c_j - z_j$	−12	−8	−16	−12	0	0	

从表 2-3-6 中可以看到，检验数行对应的对偶问题的解是可行解。因 b 列数字为负，故需进行迭代运算。

换出变量的确定：

$$\min(-2, -3) = -3$$

故 y_6 为换出变量。

换入变量的确定：

$$\theta = \min\left\{ \frac{-12}{-2},\ \frac{-8}{-2},\ \frac{-12}{-4} \right\} = \frac{-12}{-4} = 3$$

故 y_4 为换入变量。

所以按照单纯形法进行迭代，可得表 2-3-7。

表 2-3-7　单纯形表 1

C_B	C_j x_j X_B	−12 y_1	−8 y_2	−16 y_3	−12 y_4	0 y_5	0 y_6	b
0	y_5	−2	−1	−4	0	1	0	−2
−12	y_4	1/2	1/2	0	1	0	−1/4	3/4
	$c_j - z_j$	−6	−2	−16	0	0	−3	

由于 b 列还有负数，所以还需进一步进行迭代，可得到表 2-3-8。

表 2-3-8　单纯形表

C_B	$\dfrac{c_j}{x_j}\ X_B$	-12 y_1	-8 y_2	-16 y_3	-12 y_4	0 y_5	0 y_6	b
-8	y_2	2	1	4	0	-1	0	2
-12	y_4	$-1/2$	0	-2	1	$1/2$	$-1/4$	$-1/4$
$c_j - z_j$		-22	0	-8	0	-2	-3	

由于 b 列还有负数，所以还需进一步进行迭代，可得到表 2-3-9。

表 2-3-9　单纯形表

C_B	$\dfrac{c_j}{x_j}\ X_B$	-12 y_1	-8 y_2	-16 y_3	-12 y_4	0 y_5	0 y_6	b
-8	y_2	1	1	0	2	0	$-1/2$	$3/2$
-16	y_3	$1/4$	0	1	$-1/2$	$-1/4$	$1/8$	$1/8$
$c_j - z_j$		0	0	0	-4	-4	-2	

可以看到，b 列数字全非负，检验数全非正，故问题的最优解为

$$Y^* = (0,\ 3/2,\ 1/8,\ 0,\ 0,\ 0)^T$$

若对应两个约束条件的对偶变量分别为 x_1 和 x_2，则对偶问题的最优解为

$$X^* = (x_1^*, x_2^*) = (4,\ 2)$$

 任务拓展

上海华源制造有限公司生产甲、乙、丙三种产品，目前公司觉得效益并不是很好，所以打算出售生产线，小杨作为此次的负责人，列出了最佳决策的线性规划问题如下：

$$\min Z = 9x_1 + 12x_2 + 15_3$$

$$\text{s. t.}\begin{cases} 2x_1 + 2x_2 + x_3 \geqslant 10 \\ 2x_1 + 3x_2 + x_3 \geqslant 12 \\ x_1 + x_2 + 5x_3 \geqslant 14 \\ x_j \geqslant 0\ (j = 1,\ 2,\ 3) \end{cases}$$

请用对偶单纯形法求解上列线性规划问题，并找到该对偶问题的最优解。

任务巩固

一、单选题

1. 互为对偶的两个线性规划问题的解存在关系（　　　）。

A. 一个问题具有无界解，另一问题无可行解

B. 原问题无可行解，对偶问题也无可行解

C. 若最优解存在，则最优解相同

D. 一个问题无可行解，则另一个问题具有无界解

2. 影子价格是指（　　　）。

A. 检验数 　　　　　　　　　　B. 对偶问题的基本解

C. 解答列取值 　　　　　　　　D. 对偶问题的最优解

3. 影子价格的经济解释是（　　　）。

A. 判断目标函数是否取得最优解 　　B. 价格确定的经济性

C. 约束条件所付出的代价 　　　　　D. 产品的产量是否合理

4. 对偶单纯法求解极大化线性规划时，如果不按照最小化比值的方法选取什么变量，则在下一个解中至少有一个变量为正（　　　）。

A. 换出变量 　　　B. 换入变量 　　　C. 非基变量 　　　D. 基变量

二、判断题

1. 任何线性规划问题存在并具有唯一的对偶问题。（　　　）

2. 对偶单纯法迭代中的主元素一定是负元素。（　　　）

3. 对偶问题的对偶问题一定是原问题。（　　　）

4. 根据对偶问题的性质，当原问题为无界解时，其对偶问题无可行解；反之，当对偶问题无可行解时，其原问题具有无界解。（　　　）

三、计算题

写出下面线性规划问题的对偶问题：

$$\min Z = 5x_1 + 4x_2 + 3x_3$$

$$\text{s. t.}\begin{cases} 2x_1 + 7x_3 \geqslant 8 \\ 8x_1 + 5x_2 - 4x_3 \leqslant 15 \\ 4x_2 + 6x_3 = 30 \\ x_1 \text{ 为自由变量，} x_2, x_3 \geqslant 0 \end{cases}$$

四、综合训练

某公司利用三种原料生产五种产品，关于产品相关的数据见表 2 - 3 - 10，企业的决策是这五种产品各生产多少使企业获利最大？

表 2–3–10　原料及产品的相关数据

产品 \ 原料	万件产品所用原料数/kg					资源量/kg
	A	B	C	D	E	
甲	0.5	1	0.5	0	0.5	5
乙	0.5	0	–0.5	1.5	1	12
丙	0.5	1	1	1	1	10.5
万件产品利润/万元	4	10	5	10	10.5	

已知该问题建立的线性规划模型的最优单纯形表见表 2–3–11。

表 2–3–11　单纯形表

C_B	X_B \ x_j	C_j 4	10	5	10	10.5	0	0	0	b
		x_1	x_2	x_3	x_4	x_5	x_6	x_7	x_8	
10.5	x_5	1	2	1	0	1	2	0	0	10
0	x_7	0.25	–0.5	–1.5	0	0	1	1	–1.5	1.25
10	x_4	–0.5	–1	0	1	0	–2	0	1	0.5
$-Z$		–1.5	–1	–5.5	0	0	–1	0	–10	

请回答下述问题：

（1）写出该问题的最优解及目标函数值。

（2）写出该问题的对偶问题（需指明对偶变量的含义）。

（3）对偶问题的最优解是多少？

（4）哪些资源是企业的关键资源？为什么？

任务评价

学习任务完成情况评价

名称		评分标准或要求	分值	评价方式			得分
				自评	互评	师评	
理论知识评价	1	了解对偶问题提出的背景	10				
	2	掌握对偶问题的基本性质	15				
	3	掌握影子价格的含义	10				
	4	了解对偶单纯形法的计算过程	20				
技能操作评价	5	能够阐述影子价格的含义	10				
	6	能够利用对偶单纯形法进行计算	15				
职业素养评价	7	积极参与课堂互动	10				
	8	勇于表达自己的观点，语言表达流畅	10				
总分值			100	总得分			

项目三　学习运输问题

教学目标：通过本项目内容的学习，掌握运输问题的数学模型，并且能够利用表上作业法求解运输问题的数学模型。

本项目内容要点：本项目内容主要包括运输问题的数学模型、表上作业法的求解步骤和利用 Excel 求解运输问题的过程。

物流和供应链管理是当前管理研究的热点和前沿领域。供应链是一个由物流系统和该供应链中所有单个组织或企业相关活动组成的网络。为满足供应链中的顾客需求，需要对商品服务及相关信息，从产地到消费地高效率、低成本地流动及储存进行规划、执行和控制。运筹学中对运输模型的研究为达到上述目的提供相应的理论基础。

思政小课堂

十年来，我国综合立体交通网加速成型，有力保障了国内国际经济循环畅通。我们建成了全球最大的高速铁路网、高速公路网、世界级港口群，航空航海通达全球，综合交通网络总里程突破 600 万公里，中国高铁、中国路、中国桥、中国港、中国快递成为亮丽的"中国名片"。规模巨大、内畅外联的综合交通运输体系有力服务并支撑了我国作为世界第二大经济体和世界第一大货物贸易国的运转。十年来，我国综合立体交通网加速成型，有力保障了国内国际经济循环畅通。我们建成了全球最大的高速铁路网、高速公路网、世界级港口群，航空航海通达全球，综合交通网络总里程突破 600 万公里，中国高铁、中国路、中国桥、中国港、中国快递成为亮丽的"中国名片"。规模巨大、内畅外联的综合交通运输体系有力服务支撑了我国作为世界第二大经济体和世界第一大货物贸易国的运转，深刻改变了城乡面貌，这是十年保持战略定力、坚持科学发展观、全面贯彻习近平新时代中国特色社会主义思想的成果，来之不易，要倍加珍惜。

任务一 学习运输问题的数学模型

 学习目标

知识目标	技能目标	素质目标
▷掌握运输问题的数学模型 ▷了解产销平衡运输问题数学模型的特点	▷能够建立运输问题的数学模型	▷培养学生爱国热情 ▷培养学生养成独立思考的习惯

 任务描述

某食品公司经营糖果业务，公司下设三个工厂 A1，A2，A3，四个销售门市部 B1，B2，B3，B4。已知每天各自的生产量、销售量及调运时的单位运输费用情况见表 3 – 1 – 1。

表 3 – 1 – 1　每天各自生产量、销售量及调运时的单位运输费用

单位运价 产地＼销地	B1	B2	B3	B4	产量
A1	3	11	3	10	7
A2	1	9	2	8	4
A3	7	4	10	5	9
销量	3	6	5	6	48

问：如何调运可使总费用最小？请建立该运输问题的数学模型。

任务资讯

运输问题是线性规划问题的特例，一般的运输问题是解决某种物品从若干产地调运到若干需求地，并要求运费最少。假定有 m 个产地、n 个需求地，由 i 站运到 j 站的单位运费为 c_{ij}，假定运费与运量成正比，a_i 表示第 i 个产地的供应量，b_j 表示第 j 个需求地的需求量，引进变量 x_{ij} 表示从第 i 个产地到第 j 个需求地的运量，则运输问题的数学模型如下：

$$\min f = \sum_{i=1}^{m} \sum_{j=1}^{n} c_{ij} x_{ij}$$

$$\text{s. t.} \begin{cases} \sum_{j=1}^{n} x_{ij} \leqslant a_i (i = 1,2,\cdots,m) \ \text{第 } i \text{ 个供应地供应量满足} \\ \sum_{j=1}^{m} x_{ij} \leqslant b_i (j = 1,2,\cdots,n) \ \text{第 } j \text{ 个需求地需求量满足} \\ x_{ij} \geqslant 0 \end{cases}$$

如果总供应量等于总需求量，则称为平衡运输问题，否则称为不平衡运输问题，对于不平衡运输问题可以通过引入虚拟的生产地或虚拟的需求地，将不平衡运输问题转化为平衡运输问题。

对于总供应量大于总需求量的运输问题，可以引入虚拟需求地，令需求量为总供应量与总需求之差，并令各生产地到虚拟需求地的运价为 0，则转化为平衡运输问题。

对于总需求量大于总供应量的运输问题，可以引入虚拟生产地，令生产量为总供应量与总需求之差，并令各需求地到各虚拟生产地的运价为 0，则转化为平衡运输问题。

平衡运输问题的数学模型如下：

$$\min f = \sum_{i=1}^{m} \sum_{j=1}^{n} c_{ij} x_{ij}$$

$$\text{s. t.} \begin{cases} \sum_{j=1}^{n} x_{ij} = a_i (i = 1,2,\cdots,m) \ \text{第 } i \text{ 个供应地供应量满足} \\ \sum_{j=1}^{m} x_{ij} = b_i (j = 1,2,\cdots,n) \ \text{第 } j \text{ 个需求地需求量满足} \\ x_{ij} \geqslant 0 \end{cases} \qquad (3-1-1)$$

对产销平衡运输问题，有以下特点：

（1）所有结构约束条件都是等式约束；

（2）各产地产量之和等于各销地销量之和。

【例 3.1】某部门有 3 个生产同类产品的工厂（产地），生产的产品由 4 个销售点（销地）出售，各工厂的生产量、各销售点的销售量（假定单位均为 t）以及各工厂到各销售点的单位运价（元/t）示于表 3-1-2 中，要求研究产品如何调运才能使总运费最小。

表 3 − 1 − 2　　各工厂产量、各销地销量及各工厂到销地的单位运价

单位运价　销地　产地	B1	B2	B3	B4	产量
A1	4	12	4	11	16
A2	2	10	3	9	10
A3	8	5	11	6	22
销量	8	14	12	14	48

【解】　由于总产量和总销量均为48，故知这是一个产销平衡运输问题。用x_{ij}表示由第i个产地运往第j个销地的产品数量，即可写出该问题的数学模型：

$$\min Z = \sum_{i=1}^{3} \sum_{j=1}^{4} c_{ij} x_{ij}$$
$$= 4x_{11} + 12x_{12} + 4x_{13} + 11x_{14} + 2x_{21} + 10x_{22} + 3x_{23} + 9x_{24} + 8x_{31} + 5x_{32} + 11x_{33} + 6x_{34}$$

$$\text{s. t.} \begin{cases} x_{11} + x_{12} + x_{13} + x_{14} = 16 \\ x_{21} + x_{22} + x_{23} + x_{24} = 10 \\ x_{31} + x_{32} + x_{33} + x_{34} = 22 \\ x_{11} + x_{21} + x_{31} = 8 \\ x_{12} + x_{22} + x_{32} = 14 \\ x_{13} + x_{23} + x_{33} = 12 \\ x_{14} + x_{24} + x_{34} = 14 \\ x_{ij} \geqslant 0, \ (i = 1, 2, 3; j = 1, 2, 3, 4) \end{cases} \quad (3-1-2)$$

根据运输问题的数学模型求出的运输问题的解 $X = (x_{ij})$ 代表着一个运输方案，其中每一个变量 x_{ij} 的值表示由 A_i 调运数量为 x_{ij} 的物品给 B_j。运输问题是一种线性规划问题，可设想用迭代法进行求解，即先找出它的某一个基可行解，再进行解的最优性检验，若它不是最优解，则进行迭代调整，以得到一个新的更好的解，继续检验和调整改进，直至得到最优解为止。

为了能按上述思路求解运输问题，要求每步得到的解 $X = (x_{ij})$ 都必须是其基可行解，即：

（1）解 X 必须满足模型中的所有约束条件；

（2）基变量对应的约束方程组的系数列向量线性无关；

（3）解中非零变量 x_{ij} 的个数不能大于 $m + n - 1$ 个，原因是运输问题中虽有 $m + n$ 个结

构约束条件，但由于总产量等于总销量，故只有 $m+n-1$ 个结构约束条件是线性独立的；

（4）为使迭代顺利进行，基变量的个数在迭代过程中应始终保持为 $m+n-1$ 个。

运输问题解的每一个分量，都唯一对应其运输表中的一个格，得出运输问题的一个基可行解后，就将基变量的值 x_{ij} 填入运输表相应的格 (A_i, B_j) 内，并将这种格称为填有数字的格（含填数字 0 的格，这时的解为退化解），非基变量对应的格不填入数字，称为空格。

**任务实施**

【解】在该运输问题中，共有 3 个产地、4 个销地，设 x_{ij} 表示第 i 个产地到第 j 个销地之间的调运量，则使总费用最少的目标函数为

$$\min Z = \sum_{i=1}^{3} \sum_{j=1}^{4} c_{ij} x_{ij}$$

其中关于产量的限制有

$$\text{s. t.} \begin{cases} x_{11} + x_{12} + x_{13} + x_{14} = 7 \\ x_{21} + x_{22} + x_{23} + x_{24} = 4 \\ x_{31} + x_{32} + x_{33} + x_{34} = 9 \end{cases}$$

其中关于销量的限制有

$$\text{s. t.} \begin{cases} x_{11} + x_{21} + x_{31} = 3 \\ x_{12} + x_{22} + x_{32} = 6 \\ x_{13} + x_{23} + x_{33} = 5 \\ x_{14} + x_{24} + x_{34} = 6 \end{cases}$$

且 $x_{ij} \geq 0$ （$i=1, 2, 3$；$j=1, 2, 3, 4$）

所以该运输问题的数学模型为

$$\min Z = \sum_{i=1}^{3} \sum_{j=1}^{4} c_{ij} x_{ij}$$

$$\text{s. t.} \begin{cases} x_{11} + x_{12} + x_{13} + x_{14} = 7 \\ x_{21} + x_{22} + x_{23} + x_{24} = 4 \\ x_{31} + x_{32} + x_{33} + x_{34} = 9 \\ x_{11} + x_{21} + x_{31} = 3 \\ x_{12} + x_{22} + x_{32} = 6 \\ x_{13} + x_{23} + x_{33} = 5 \\ x_{14} + x_{24} + x_{34} = 6 \\ x_{ij} \geq 0 \quad (i=1, 2, 3; j=1, 2, 3, 4) \end{cases}$$

有 A、B、C 三个化肥厂供应四个地区 Ⅰ、Ⅱ、Ⅲ、Ⅳ的农用化肥，三个工厂每年各自的产量为 A50 万吨，B60 万吨，C50 万吨。四个地区的需求量分别是Ⅰ地区最高 50 万吨、最低 30 万吨，Ⅱ地区为 70 万吨，Ⅲ地区为 30 万吨以下，Ⅳ地区不低于 10 万吨，运价见表 3 - 1 - 3，问：如何调运，可使总的调运费用最小？请建立相应的数学模型。

表 3 - 1 - 3   单位调运费用

运价/万元 产地 \ 销地	Ⅰ	Ⅱ	Ⅲ	Ⅳ	产量/万吨
A	16	13	22	17	50
B	14	13	19	15	60
C	19	20	23	13	50
销量/万吨	30	70	30	10	160

任务巩固

一、单选题

1. 通过什么方法或者技巧可以把产销不平衡运输问题转化为产销平衡运输问题（   ）。

A. 非线性问题的线性化技巧 B. 静态问题的动态处理

C. 引入虚拟产地或者销地 D. 引入人工变量

2. 运输问题（   ）。

A. 是线性规划问题 B. 不是线性规划问题

C. 可能存在无可行解 D. 可能无最优解

3. 有 5 个产地、4 个销地的平衡运输问题（   ）。

A. 有 9 个变量 B. 有 9 个基变量

C. 有 20 个约束 D. 有 8 个基变量

4. 有 5 个产地、4 个销地的平衡运输问题是（   ）。

A. 0 - 1 规划模型 B. 整数规划模型 C. 网络模型 D. 以上模型都是

二、判断题

1. 运输问题是一种特殊的线性规划问题，因而其求解结果也可能出现下列四种情况之一：有唯一最优解，有无穷多最优解，无界解，无可行解。（　　　）

2. 产销平衡的运输问题中含 $m+n$ 个约束条件，但其中总有一个是多余的。（　　　）

三、计算题

一个农民承包了 6 块耕地共 300 亩，准备播种小麦、玉米、水果和蔬菜四种农产品，各种农产品的计划播种面积、每块土地种植不同农产品的单产收益见表 3–1–4。

表 3–1–4　单产收益

单产收益/ （元·亩$^{-1}$①） 种类	地块 1	地块 2	地块 3	地块 4	地块 5	地块 6	计划播 种面积/亩
小麦	500	550	630	1 000	800	700	76
玉米	800	700	600	950	900	930	88
水果	1 000	960	840	650	600	700	96
蔬菜	1 200	1 040	980	860	880	780	40
地块面积/亩	42	56	44	39	60	59	

请问如何安排种植计划才能获得最大收益呢？请建立该问题的数学模型。

 任务评价

学习任务完成情况评价

名称		评分标准或要求	分值	评价方式			得分
				自评	互评	师评	
理论知识评价	1	掌握运输问题的数学模型	25				
	2	了解产销平衡运输问题数学模型的特点	20				
技能操作评价	3	能够建立运输问题的数学模型	25				
职业素养评价	4	积极参与课堂互动	15				
	5	勇于表达自己的观点，语言表达流畅	15				
总分值			100	总得分			

---

① 1 亩 ≈ 666.7 平方米。

任务二 掌握运输问题的求解

 学习目标

知识目标	技能目标	素质目标
▶掌握表上作业法的内容 ▶掌握利用 Excel 求解运输问题的过程	▶能够利用表上作业法求解运输问题 ▶能够利用 Excel 求解运输问题	▶培养学生从小事做起、脚踏实地的精神

 任务描述

某公司经销甲产品，共下设三个加工厂，每日的产量分别是：A1 为 40 吨，A2 为 60 吨，A3 为 45 吨。该公司把这些产品分别运往四个销售点，各销售点每日销量为：B1 为 50 吨，B2 为 25 吨，B3 为 35 吨，B4 为 35 吨。已知从各工厂到各销售点的单位产品的运价见表 3 – 2 – 1。

表 3 – 2 – 1　运费与运量表 1

单位运价 销地 产地	B1	B2	B3	B4	产量
A1	10	8	12	11	40
A2	11	14	15	9	60
A3	16	14	18	7	45
销量	50	25	35	35	

问该公司应如何调运产品，在满足各销点的需要量的前提下，使总运费为最少？利用最小元素法求解，并利用 Excel 进行验证结果是否一致。

任务资讯

一、表上作业法

对于运输问题是一类特殊的线性规划，可以采用单纯形法直接求解，但运输问题又有其特殊性，对于平衡的运输问题，其系数矩阵为等式，但又不满足典则形式的要求，故采用单纯形法不能利用这些特点。为更好利用这些特点，一般采用表上作业法进行求解，用表上作业法求解时，首先将运输问题转化为平衡运输问题，然后采用西北角法（或最小元素法）找一初始运输方案，然后用位势法进行判断，若没达到最优，则用闭回路法调整，得到一新的运输方案，再用位势法进行判断，闭回路法调整，直到最优，其流程图如 3 - 2 - 1 所示。

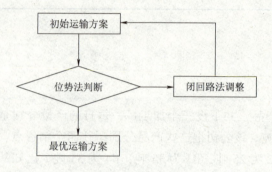

图 3 - 2 - 1 表上作业法求解运输问题流程

其实际上是利用了单纯形法的原理，利用其对偶问题进行求解，在对偶问题达到最优时，原问题也达到最优，且最优解相等。下面通过一例题来学习具体的表上作业法。

【例 3.2】设某类物资要从发点 A1、A2、A3 运往 B1、B2、B3、B4，发点的发货量、收点的收货量以及从发点到收点的单位运费见表 3 - 2 - 1，问应怎样组织运输才能使总运费最少？【解】由表 3 - 2 - 1 可以看到为收发平衡的运输问题，求解过程如下。

（一）西北角法求解初始调运方案

（1）首先在表 3 - 2 - 1 中左上角格子里填入尽可能大的运量，可以看到 A1 调往 B1 量最大为 40，同时 A1 的货物发送完毕，用线划去，同时 B1 需求还有 10 没有满足，用线划去，并修改发量为 10，见表 3 - 2 - 2。

表 3 – 2 – 2　西北角法求解初始调运方案过程表 1

单位运价 产地 ＼ 销地	B1	B2	B3	B4	发量
A1	40 ┊ 10	8	12	11	~~40~~
A2	11	14	15	9	60
A3	16	14	18	7	45
收量	~~50~~ 10	25	35	35	

（2）在剩下的运价中，找左上角的格子填入尽可能大的运量，可以看到 A2 调往 B1 量最大为 10，同时 B1 的需求满足，用线划去，同时 A2 货物还有 50 没有发完，用线划去，并修改发量为 50，见表 3 – 2 – 3。

表 3 – 2 – 3　西北角法求解初始调运方案过程表

单位运价 产地 ＼ 销地	B1	B2	B3	B4	发量
A1	40 ┊ 10	8	12	11	~~40~~
A2	10 ┊ 11	14	15	9	~~60~~ 50
A3	┊ 16	14	18	7	45
收量	~~50~~ ~~10~~	25	35	35	

（3）重复以上过程可得初始调运方案，见表 3 – 2 – 4。

表 3 – 2 – 4　西北角法求解初始调运方案

单位运价 产地 ＼ 销地	B1	B2	B3	B4	发量
A1	40 ┊ 10	8	12	11	~~40~~
A2	10 ┊ 11	25 ┊ 14	25 ┊ 15	9	~~60~~ 50 ~~25~~
A3	┊ 16	┊ 14	10 ┊ 18	35 ┊ 7	~~45~~ ~~35~~
收量	~~50~~ ~~10~~	~~25~~	~~35~~ ~~10~~	~~35~~	

由于每次都在未划去的左上角填写运量，相当于地图上的西北方向，故而得名西北角法，而最小元素法则是每次在最小运价的格子上填入最大运量。

（二）解的最优型检验——位势法

考虑平衡的运输问题：

$$\min f = \sum_{i=1}^{m} \sum_{j=1}^{n} c_{ij} x_{ij}$$

$$\text{s. t.} \begin{cases} \sum_{j=1}^{n} x_{ij} = a_i (i = 1, 2, \cdots, m) & \text{第 } i \text{ 个供应地供应量满足} \\ \sum_{j=1}^{m} x_{ij} = b_i (j = 1, 2, \cdots, n) & \text{第 } j \text{ 个需求地需求量满足} \\ x_{ij} \geqslant 0 \end{cases} \qquad (3-2-1)$$

用 u_1，u_2，$\cdots$，u_m 表示前 m 个约束等式相应的对偶变量，用 v_1，v_2，$\cdots$，v_n 表示后 n 个约束等式相应的对偶变量，则运输问题的对偶问题为

$$\min f = \sum_{i=1}^{m} a_i u_i + \sum_{j=1}^{n} b_j v_j$$

$$\text{s. t.} \begin{cases} u_i + v_j \leqslant c_{ij} \\ i = 1, 2, \cdots, m; j = 1, 2, \cdots, n, \end{cases} \qquad (3-2-2)$$

由对偶理论可知所有基变量的对应检验数等于 0，即

$$\delta_{ij} = c_{ij} - (u_i + v_j) = 0 \qquad (3-2-3)$$

通过基变量的检验数可以求得 u_i 和 v_j，所以非基变量的检验数利用 $\delta_{ij} = c_{ij} - (u_i + v_j)$ 可得，当全部大于等于 0 时，即为最优调运方案。

对于本例，在初始调运方案表上加一列 u_i 表示第 i 行的位势，加一行 v_j 表示第 j 行的位势，令有运量的为基变量（当不足 $i+j-1$ 时，根据需要引入虚拟 0 运量），可得

$$\delta_{11} = c_{11} - (u_1 + v_1) = 0$$
$$\delta_{21} = c_{21} - (u_2 + v_1) = 0$$
$$\delta_{22} = c_{22} - (u_2 + v_1) = 0$$
$$\delta_{23} = c_{23} - (u_2 + v_3) = 0 \qquad (3-2-4)$$
$$\delta_{33} = c_{33} - (u_3 + v_3) = 0$$
$$\delta_{34} = c_{34} - (u_3 + v_4) = 0$$

令 $u_1 = 0$，可以得到 $u_2 = 1$，$u_3 = 4$，$v_1 = 10$，$v_2 = 13$，$v_3 = 14$，$v_4 = 3$，见表 3-2-5。

表 3 – 2 – 5　运输问题位势表 1

单位运价 产地 \ 销地	B1		B2		B3		B4		发量	u_i
A1	40	10		8		12		11	40	0
A2	10	11	25	14	25	15		9	60	1
A3		16		14	10	18	35	7	45	4
收量	50		25		35		35			
v_j	10		13		14		3			

计算非基变量（没有运量的格子）的检验数得

$$\delta_{12} = c_{12} - (u_1 + v_2) = -5；\delta_{13} = c_{13} - (u_1 + v_3) = -2；\delta_{14} = c_{14} - (u_1 + v_4) = 8$$
$$\delta_{24} = c_{24} - (u_2 + v_4) = 5；\delta_{31} = c_{31} - (u_3 + v_1) = 2；\delta_{32} = c_{32} - (u_2 + v_2) = -3$$

由于 δ_{12}，δ_{13}，δ_{32} 小于 0，故不是最优解。

（三）解的改进——闭回路法调整调运方案

如果在平衡表上求得一个调运方案，从一个空格（没有调运量的格子）出发，沿水平或竖直方向前进，遇到某个适当的填有调运量的格子就转向前进，若干次后，就一定能回到原来出发的空格，这样形成的封闭折线称为闭回路，在闭回路上除始点是空格外，其他拐角上都有运量，见表 3 – 2 – 6。可以证明：经过每个空格，存在唯一的一条闭回路。

表 3 – 2 – 6　闭回路法调整 1

单位运价 产地 \ 销地	B1		B2		B3		B4		发量	u_i
A1	40	10		8		12		11	0	0
A2	10	11	25	14	25	15		9	60	1
A3		16		14	10	18	35	7	45	4
收量	50		25		35		35			
v_j	10		13		14		3			

在本题中选择绝对值最大的负检验数所对应的空格（变量）为始点，做闭回路，进行调整，调整量为 ε，ε 等于闭回路上由空格（偶数点）起沿箭头方向奇数次拐角上的最小运量，即 $\varepsilon = \min\{40, 25\} = 25$。调整方法如下：

（1）闭回路上，偶数次拐点上运量加上调整量 ε，奇数次拐点上运量减去调整量 ε。

（2）不在闭回路拐点上的各运量都不变。

调整后得新的运案，其位势表及闭回路见表 3 − 2 − 7。

表 3 − 2 − 7　闭回路法调整 2

单位运价 产地 \ 销地	B1		B2		B3		B4		发量	u_i
A1	15	10	25	8		12		11	40	0
A2	35	11		14	25	15		9	60	1
A3		16		14	10	18	35	7	45	4
收量	50		25		35		35			
v_j	10		8		14		3			

对其进行检验，重复解得最优性检验，得 δ_{13} 不满足条件（见表 3 − 2 − 8），继续调整。

表 3 − 2 − 8　闭回路法调整 3

单位运价 产地 \ 销地	B1		B2		B3		B4		发量	u_i
A1	15	10	25	8		12		11	40	0
A2	35	11		14	25	15		9	60	1
A3		16		14	10	18	35	7	45	4
收量	50		25		35		35			
v_j	10		8		14		3			

$\varepsilon = \min\{15,25\} = 15$，调整后得新的方案，如表 3 - 2 - 9。

表 3 - 2 - 9 闭回路法调整 4

单位运价 产地 ＼ 销地	B1		B2		B3		B4		发量	u_i
A1		10	25	8	15	12		11	40	0
A2	50	11		14	10	15		9	60	3
A3		16		14	10	18	35	7	45	6
收量	50		25		35		35			
v_j	8		8		12		1			

从位势表可以看出检验数非负，已得最优方案，对应总费用为

$$8 \times 25 + 12 \times 15 + 11 \times 50 + 15 \times 10 + 18 \times 10 + 7 \times 35 = 200 + 180 + 550 + 150 + 180 + 245$$
$$= 1\ 505$$

上例介绍的是平衡运输问题，对于不平衡运输问题，则转化为平衡运输问题后再进行求解。

二、用 Excel 求解运输问题

【例 3.3】设有某类物资要从发点 A1、A2、A3 运往 B1、B2、B3、B4，各发点的发货量、各收点的收货量以及从发点到收点的单位运费见表 3 - 2 - 10，怎样组织运输能使总运费最少？

表 3 - 2 - 10 运费与运量表 3

单位运价 产地 ＼ 销地	B1	B2	B3	B4	发量
A1	3	6	2	4	70
A2	5	3	3	4	80
A3	1	7	5	2	55
收量	40	30	70	60	

【解】建立数学模型如下：

令每个发点 Ai 到每个收点 Bj 的运量为 x_{ij}（$i = 1$，2，3；$j = 1$，2，3，4），则

$$\min f = 3x_{11} + 6x_{12} + 2x_{13} + 4x_{14} + 5x_{21} + 3x_{22} + 3x_{23} + 4x_{24} + x_{31} + 7x_{32} + 5x_{33} + 2x_{34}$$

$$\text{s. t.} \begin{cases} x_{11} + x_{12} + x_{13} + x_{14} = 70 \\ x_{21} + x_{22} + x_{23} + x_{24} = 80 \\ x_{31} + x_{32} + x_{33} + x_{34} = 50 \\ x_{11} + x_{21} + x_{31} = 40 \\ x_{12} + x_{22} + x_{32} = 30 \\ x_{13} + x_{23} + x_{33} = 70 \\ x_{14} + x_{24} + x_{34} = 60 \\ x_{ij} \geqslant 0 \end{cases}$$

利用电子表格对该规划问题求解的方法与线性规划问题求解类似，具体求解过程可通过二维码扫码观看。

请同学们扫描右侧二维码，观看"利用 Excel 求解运输问题"的视频。

运行结果如图 3 - 2 - 2 所示。

		运输问题Excel规划求解								运费表			
	B1	B2	B3	B4	实际发量		理论发量			B1	B2	B3	B4
A1	0	0	70	0	70	=	70		A1	3	6	2	4
A2	0	30	0	50	80	=	80		A2	5	3	3	4
A3	40	0	0	10	50	=	50		A3	1	7	5	2
实际收量	40	30	70	60	490								
	=	=	=	=									
理论收量	40	30	70	60									

图 3 - 2 - 2　运输问题 Excel 规划求解结果

 任务实施

【解】该运输问题先利用最小元素法求解初始调运方案，然后利用位势法进行检验，结合闭回路法进行调整，最后用 Excel 进行求解，验证结果是否一致，具体求解过程如下。

步骤一：最小元素法求解初始调运方案

最小元素求解初始调运方案的基本思想是就近供应，即从单位运价表中最小的运价开始确定供销关系，然后次小，一直到给出初始基可行解为止，见表 3 - 2 - 11 ～ 表 3 - 2 - 14。

表 3 – 2 – 11　初始调运方案 1

单位运价 产地 \ 销地	B1	B2	B3	B4	产量
A1	10	8	12	11	40
A2	11	14	15	9	60
A3	16	14	18	35 ¦ 7	4̶5̶ 10
销量	50	25	35	3̶5̶	

表 3 – 2 – 12　初始调运方案 2

单位运价 产地 \ 销地	B1	B2	B3	B4	产量
A1	10	25 ¦ 8	12	11	4̶0̶ 15
A2	11	14	15	9	60
A3	16	14	18	35 ¦ 7	4̶5̶ 10
销量	50	2̶5̶	35	3̶5̶	

表 3 – 2 – 13　初始调运方案 3

单位运价 产地 \ 销地	B1	B2	B3	B4	产量
A1	15 ¦ 10	25 ¦ 8	12	11	4̶0̶ 1̶5̶
A2	11	14	15	9	60
A3	16	14	18	35 ¦ 7	4̶5̶ 10
销量	5̶0̶ 35	2̶5̶	35	3̶5̶	

表 3 – 2 – 14　初始调运方案 4

单位运价　产地＼销地	B1	B2	B3	B4	产量
A1	15　10	25　8	12	11	~~40~~　15
A2	35　11	14	15	9	~~60~~　25
A3	16	14	18	35　7	~~45~~　10
销量	~~50~~　35	~~25~~	35	~~35~~	

所以利用最小元素法可得初始调运方案，见表 3 – 2 – 15。

表 3 – 2 – 15　初始调运方案 5

单位运价　产地＼销地	B1	B2	B3	B4	产量
A1	15　10	25　8	12	11	40
A2	35　11	14	25　15	9	60
A3	16	14	10　18	35　7	45
销量	50	25	35	35	

步骤二：解的最优型检验——位势法

在初始调运方案表上加一列 u_i 表示第 i 行位势，加一行 v_j 表示第 j 行的位势，令 $u_1 = 0$，可以得到 $u_2 = 1$，$u_3 = 4$，$v_1 = 10$，$v_2 = 8$，$v_3 = 14$，$v_4 = 3$，如表 3 – 2 – 16 所示。

表 3 – 2 – 16　运输问题位势表 2

单位运价　产地＼销地	B1	B2	B3	B4	产量	u_i
A1	15　10	25　8	12	11	40	0

单位运价 产地＼销地	B1		B2	B3		B4		产量	u_i
A2	35	11	14	25	15		9	60	1
A3		16	14	10	18	35	7	45	4
销量	50		25	35		35			
v_j	10		8	14		3			

计算非基变量（没有运量的格子）的检验数得：

$$\delta_{13}=c_{13}-(u_1+v_3)=-2 \ ; \quad \delta_{14}=c_{14}-(u_1+v_4)=8 \ ; \quad \delta_{22}=c_{22}-(u_2+v_2)=5$$

$$\delta_{24}=c_{24}-(u_2+v_4)=5 \ ; \quad \delta_{31}=c_{31}-(u_3+v_1)=2 \ ; \quad \delta_{32}=c_{32}-(u_2+v_2)=2$$

由于 δ_{13} 小于 0，故不是最优解。

步骤三：解的改进——闭回路法调整调运方案

利用闭回路法进行调整，见表 3-2-17。

表 3-2-17　闭回路法调整 5

单位运价 产地＼销地	B1		B2		B3		B4		产量	u_i
A1	15	10	25	8		12		11	40	0
A2	35	11		14	25	15		9	60	1
A3		16		14	10	18	35	7	45	4
销量	50		25		35		35			
v_j	10		8		14		3			

$\varepsilon = \min\{15,25\} = 15$，调整后得新的方案，见表 3-2-18。

表 3 – 2 – 18　闭回路法调整 6

单位运价 产地 ＼ 销地	B1	B2	B3	B4	产量	u_i
A1	10	25 ｜ 8	15 ｜ 12	11	40	0
A2	50 ｜ 11	14	10 ｜ 15	9	60	3
A3	16	14	10 ｜ 18	35 ｜ 7	45	6
销量	50	25	35	35		
v_j	8	8	12	1		

从位势表可以看出检验数非负，已得最优方案，对应总费用为

$$z = 50 \times 11 + 25 \times 8 + 15 \times 12 + 10 \times 15 + 10 \times 18 + 35 \times 7 = 1\ 505$$

即可得最小费用为 1 505。

步骤四：利用 Excel 进行运输规划求解

利用 Excel 对该运输规划问题进行求解，具体求解过程如下：

　　请同学们扫描右侧二维码，观看"利用 Excel 求解运输问题 – 任务实施"的视频。

最后运行结果如图 3 – 2 – 3 所示。

	B1	B2	B3	B4	实际产量		理论产量		B1	B2	B3	B4
							运费表					
A1	0	25	15	0	40	=	40	A1	10	8	12	11
A2	50	0	10	0	60	=	60	A2	11	14	15	9
A3	0	0	10	35	45	=	45	A3	16	14	18	7
实际销量	50	25	35	35	1505							
	=	=	=	=								
理论销量	50	25	35	35								

运输问题 Excel 规划求解 – 任务实施

图 3 – 2 – 3　Excel 规划求解结果

可以看到运行结果和前面的计算结果一致，所以利用表上作业法得到的结果是正确的，且最终方案中的最小费用为 1 505。

任务拓展

　　不知道大家是否发现在本部分的"任务实施"和"［例3.2］"中用到的数据是一样的呢？但是在求解初始调运方案时却采用了不同的方法，"任务实施"中用到的是最小元素法，"［例3.2］"中用到的是西北角法，请大家查阅资料，并谈一谈这两种方法的区别。

任务巩固

一、单选题

1. 下列结论正确的是（　　）。

A. 运输问题运价表第 r 行的每个 c_{ij} 同时加上一个非零常数 k，其最优调运方案不变

B. 运输问题运价表第 p 列的每个 c_{ij} 同时乘以一个非零常数 k，其最优调运方案不变

C. 运输问题运价表的所有 c_{ij} 同时乘以一个非零常数 k，其最优调运方案变化

D. 不平衡运输问题不一定存在最优解

2. 下列说法正确的是（　　）。

A. 若变量组 B 包含闭回路，则 B 中变量对应的列向量线性无关

B. 运输问题的对偶问题不一定存在最优解

C. 产销平衡运输问题的对偶问题的变量非负

D. 第 i 行的位势 u_i 是第 i 个对偶变量

二、判断题

1. 表上作业法实质上就是求解运输问题的单纯形法。（　　）

2. 按最小元素法（或伏格尔法）给出的初始基可行解，从每一个空格出发可以找出而且仅能找出唯一的闭回路。（　　）

3. 如果运输问题单位运价表的某一行（或某一列）元素分别加上一个常数 k，则最优调运方案将不会发生变化。（　　）

4. 如果运输问题单位运价表的某一行（或某一列）元素分别乘上一个常数 k，则最优调运方案将不会发生变化。（　　）

5. 当所有产地的产量和销地的销量均为整数值时，运输问题的最优解也为整数值。（　　）

6. 用位势法求运输问题某一调运方案的检验数时，其结果可能与用闭回路法求得的结果有差别。（　　）

三、计算题

1. 已知某运输问题的产销平衡表和给出的一个调运方案（见表 3 - 2 - 19），以及单

位运价表（见表3-2-20），判断所给出的调运方案是否为最优并说明原因。

表3-2-19　调运方案表

单位运价 产地＼销地	B1	B2	B3	B4	B5	B6	产量
A1		40			10		50
A2	5	10	20		5		40
A3	25			24		11	60
A4				16	15		31
销量	30	50	20	40	30	11	

表3-2-20　单位运价表

单位运价 产地＼销地	B1	B2	B3	B4	B5	B6
A1	2	1	3	3	2	5
A2	3	2	2	4	3	4
A3	3	5	4	2	4	1
A4	4	2	2	1	2	2

 任务评价

学习任务完成情况评价

名称		评分标准或要求	分值	评价方式			得分
				自评	互评	师评	
理论知识评价	1	掌握表上作业法的内容	15				
	2	掌握利用Excel求解运输问题的过程	20				
技能操作评价	3	能够利用表上作业法求解运输问题	25				
	4	能够利用Excel求解运输问题	20				
职业素养评价	5	积极参与课堂互动	10				
	6	勇于表达自己的观点，语言表达流畅	10				
总分值			100	总得分			

项目四 掌握整数规划及应用

教学目标：通过本项目内容的学习，掌握整数规划的方法和技巧，使学生具备并掌握对装运物资及人力资源进行合理配置的相关技能，熟练掌握这类问题数学模型的构建，并能用 Excel 熟练求解。

本项目内容要点：本项目内容主要包括运筹学的发展及主要分支、运筹学在我国的发展和运筹学在物流中的应用。

在线性规划问题中，有些最优解可能是分数或小数，但对于某些具体问题，常要求某些变量的解必须是整数。例如，当变量代表的是机器的台数、工作的人数或装货的车数等时，为了满足整数的要求，初看起来似乎只要把已得的非整数解舍入化整就可以了，实际上化整后的数不见得是可行解和最优解，所以应该有特殊的方法来求解整数规划。在整数规划中，如果所有变量都限制为整数，则称为纯整数规划；如果仅一部分变量限制为整数，则称为混合整数规划。整数规划的一种特殊情形是 0-1 规划，它的变量的解仅限于 0 或 1。

思政小课堂

近些年，随着中国空军装备的运 20 "鲲鹏" 战略运输机数量越来越多，出镜的频率也是越来越高。大型运输机是表示一个国家现代工业水平的标志性项目，早日让它烙上 "中国印"，这是所有国人心中的梦想。从运 5 到运 20，中国的运输机从中短程到远程，从仿制到自主研制并形成谱系化，历经半个多世纪，终于走出了一条自主创新研发大飞机的成功之路。近些年，随着中国空军装备的运 20 "鲲鹏" 战略运输机数量越来越多，出镜的频率也是越来越高。大型运输机是代表一个国家现代工业水平的标志性项目，早日让它烙上 "中国印"，这是所有国人心中的梦想。从运 5 到运 20，中国的运输机从中短程到远程，从仿制到自主研制并形成谱系化，中国人的大型运输机梦历经半个多世纪，终于走出了一条自主创新研发大飞机的成功之路。自信自强、守正创新，是新时代中国共产党人和中国人民的精神特质，踔厉奋发、勇毅前行，是新时代中国共产党人和中国人民的奋斗姿态。新时代新征程，必须始终保持昂扬奋进的精气神，保持自信果敢、自强不息的精神风貌，保持定力、勇于变革的工作态度，永不懈怠、锐意进取的奋斗姿态，不断增强全党全国各族人民的志气、骨气、底气，依靠顽强斗争打开事业发展新天地。

任务一 掌握整数规划及 Excel 求解

学习目标

知识目标	技能目标	素质目标
➤了解整数规划的含义 ➤掌握利用 Excel 求解整数规划的过程	➤能够阐述整数规划的含义 ➤能够利用 Excel 求解整数规划	➤激发学生爱国热情，增强社会主义核心价值观

任务描述

华美公司有 5 个项目被列入投资计划，各项目的投资额和期望的投资收益见表 4 - 1 - 1。

表 4 - 1 - 1　华美项目投资

项目	投资额/万元	投资收益/万元
1	210	150
2	300	210
3	100	60
4	130	80
5	260	180

该公司只有 600 万元资金可用于投资，由于技术上的原因，投资受到以下约束：

（1）在项目 1、2 和 3 中必须有一项被选中；

（2）项目 3 和项目 4 只能选一项；

（3）项目 5 被选中的前提是项目 1 必须被选中。

问如何在上述条件下选择一个最好的投资方案，使投资收益最大。

一、整数规划

一个规划问题中要求部分或全部决策变量是整数，则这个规划称为整数规划。要求全部变量取整数值的，称为纯整数规划；只要求一部分变量取整数值的，称为混合整数规划。如果模型是线性的，则称为整数线性规划。本项目只讨论整数线性规划。在物流领域，装载、送货、任务分配等问题都可以通过整数规划进行优化。

【例4.1】某人有一背包，可以装 10 kg 重、0.025 m^3 的物品。他准备用来装甲、乙两种物品，每件物品的重量、体积和价值见表 4 – 1 – 2。问两种物品各装多少件，所装物品的总价值最大？

表 4 – 1 – 2　物品的重量、体积和价值 1

物品	重量/ ($kg \cdot 每件^{-1}$)	体积/ ($m^3 \cdot 每件^{-1}$)	价值/ ($元 \cdot 每件^{-1}$)
甲	1.2	0.002	4
乙	0.8	0.002 5	3

【解】设甲、乙两种物品各装 x_1、x_2 件，则数学模型为

$$\max Z = 4x_1 + 3x_2$$

$$\begin{cases} 1.2x_1 + 0.8x_2 \leqslant 10 \\ 2x_1 + 2.5x_2 \leqslant 25 \\ x_1, \ x_2 \geqslant 0, \ 且均取整数 \end{cases} \quad (4 - 1 - 1)$$

还有些问题用线性规划数学模型无法描述，但可以通过设置逻辑变量建立起整数规划的数学模型。

【例4.2】在【例4.1】中，假设此人还有一只旅行箱，最大载重量为 12 kg，体积为 0.02 m^3。背包和旅行箱只能选择其一，建立下列几种情形的数学模型，使所装物品价值最大。

（1）所装物品不变；

（2）如果选择旅行箱，则其载重量和体积（物品不一样，但物品价值相同）见表 4 – 1 – 3。

表 4 – 1 – 3　物品的重量、体积和价值 2

物品	重量/ ($kg \cdot 每件^{-1}$)	体积/ ($m^3 \cdot 每件^{-1}$)	价值/ ($元 \cdot 每件^{-1}$)
丙	1.8	0.001 5	4
丁	0.6	0.002	3

【解】此问题可以按照背包和旅行箱建立两个整数规划模型，独立求解，最后比较所装物品使用价值的大小，但用一个模型描述更简单。

引入 $0-1$ 变量（或称逻辑变量）y，令

$$y = \begin{cases} 0, & \text{用背包载重时} \\ 1, & \text{用旅行箱载重时} \end{cases}$$

（1）由于所装物品不变，故整数规划数学模型为

$$\max Z = 4x_1 + 3x_2$$

$$\begin{cases} 1.2x_1 + 0.8x_2 \leqslant 10(1-y) + 12y \\ 2x_1 + 2.5x_2 \leqslant 25(1-y) + 20y \\ x_1,\ x_2 \geqslant 0, \text{ 且均取整数，} y = 0 \text{ 或 } 1 \end{cases}$$

（2）由于不同载体所装物品不一样，故数学模型为

$$\max Z = 4x_1 + 3x_2$$

$$\begin{cases} 1.2x_1 + 0.8x_2 \leqslant 10 + yM & \text{(a)} \\ 1.8x_1 + 0.6x_2 \leqslant 12 + (1-y)M & \text{(b)} \\ 2x_1 + 2.5x_2 \leqslant 25 + yM & \text{(c)} \\ 1.5x_1 + 2x_2 \leqslant 20 + (1-y)M & \text{(d)} \\ x_1,\ x_2 \geqslant 0, \text{ 且均取整数，} y = 0 \text{ 或 } 1 \end{cases}$$

式中：M——充分大的正数。

从上述公式可知，当使用背包时（$y=0$），式（b）和式（d）是多余的；当使用旅行箱时（$y=1$），式（a）和式（c）是多余的。

下面说明逻辑变量在建立数学模型中的作用。

（1）m 个约束条件中只有 k 个起作用。

设 m 个约束条件可表示为

$$\sum_{j=1}^{n} a_{ij}x_j \leqslant b_i (i = 1, \cdots, m) \qquad (4-1-2)$$

定义：

$$y_i = \begin{cases} 1, & \text{假定第 } i \text{ 个约束条件不起作用} \\ 0, & \text{假定第 } i \text{ 个约束条件起作用} \end{cases}$$

又 M 为任意大的正数，则

$$\begin{cases} \sum_{j=1}^{n} a_{ij}x_j \leqslant b_i + My_i \\ y_1 + y_2 + \cdots + y_m = m - k \end{cases}$$

由此表明式（$4-1-2$）的 m 个约束条件中有 $m-k$ 个的右端项为 $b_i + M$，不起约束作用，因而只有 k 个约束条件真正起到约束作用。

（2）约束条件的右端项可能是 r 个值（b_1，b_2，$\cdots$，b_r）中的某一个，即

$$\sum_{j=1}^{n} a_{ij}x_j \leqslant b_1, \text{或} b_2, \cdots, \text{或} b_r \qquad (4-1-3)$$

定义：

$$y_i = \begin{cases} 1, & \text{假定约束条右端项为 } b_i \\ 0, & \text{否则} \end{cases}$$

由此，上述约束条件（4-1-3）可表示为

$$\begin{cases} \sum_{j=1}^{n} a_{ij}x_j \leqslant \sum_{i=1}^{r} b_i y_i \\ y_1 + y_2 + \cdots + y_r = 1 \end{cases}$$

（3）两组条件中满足其中一组。

若 $x_1 \leqslant 4$，则 $x_2 \geqslant 1$，否则（即 $x_1 > 4$ 时）$x_2 \leqslant 3$。

定义：

$$y_i = \begin{cases} 1, & \text{第 } i \text{ 组条件不起作用} \\ 0, & \text{第 } i \text{ 组条件起作用} \end{cases} \quad (i = 1,\ 2)$$

又 M 为任意大正数，则问题可表示为

$$\begin{cases} x_1 \leqslant 4 + y_1 M \\ x_2 \geqslant 1 - y_1 M \\ x_1 > 4 - y_2 M \\ x_2 \leqslant 3 + y_2 M \\ y_1 + y_2 = 1 \end{cases}$$

（4）用以表示含固定费用的函数。

例如用 x_j 代表产品 j 的生产数量，其生产费用函数通常可表示为

$$C_1(x_j) = \begin{cases} K_j + c_j x_j & (x_j > 0) \\ 0 & (x_j = 0) \end{cases} \tag{4-1-4}$$

式中：K_j——同产量无关的生产准备费用。

问题的目标是使所有产品的总生产费用为最小，即：

$$\min Z = \sum_{j=1}^{n} C_j(x_j) \tag{4-1-5}$$

为表达式（4-1-4）和式（4-1-5），需设置一个逻辑变量 y_j，当 $x_j = 0$ 时，$y_j = 0$；当 $x_j > 0$ 时，$y_i = 1$。为此引进一个特殊的约束条件：

$$x_j \leqslant M y_i \tag{4-1-6}$$

在式（4-1-6）中，显然当 $x_j > 0$ 时，$y_j = 1$，若将式（4-1-5）和式（4-1-6）表示为

$$\min Z = \sum_{j=1}^{n} (c_j x_j + k_j t_j)$$
$$\begin{cases} 0 \leqslant x_j \leqslant M y_j \\ y_j = 0 \text{ 或 } 1 \end{cases} \tag{4-1-7}$$

则由式（4-1-7）可以看出，当 $x_j = 0$ 时，为使 Z 极小化，应有 $y_j = 0$。

二、整数规划 Excel 求解

在线性规划问题中，最优解可能是整数，也可能不是整数，但对于某些实际问题，要求决策变量必须取整数，即整数规划问题。

【例 3.3】整数规划模型如下：

$$\max Z = 3x_1 + x_2 + 3x_3$$

$$\text{s. t.} \begin{cases} -x_1 + 2x_2 + x_3 \leqslant 4 \\ 4x_2 - 3x_3 \leqslant 1 \\ x_1 - 3x_2 + 2x_3 \leqslant 3 \\ x_1,\ x_2,\ x_3 \geqslant 0 \\ x_1,\ x_2,\ x_3\ \text{为整数} \end{cases}$$

利用电子表格对该整数规划问题求解的方法与线性规划问题类似，只是在"规划求解"对话框的"约束"一栏中，增加了对决策变量的整数约束。

可以看到，通过 Excel 能够快速地求得整数规划的值，具体如图 4-1-1 所示。

		整数规划Excel求解				
	X1	X2	X3	每个约束的取值		b
约束1	-1	2	1	4	<=	4
约束2	0	4	-3	-1	<=	1
约束3	1	-3	2	3	<=	3
目标函数Z	3	1	3	20		
每个变量的取值	3	2	3			

图 4-1-1　[例 3.3] 的求解结果

 请同学们扫描右侧二维码，观看"利用 Excel 求解整数规划问题"的视频。

 **任务实施**

【解】经过分析可知此问题属于整数规划，则建立整数规划模型，且需要注意的是该模型中的所有变量皆为 0-1 变量，下面首先建立模型，然后利用 Excel 求解即可。

步骤一：建立模型

令 0-1 变量为决策变量，即 $x_i = 1$ 表示选中项目 i，否则 $x_i = 0$ 表示项目未被选中，

则模型可以表示为

$$\text{Max}Z = 150x_1 + 210x_2 + 60x_3 + 80x_4 + 180x_5$$

$$210x_1 + 300x_2 + 100x_3 + 130x_4 + 260x_5 \leqslant 600$$

$$x_1 + x_2 + x_3 \geqslant 1$$

$$x_3 + x_4 \leqslant 1$$

$$-x_1 + x_5 \leqslant 0$$

$$x_1,\ x_2,\ x_3,\ x_4,\ x_5 = 0\ \text{或}\ 1$$

步骤二：求解模型

利用 Excel 对该整数规划问题进行求解，具体求解过程如下：

 请同学们扫描右侧二维码，观看"利用 Excel 求解整数规划问题 – 任务实施"的视频。

因为变量的取值只能是 0 或者 1，所以在进行规划求解时，选取变量取值为"bin"，即二进制，如图 4 – 1 – 2 所示。

图 4 – 1 – 2　0 – 1 变量的约束

如图 4 – 1 – 3 所示，经过计算可得，$x_1 = 1$，$x_2 = 0$，$x_3 = 0$，$x_4 = 1$，$x_5 = 1$，且 $\max Z = 410$，即选择投资项目 1、项目 4 和项目 5，且最后获得的最大收益为 410 万元。

	A	B	C	D	E	F	G	H	I
1	整数规划Excel求解								
2		X1	X2	X3	X4	X5	取值		b
3	约束1	210	300	100	130	260	600	<=	600
4	约束2	1	1	1	0	0	1	>=	1
5	约束3	0	0	1	1	0	1	<=	1
6	约束4	-1				1	0	<=	0
7	目标函数Z	150	210	60	80	180	410		
8	取值	1	0	0	1	1			

图 4 – 1 – 3　投资的计算结果

 任务拓展

> 某工厂生产甲、乙两种设备，已知生产这两种设备需要消耗材料 A、材料 B，有关数据见表 4-1-4，问这两种设备各生产多少能使工厂利润最大？
>
> 表4-1-4 设备物资信息
>
> | 项目 | 甲 | 乙 | 资源限量 |
> |---|---|---|---|
> | 材料 A | 2 | 3 | 14 |
> | 材料 B | 1 | 0.5 | 4.5 |
> | 利润 | 3 | 2 | / |

 任务巩固

一、单选题

1. 整数规划的最优解中，决策变量满足（   ）。

A. 决策变量不是整数

B. 没有要求

C. 决策变量至少有一个是整数

D. 决策变量必须都是整数

2. $\max Z = 3x_1 + 2x_2$，约束条件为：$2x_1 + 3x_2 \leq 14$，$x_1 + 0.5x_2 \leq 4.5$，x_1，$x_2 \geq 0$ 且为整数，对应线性规划的最优解是（3.25，2.5），其整数规划的最优解为（   ）。

A.（4，2）   B.（4，3）   C.（3，2）   D.（2，4）

二、判断题

1. 整数规划解的目标函数值一般优于其相应的线性规划问题的解的目标函数值。（   ）

2. 整数规划问题如果存在两个以上的最优解，则该问题一定有无穷多最优解。（   ）

3. 整数规划模型不考虑变量的整数约束得到的相应的线性规划模型，如该模型有无穷多最优解，则整数规划模型也一定有无穷多最优解。（   ）

三、计算题

篮球队需要选择 5 名队员组成出场阵容参加比赛，8 名队员的身高及擅长位置见表 4-1-5。

表 4 - 1 - 5　队员信息表

队员	1	2	3	4	5	6	7	8
身高/m	1.92	1.90	1.88	1.86	1.85	1.83	1.80	1.78
擅长位置	中锋	中锋	前锋	前锋	前锋	后卫	后卫	后卫

出场阵容应满足以下条件：

（1）必须且只有一名中锋上场。

（2）至少有一名后卫。

（3）如 1 号或 4 号上场，则 6 号不出场；反之如果 6 号上场，则 1 号和 4 号均不出场。

（4）2 号和 8 号至少有一个不出场。

问应当选择哪 5 名队员上场，才能使出场队员平均身高最高，试建立数学模型。

任务评价

学习任务完成情况评价

名称		评分标准或要求	分值	评价方式			得分
				自评	互评	师评	
理论知识评价	1	能简单描述整数规划的含义	15				
	2	掌握利用 Excel 求解整数规划的过程	20				
技能操作评价	3	能够阐述整数规划的含义	25				
	4	能够运用 Excel 求解整数规划	20				
职业素养评价	5	积极参与课堂互动	10				
	6	勇于表达自己的观点，语言表达流畅	10				
总分值			100	总得分			

任务二　掌握0-1规划与指派问题

学习目标

知识目标	技能目标	素质目标
➤了解0-1规划的含义 ➤掌握什么样的问题属于指派问题 ➤掌握匈牙利法求解的过程	➤能够判断0-1规划问题 ➤能够利用匈牙利法求解0-1规划 ➤能够利用Excel求解0-1规划及指派问题	➤提高学生科学管理能力和团队协作能力

任务描述

　　四艘货船要从一个码头向其他的四个码头运货（分别标记为1、2、3、4），每一艘船都能够运送到任何一个码头。但是，由于货船和货物的不同，装船、运输和卸货成本有所不同，见表4-2-1。

表4-2-1　各码头的卸货成本　　　　　　　　　　　　　　元

项目		码头			
		1	2	3	4
货船	A	500	400	600	700
	B	600	600	700	500
	C	700	500	700	600
	D	500	400	600	600

　　目标是要把这四个不同的码头指派给四艘货船，使总运输成本最小。

任务资讯

一、0-1规划是特殊的整数规划

　　整数规划中如果全部变量为0或1的逻辑变量，则称为0-1规划。在物流过程中，如何将有限的资源（人力、物力、财力）指派给多项任务或工作，以达到降低成本或提

高效益的目的，这是物流优化的重要问题。例如 n 项任务指派给 n 个驾驶员去完成，可以表述为 $0-1$ 规划。

【例3.3】已知某一物流配送中心刚收到一批加急订单，需要四人完成这笔订单的出货任务，四人分别完成拣货、点货、核查和装车配送流程所需的时间如下，作为这项任务的负责人，请你作出最优分配方案。

$$C = \begin{bmatrix} 4 & 8 & 7 & 9 \\ 3 & 6 & 7 & 8 \\ 3 & 1 & 4 & 8 \\ 3 & 3 & 5 & 6 \end{bmatrix} \quad \begin{matrix} 甲 \\ 乙 \\ 丙 \\ 丁 \end{matrix}$$

解：最优分配方案是怎样安排四人的工作，使得完成工作总时间最少，是求最小值问题。

变量设置如下：

$$\begin{bmatrix} x_{11} & x_{12} & x_{13} & x_{14} \\ x_{21} & x_{22} & x_{23} & x_{24} \\ x_{31} & x_{32} & x_{33} & x_{34} \\ x_{41} & x_{42} & x_{43} & x_{44} \end{bmatrix} \quad \begin{matrix} 甲 \\ 乙 \\ 丙 \\ 丁 \end{matrix}$$

$x_{ij} = 0$，第 i 个司机不被指派第 j 项任务为0；或 $x_{ij} = 1$，第 i 个司机被指派第 j 项任务为1。

目标函数为

$$\min Z = 4x_{11} + 8x_{12} + 7x_{13} + 9x_{14} + 3x_{21} + 6x_{22} + 7x_{23} + 8x_{24} + 3x_{31} + x_{32} + 4x_{33} + 8x_{24} + 3x_{41} + 3x_{42} + 5x_{43} + 6x_{44}$$

约束方程为

$$\begin{cases} \sum_{j=1}^{4} x_{ij} = 1, i = 1,2,3,4 \\ \sum_{i=1}^{4} x_{ij} = 1, j = 1,2,3,4 \\ x_{ij} = 0, 第 i 个司机不被指派第 j 项任务为0 \\ x_{ij} = 1, 第 i 个司机被指派第 j 项任务为1 \end{cases}$$

二、指派问题是 $0-1$ 规划

管理部门经常面临这样的问题：有若干项任务需要完成，又有若干对象能够完成其中每项任务，由于每个对象的特点与能力不同，故完成各项任务的效益也不相同。又因任务性质的要求或管理上的需要等，每项任务只能交给一个对象去完成，则应指派哪个对象去完成哪项任务，能使完成各项任务的总效益最佳？这类问题就称为分配问题或指派问题。

考虑以下实例：

（1）"职员—任务"问题。

有四项任务需要完成，现有五个职员可承担这些任务，各职员完成不同任务所需的时间是不同的，每个职员最多只能承担一项任务，应如何分配这些任务，使得完成所有任务的总时间最短？

（2）"公司—工程项目"问题。

十家公司投标六个工程项目，各公司对不同工程项目的投标额是不同的，每家公司最多承担一项工程项目。应如何分配这些工程项目，才能使得完成这六个工程项目的总成本最低？

（3）"教师—学生"问题。

20个教师指导20个学生的毕业论文，每个教师必须而且只能指导一名学生，或者说，每个学生必须而且只能由一名教师指导。各教师对不同学生的欢迎程度不同，各学生对不同教师的欢迎程度也不同。教师和学生如何组合，可以使总的满意程度最高？

三、0-1规划及指派问题匈牙利法求解

（一）平衡的指派问题

对于0-1规划可以用隐枚举法求解，隐枚举法实际上是一种特殊的分枝定界法，在运筹学中，有较多的论述，故在此不做介绍。对于指派问题可以用匈牙利法进行，也可以通过Excel求解，本部分主要介绍匈牙利法和利用Excel进行求解。我们首先研究满足以下条件的指派问题：

（1）被指派者的数量和任务的数量是相同的。

（2）每一个被指派者完成且只完成一项任务。

（3）每一项任务必须且只能由一个被指派者来完成。

（4）每一个被指派者和每一项任务的组合都会有一个相关的成本（收益）。

（5）问题的目标是要确定怎样进行指派才能使得总成本达到最小（总收益最大）。

满足以上条件的指派问题也称为平衡的指派问题。

可利用匈牙利法求解指派问题，主要步骤如下：

（1）找出效率矩阵每行的最小元素，并分别从每行中减去最小元素，进而找出矩阵每列的最小元素，再分别从每列中减去该元素，得到新的矩阵。

（2）用最少的直线覆盖所有"0"。

①当直线数等于m时停止计算，此时矩阵中可找到m个相互独立的0元素，可证明此时得到最优解。

②当最少直线数不等于m时，转入第（3）步。

（3）调整任务。

①从矩阵未被直线覆盖的数字中找出一个最小的数k。

②直线相交处的元素加上k，未被直线覆盖的元素减去k，被直线覆盖而没有相交的

元素不变，得到新的矩阵。

（4）回到第（2）步，直到找到 m 个最少直线数。

【例3.4】已知某一物流配送中心刚收到一批加急订单，需要四人完成这笔订单出货任务，四人分别完成拣货、点货、核查和装车配送流程所需时间如下，作为这项任务的负责人，请你作出最优分配方案。

$$C = \begin{bmatrix} 85 & 92 & 73 & 90 \\ 95 & 87 & 78 & 95 \\ 82 & 83 & 79 & 90 \\ 86 & 90 & 80 & 88 \end{bmatrix} \begin{matrix} 甲 \\ 乙 \\ 丙 \\ 丁 \end{matrix}$$

解：最优分配方案是怎样安排四人的工作，使得完成工作总时间最少，是求最小值问题。

第一步：找出效率矩阵每行的最小元素，并分别从每行中减去最小元素，有

$$\begin{bmatrix} 85 & 92 & 73 & 90 & 73 \\ 95 & 87 & 78 & 95 & 78 \\ 82 & 83 & 79 & 90 & 79 \\ 86 & 90 & 80 & 88 & 80 \end{bmatrix} \Longrightarrow \begin{bmatrix} 12 & 19 & 0 & 17 \\ 17 & 9 & 0 & 17 \\ 3 & 4 & 0 & 11 \\ 6 & 10 & 0 & 8 \end{bmatrix}$$

第二步：找出矩阵每列的最小元素，再分别从每列中减去，有

$$\begin{bmatrix} 9 & 15 & 0 & 9 \\ 14 & 5 & 0 & 9 \\ 0 & 0 & 0 & 3 \\ 3 & 6 & 0 & 0 \end{bmatrix}$$

第三步：用最少的直线覆盖所有"0"，得

$$\begin{bmatrix} 9 & 15 & 0 & 9 \\ 14 & 5 & 0 & 9 \\ 0 & 0 & 0 & 3 \\ 3 & 6 & 0 & 0 \end{bmatrix}$$

第四步：这里直线数等于3（等于4时停止运算），要进行下一轮计算。

（1）从矩阵未被直线覆盖的数字中找出一个最小的数 k，即 $k=3$。

（2）相交处元素加上 k，未被直线覆盖的元素减去 k，被直线覆盖而没有相交的元素不变，得到下列矩阵：

$$\begin{bmatrix} 6 & 12 & 0 & 9 \\ 11 & 2 & 0 & 9 \\ 0 & 0 & 3 & 6 \\ 0 & 3 & 0 & 0 \end{bmatrix}$$

回到第三步：用最少的直线覆盖所有"0"，得

$$\begin{bmatrix} 6 & 12 & 0 & 9 \\ 11 & 2 & 0 & 9 \\ 0 & 0 & 3 & 6 \\ 0 & 3 & 0 & 0 \end{bmatrix}$$

未被直线覆盖元素中最小元素 $k=2$，直线相交处的元素加上 2，未被直线覆盖的元素减去 2，被直线覆盖而没有相交的元素不变，得到下列矩阵：

$$\begin{bmatrix} 4 & 10 & 0 & 7 \\ 9 & 0 & 0 & 7 \\ 0 & 0 & 5 & 6 \\ 0 & 3 & 2 & 0 \end{bmatrix}$$

划线，最少直线数为 4，即

$$\begin{bmatrix} 4 & 10 & 0 & 7 \\ 9 & 0 & 0 & 7 \\ 0 & 0 & 5 & 6 \\ 0 & 3 & 2 & 0 \end{bmatrix}$$

$$C = \begin{bmatrix} 85 & 92 & 73 & 90 \\ 95 & 87 & 78 & 95 \\ 82 & 83 & 79 & 90 \\ 86 & 90 & 80 & 88 \end{bmatrix}$$

第五步，最优分配：

$$\begin{bmatrix} 4 & 10 & ⓪ & 7 \\ 9 & ⓪ & 0 & 7 \\ ⓪ & 0 & 5 & 6 \\ 0 & 3 & 2 & ⓪ \end{bmatrix}$$

最优解：

$$X = \begin{bmatrix} & & 1 & \\ & 1 & & \\ 1 & & & \\ & & & 1 \end{bmatrix}$$

即最优值 $Z = 73 + 87 + 82 + 88 = 330$。

（二）指派问题的变形

我们经常会遇到指派问题的变形，之所以称它们为变形，是因为它们都不满足前述指派问题所有假设之中的一个或者多个，如：

（1）有一些被指派者并不能完成某一些任务。

（2）虽然每一个被指派者均完成了一项任务，但是任务比被指派者多，所以其中某些任务并没有得到执行。

（3）虽然每一项任务只由一个被指派者完成，但是这里被指派者比要完成的任务多，所以其中有一些被指派者没有被指派到任务。

（4）每一个被指派者可以同时被指派给多于一个的任务。

（5）每一项任务都可以由多个被指派者共同完成。

这类指派问题也称为不平衡的指派问题，对于不平衡的指派问题，可以将其转化为平衡的指派问题。

当人数 m 大于工作数 n 时，加上 $m-n$ 项工作，例如：

$$
\begin{bmatrix}
5 & 9 & 10 \\
11 & 6 & 3 \\
8 & 14 & 17 \\
6 & 4 & 5 \\
3 & 2 & 1
\end{bmatrix}
\Rightarrow
\begin{bmatrix}
5 & 9 & 10 & 0 & 0 \\
11 & 6 & 3 & 0 & 0 \\
8 & 14 & 17 & 0 & 0 \\
6 & 4 & 5 & 0 & 0 \\
3 & 2 & 1 & 0 & 0
\end{bmatrix}
$$

当人数 m 小于工作数 n 时，加上 $n-m$ 个人，例如：

$$
\begin{bmatrix}
15 & 20 & 10 & 9 \\
6 & 5 & 4 & 7 \\
10 & 13 & 16 & 17
\end{bmatrix}
\Rightarrow
\begin{bmatrix}
15 & 20 & 10 & 9 \\
6 & 5 & 4 & 7 \\
10 & 13 & 16 & 17 \\
0 & 0 & 0 & 0
\end{bmatrix}
$$

四、0-1 规划及指派问题 Excel 求解

【例3.5】某金工车间要加工四种零件，现有五台机器可以使用，表4-2-2给出了各台机器加工各种零件所需的时间。若每台机器最多只能承担一种零件，问应如何分配任务，才能使得完成四种零件加工任务的总时间最短。

表 4-2-2　金工车间加工零件时间表　　　　　　　　　　h

机器	零件1	零件2	零件3	零件4
1	10	3	8	6
2	3	12	7	5
3	7	8	5	9
4	4	4	6	7
5	5	5	4	8

【解】表4-4中各零件由不同机器加工所需的时间是不同的，例如，零件1由机器2加工所需的时间最短，零件2由机器1加工所需的时间最短，等等。那么，如何才能找到一种任务分配方法，使得总加工时间最短呢？容易想到的方案是，由加工某零件所需时间最短的机器来承担该零件的加工任务，即：零件1由机器2加工，零件2由机器1加工，零件3由机器5加工，零件4由机器2加工。但是问题并非如此简单，因为此时机器2承担了两项加工任务，不满足每台机器只能加工一种零件的约束条件。所以，需建

立线性规划模型，并借助于 Excel 来解决该问题。变量设置如下：

$$
\begin{array}{ccccc}
\text{零件} & 1 & 2 & 3 & 4 & \text{机器} \\
\end{array}
$$

$$
\begin{bmatrix}
x_{11} & x_{12} & x_{13} & x_{14} \\
x_{21} & x_{22} & x_{23} & x_{24} \\
x_{31} & x_{32} & x_{33} & x_{34} \\
x_{41} & x_{42} & x_{43} & x_{44} \\
x_{51} & x_{52} & x_{53} & x_{54}
\end{bmatrix}
\begin{array}{c}
1 \\ 2 \\ 3 \\ 4 \\ 5
\end{array}
$$

$x_{ij} = 0$，第 i 台机器不被指派生产第 j 种零件；或 $x_{ij} = 1$，第 i 台机器被指派生产第 j 种零件。

目标函数为

$$\min Z = 10x_{11} + 3x_{12} + 8x_{13} + 6x_{14} + 3x_{21} + 12x_{22} + 7x_{23} + 5x_{24} + 7x_{31} + 8x_{32} + 5x_{33} +$$
$$9x_{34} + 4x_{41} + 4x_{42} + 6x_{43} + 7x_{44} + 5x_{51} + 5x_{52} + 4x_{53} + 8x_{54}$$

约束方程为

$$
\begin{cases}
\displaystyle\sum_{j=1}^{4} x_{ij} = 1, i = 1,2,3,4,5 \\
\displaystyle\sum_{i=1}^{4} x_{ij} = 1, j = 1,2,3,4 \\
x_{ij} = 0, \text{第 } i \text{ 台机器不被指派生产第 } j \text{ 种零件} \\
x_{ij} = 1, \text{第 } i \text{ 台机器被指派生产第 } j \text{ 种零件}
\end{cases}
$$

本问题利用 Excel 求解的步骤如下：

请同学们扫描右侧二维码，观看"利用 Excel 求解指派问题"的视频。

模型运行结果如图 4-2-1 所示。由图 4-2-1 可知，本问题的最优解指派决策是：零件 1 的加工任务由机器 4 承担，零件 2 的加工任务由机器 1 承担，零件 3 的加工任务由机器 5 承担，零件 4 的加工任务由机器 2 承担。总加工时间为 16 h。

Figure/screenshot table:

		零件				分配的任务数		生产能力

金工车间的任务指派问题

不同机器生产一个零件的时间

零件

机器		1	2	3	4			
	1	10	3	8	6			
	2	3	12	7	5			
	3	7	8	5	9			
	4	4	4	6	7			
	5	5	5	4	8		总时间	
							16	

任务分配

零件

机器		1	2	3	4	分配的任务数		生产能力
	1	0	1	0	0	1	<=	1
	2	0	0	0	1	1	<=	1
	3	0	0	0	0	0	<=	1
	4	1	0	0	0	1	<=	1
	5	0	0	1	0	1	<=	1
完成零件		1	1	1	1			
		>=	>=	>=	>=			
零件需求		1	1	1	1			

图 4 – 2 – 1　金工车间指派问题的求解

任务实施

【解】从表 4 – 2 – 1 中可以看出，由于货船和货物的不同，故装船、运输和卸货成本都有些不同。例如，货船 A 在码头 2 的卸货成本是最低的，货船 B 在码头 4 的卸货成本最低，等等。那么，如何才能找到一种任务分配方法，使得总卸货成本最少呢？容易想到的方案是，每艘船由卸货成本最低的码头承担卸货任务，但是问题并非如此简单，因为一个码头可能会承担两项卸货任务，不满足要把四个不同的码头指派给四艘货船的约束条件。所以，需建立线性规划模型，并借助于 Excel 来解决该问题。

步骤一：建立模型

根据前面的分析可得，设 x_{ij} 为决策变量，即当 $x_{ij}=1$ 时表示货船 i 的货物在码头 j 卸载，而当 $x_{ij}=0$ 时表示货船 i 的货物不在码头 j 卸载，则模型可以表示为

$$\min Z = 500x_{11} + 400x_{12} + 600x_{13} + 700x_{14} + 600x_{21} + 600x_{22} + 700x_{23} + 500x_{24} +$$
$$700x_{31} + 500x_{32} + 700x_{33} + 600x_{34} + 500x_{41} + 400x_{42} + 600x_{43} + 600x_{44}$$

$$\text{st.} \begin{cases} \sum_{i=1}^{4} x_{ij} = 1, j = 1,2,3,4 \\ \sum_{j=1}^{4} x_{ij} = 1, i = 1,2,3,4 \\ x_{ij} = 1, \text{表示货船 } i \text{ 的货物在码头 } j \text{ 卸载} \\ x_{ij} = 0, \text{表示货船 } i \text{ 的货物不在码头 } j \text{ 卸载} \end{cases}$$

步骤二：求解模型

本问题利用 Excel 求解的步骤如下：

 请同学们扫描右侧二维码，观看"利用 Excel 求解指派问题－任务实施"的视频。

模型运行结果如图 4 - 2 - 2 所示。由图 4 - 2 - 2 可知，本问题的最优解指派决策是：货船 A 在码头 1 卸货，货船 B 在码头 4 卸货，货船 C 在码头 2 卸货，货船 D 在码头 3 卸货，此时总的卸货成本最低，为 2 100 元。

		码头卸货的任务指派问题							
		各码头的卸货成本							
	码头								
		1	2	3	4				
货船	A	500	400	600	700				
	B	600	600	700	500				
	C	700	500	700	600				
	D	500	400	600	600			总成本	
								2100	
		任务分配							
	码头								
		1	2	3	4	分配的任务数		卸货需求	
货船	A	1	0	0	0	1	=	1	
	B	0	0	0	1	1	=	1	
	C	0	1	0	0	1	=	1	
	D	0	0	1	0	1	=	1	
完成零件		1	1	1	1				
		=	=	=	=				
卸货能力		1	1	1	1				

图 4 - 2 - 2　码头卸货任务的指派问题

指派 4 人完成 4 项工作, 成本表见表 4-2-3。

表 4-2-3　物资信息　　　　　　　元

项目		工作			
		1	2	3	4
被指派者	A	8	6	5	7
	B	6	5	3	4
	C	7	8	4	6
	D	6	7	5	6

(1) 对表格上这个问题进行描述。
(2) 利用 Excel 规划求解得到最优解。

任务巩固

一、单选题

1. 下列结论错误的是 (　　　)。

A. 将指派 (分配) 问题的效率矩阵每行分别乘以一个非零数后最优解不变

B. 将指派问题的效率矩阵每行分别加上一个数后最优解不变

C. 将指派问题的效率矩阵每个元素同时乘以一个非零数后最优解不变

D. 指派问题的数学模型是整数规划模型

2. (　　　) 可以用来求解指派问题。

A. 梯度法　　　　　　　　　　B. 牛顿法

C. 单纯形法　　　　　　　　　D. 匈牙利法

3. 不满足匈牙利法的条件是 (　　　)。

A. 问题求最小值　　　　　　　B. 效率矩阵的元素非负

C. 人数与工作数相等　　　　　D. 问题求最大值

二、判断题

1. 任何变量均取整数值的纯整数规划模型总可以改写成只含 0-1 变量的纯整数规划问题。(　　　)

2. 指派问题效率矩阵的每一行（或每一列）元素分别减去一个常数，将不影响最优指派方案。（　　）

3. 指派问题数学模型的形式同运输问题十分相似，故也可以用表上作业法求解。（　　）

三、计算题

现有 p 个约束条件一：

$$\sum_{j=1}^{n} a_{ij}x_j \geq b_i \, (i = 1, 2, \cdots, p)$$

需要从中选择 q 个约束条件，试借助 $0-1$ 变量列出表达式。

四、综合训练

求表 $4-2-4$ 所示效率矩阵的指派问题的最小解。

表 $4-2-4$　效率表

工作＼工人	A	B	C	D	E
甲	12	7	9	7	9
乙	8	9	6	6	6
丙	7	17	12	14	9
丁	15	14	6	6	10
戊	14	10	7	10	9

 任务评价

学习任务完成情况评价

名称		评分标准或要求	分值	评价方式			得分
				自评	互评	师评	
理论知识评价	1	了解 $0-1$ 规划的含义	5				
	2	掌握什么样的问题属于指派问题	10				
	3	掌握匈牙利法求解的过程	15				
技能操作评价	4	能够判断 $0-1$ 规划问题	15				
	5	能够利用匈牙利法求解 $0-1$ 规划	15				
	6	能够利用 Excel 求解 $0-1$ 规划及指派问题	20				
职业素养评价	7	积极参与课堂互动	10				
	8	勇于表达自己的观点，语言表达流畅	10				
总分值			100	总得分			

任务三　了解轿车运输过程中配载优化

学习目标

知识目标	技能目标	素质目标
➤掌握配载问题的数学模型 ➤了解轿车运输配载时需要注意的问题 ➤掌握轿车运输配载的求解过程	➤能够利用 Excel 求解轿车运输配载优化问题	➤培养学生实事求是并善于应用科学思维进行决策的能力

任务描述

　　一登山队员做登山准备，他需要携带的物品有食品、氧气、冰镐、绳索、帐篷、照相机和通信设备，每种物品的重要系数和重量如表 4 – 3 – 1 所示，假定登山队员可携带的最大重量为 25 kg。

表 4 – 3 – 1　物资信息

序号	1	2	3	5	6	7	8
物品	食品	氧气	冰镐	绳索	帐篷	照相器材	通信设备
重量/kg	5	5	2	6	12	2	4
重要系数	20	15	18	14	8	4	10

　　针对现有物资登山队员该如何抉择？

任务资讯

　　配载优化可以归结为运筹学中的背包问题，指一个徒步旅行者有 n 种物品供他选择装入背包中，已知每种物品的重量及使用价值（使用价值是指一件物品对旅行者来说带来好处的数量指标，即效用），找出效用最大的那个方案。

一、配载问题的数学模型

　　如表 4 – 3 – 2 所示物品重量与使用价值，又知重量不能超过 a kg，问如何选择，使使用价值最大。

表 4 – 3 – 2　物品重量与使用价值表

物品	1	2	…	j	…	n
重量/（kg·件$^{-1}$）	a_1	a_2	…	a_j	…	a_n
每件使用价值	c_1	c_2	…	c_j	…	c_n

假定旅行者选取第 j 种物品数量为件（非负整数），$j = 1, 2, \dots, n$。

目标函数为

$$\max Z = \sum_{j=1}^{n} c_j x_j$$

约束方程为

$$\sum_{j=1}^{4} a_j x_j \leqslant a$$

二、轿车运输过程中配载

整车物流配载考虑的是商品车在轿运车上的合理布置，是空间布置问题，因此需要考虑三维方向的各种限制条件；不论是轿运车，还是商品车，其外形结构都比较复杂，很难用长、宽、高这样简单的几何尺寸来描述，需要考虑具体位置的细节尺寸；商品车的装载有着一定的方向性，必须正立装载；整车物流中的商品车装载过程是个动态过程，因此不能仅仅从最终的摆放位置去判断方案是否可行，需要考虑在装载过程中可能出现的干涉情况。从以上分析可以看出，整车物流配载包含两个层面的问题：

（1）根据车型和轿运车长度，确定装车方案，并验证；

（2）根据销售订单，确定装载方案及轿运车使用的数量。

三、应用案例

上海安吉汽车零部件物流有限公司是国内汽车物流业首家经国家交通部、外经贸部正式批准且注册资本最大的汽车物流中外合资企业。公司注册资本为 3 000 万美元，中外双方各占 50% 股份。公司主要从事与汽车零部件相关的物流和与汽车相关的国内货运代理、整车仓储、物流技术咨询、规划、管理、培训等服务以及国际货运代理、汽车零部件批发、进出口及相关配套服务，是一家专业化运作，能为客户提供一体化、技术化、网络化、可靠的、独特解决方案的第三方物流供应商。在整车运输业务中轿运车装载示意图如图 4 – 3 – 1 所示，扬州通华公司的 THT9151TCL 轿运车有效装载长度为 15 780 mm。

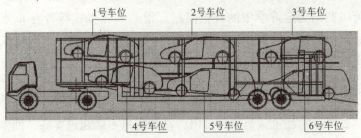

图 4 – 3 – 1　轿车装载示意图

在商运轿车运输中，国家对轿车公路运输有着明确的规定：装载商品车后，车货总高度从地面算起不超过 4.3 m，车货总长不超过 18 m，车货总质量不超过 40 000 kg。有一批 100 辆 GL8 和 20 辆 Excelle 的订单，若只用一种轿运车——扬州通华公司的 THT9151TCL，请做出最佳的装载方案；若还有一种轿运车，其宽度与扬州通华公司的 THT9151TCL 一样，但长度为 18 m，请做出最佳的装载方案。商品车为上海通用公司的 GL8 和 Excelle，尺寸如图 4 - 3 - 2 和图 4 - 3 - 3 所示，轿运车选择扬州通华公司的 THT9151TCL。

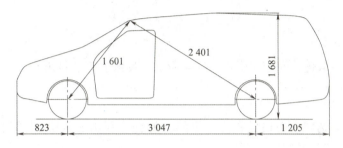

图 4 - 3 - 2 GL8 车型参数

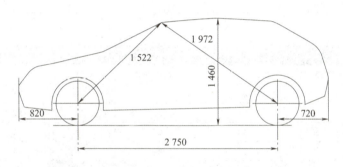

图 4 - 3 - 3 Excelle 车型参数

【解】

1. 确定装载方案

GL8 的宽度与 Excelle 的宽度均小于 THT9151TCL 的最小装载宽度。THT9151TCL 可装载 GL8 和 Excelle，为防止互相碰撞，留 400 mm 间距，装载方案见表 4 - 3 - 3。

表 4 - 3 - 3 装载方案

装载方案	GL8（5075）	Excelle（4290）
一	2	4
二	4	2
三	6	0
四	0	6

2. 面向订单的装载优化

假定第一种方案用车为 x_1 辆，第二种方案用车为 x_2 辆，第三种方案用车为 x_3 辆，第

四种方案用车为 x_4 辆，则建立数学模型如下：

目标函数为

$$\min Z = x_1 + x_2 + x_3 + x_4$$

约束条件为

$$\begin{cases} 2x_1 + 4x_2 + 6x_3 = 100 \\ 4x_1 + 2x_2 + 6x_4 = 20 \\ x_1,\ x_2,\ x_3,\ x_4 \text{ 为整数} \end{cases}$$

3. 通过 Excel 求解

面向订单的装载优化问题如图 4-3-4 所示，具体求解过程如下：

 请同学们扫描右侧二维码，观看"利用 Excel 求解配载问题"的视频。

	A	B	C	D	E
1	面向订单的装载优化				
2	装载方案	GL8（5075）	Excelle（4290）	轿车运输车辆	
3	一	2	4	0	X1
4	二	4	2	10	X2
5	三	6	0	10	X3
6	四	0	6	0	X4
7		100	20	20	目标函数Z
8		=	=		
9	约束	100	20		

图 4-3-4 面向订单的装载优化问题

求解结果是要用 20 辆轿运车，配载方案为装车方案二 10 辆车、装车方案三 10 辆车。

另外，轿运车的装载问题是很复杂的组合优化问题。对于轿运车的装载，如果采用穷举法，商品车的品种和轿运车的品种都上升至 5 种的话，可能的方案将超过 242 万个，这个计算量是很庞大的。在物流企业的实际操作中，通常商品车和轿运车的数量都远超过 5 种，这就意味着凭借人工计算的方法根本无法解决该问题。此时需要将众多的车型，按尺寸进行归类，一般归并为 4~5 类，按类进行处理，这样可以大大简化计算，对优化结果也没有太大影响。

 任务实施

【解】此问题属于配载问题，则建立配载问题规划模型，利用 Excel 求解即可。

步骤一：建立模型

令 $x_i = 1$ 表示登山队员携带物品 i，$x_i = 0$ 表示不带物品 i，则问题可写为

$$\max Z = 20x_1 + 15x_2 + 18x_3 + 14x_4 + 8x_5 + 4x_6 + 10x_7$$

$$\begin{cases} 5x_1 + 5x_2 + 2x_3 + 6x_4 + 12x_5 + 2x_6 + 4x_7 \leqslant 25 \\ x_i = 0 \text{ 或 } 1，i = 1，2，\cdots，7 \end{cases}$$

步骤二：求解模型

利用 Excel 求解的具体步骤如下：

请同学们扫描右侧二维码，观看"利用 Excel 求解配载问题 – 任务实施"的视频。

只不过因为变量的取值只能是 0 或者 1，所以在进行规划求解时，选取变量取值为"bin"，即二进制，如图 4 – 3 – 5 所示。

图 4 – 3 – 5 0 – 1 变量的约束

如图 4 – 3 – 6 所示，登山队员可携带的物品有食品、氧气、冰镐、绳索、照相器材和通信器材，共重 24 kg，此方案对登山队员来说达到了最优，即为效用最大的方案。

	A	B	C	D	E	F	G	H	I	J	K
1	背包问题的装载优化										
2		X1	X2	X3	X4	X5	X6	X7	B		
3	物品	食品	氧气	冰镐	绳索	帐篷	照相器材	通信设备			
4	重量	5	5	2	6	12	2	4	24	<=	25
5	目标函数 Z	20	15	18	14	8	4	10	81		
6	变量取值	1	1	1	1	0	1	1			

图 4 – 3 – 6 背包问题的装载优化结果

任务拓展

　　某小型配送中心最近业务量比较繁忙，这天来了一批订单需要尽快出库，商品的类型、重量、体积及价格如表 4-3-4 所示，由于业务量繁忙，目前配送中心只有一个小型搬运车可协助搬运，该叉车的承载量为 1 200 kg 重、3.6 m³ 大。

表 4-3-4　物资信息

物品	重量/（kg·箱⁻¹）	体积/（m³·箱⁻¹）	价值/（元·箱⁻¹）
牙膏	18	0.25	4.5
洗衣粉	45	0.5	3.0

　　现在假设你是该加急货物的调配员，试问你会如何安排该次调配？为什么？

任务巩固

一、判断题

　　1. 整车物流中的商品车装载过程是个动态过程，因此不能仅仅从最终的摆放位置去判断方案是否可行，还需要考虑在装载过程中可能出现的干涉情况。（　　）

　　2. 整车物流配载考虑的是商品车在轿运车上的合理布置，是空间布置问题，因此需要考虑三维方向的各种限制条件。（　　）

　　3. 整车物流配载包含两个层面的问题，即根据轿车车型和轿运车长度确定装车方案，并验证；根据销售订单，确定装载方案及轿运车使用的数量。（　　）

　　4. 在物流企业的实际操作中，通常商品车和轿运车的数量都远超过 5 种，这就意味着凭借人工计算的方法根本无法解决该问题。（　　）

二、计算题

　　一个旅行者要在其背包里装一些最有用的旅行物品，背包容积为 a，携带物品总重量最多为 b。现有物品 m 件，第 i 件物品体积为 a_i，重量为 b_i（$i = 1, 2, \cdots, m$）。为了比较物品的有用程度，假设第 i 件物品的价值为 c_i（$i = 1, 2, \cdots, m$）。若每件物品只能整件携带，每件物品都能放入背包中，并且不考虑物品放入背包后相互的间隙。问旅行者应当携带哪几件物品，才能使携带物品的总价值最大？要求建立本问题的数学模型。

四、综合训练

龙运公司目前必须向 5 家用户送货，需在用户 A 处卸下 1 个单位重量的货物，在用户 B 处卸下 2 个单位重量的货物，在用户 C 处卸下 3 个单位重量的货物，在用户 D 处卸下 4 个单位重量的货物，在用户 E 处卸下 8 个单位重量的货物。公司有各种卡车四辆：1 号车载重能力为 2 个单位，2 号车载重能力为 6 个单位，3 号车载重能力为 8 个单位，4 号车载重能力为 11 个单位。每辆车只运货一次，卡车 j 的一次运费为 c_j。假定一辆卡车不能同时给用户 A 和 C 二者送货，同样也不能同时给用户 B 和 D 二者送货。

（1）请列出一个整数规划模型表达式，以确定装运全部货物应如何配置卡车，使其运费为最小。

（2）如果卡车 j 只要给用户 i 运货时就需要收附加费 K_{ij}（同卸货量无关），试述应如何修改这一表达式。

任务评价

学习任务完成情况评价

名称		评分标准或要求	分值	评价方式			得分
				自评	互评	师评	
理论知识评价	1	掌握配载问题的数学模型	15				
	2	了解轿车运输配载时需要注意的问题	20				
	3	掌握轿车运输配载的求解过程	20				
技能操作评价	4	能够利用 Excel 求解轿车运输配载优化问题	25				
职业素养评价	5	积极参与课堂互动	10				
	6	勇于表达自己的观点，语言表达流畅	10				
总分值			100	总得分			

项目五　认识非线性规划

教学目标：通过本项目内容的学习，了解非线性规划的基本概念；掌握几种非线性规划问题的求解方法，包括二维问题的图解、极值点存在的条件判断；认识凸函数与凹函数、凸规划，以及下降迭代法和一维搜索的两种方法。

本项目内容要点：本项目内容主要包括非线性规划的数学模型、二维问题的图解、极值点存在的条件、凸函数与凹函数、凸规划、下降迭代法以及一维搜索的两种方法——斐波那契法（分数法）和黄金分割法。

在前两个项目中我们学习了线性规划问题及其求解的方法，但是在科学管理或其他的领域中，有很多问题无法归结为线性规划问题，其目标函数和约束条件是很难用线性函数表达的，如果目标函数或约束条件中含有非线性函数，则称这种规划问题为非线性规划问题。

由于非线性规划函数的复杂性，解决非线性规划问题要比解决线性规划问题困难得多，而且也不像线性规划有单纯形法等通用方法，所以非线性规划目前还没有适于解决各种问题的一般算法，每一种方法其实都有自己特定的适用范围，这就需要人们更加深入地进行研究。

思政小课堂

1202年，有一位意大利青年名叫斐波那契，在他的著作《算盘全书》中提出了一个有趣的兔子问题：假设一对刚出生的小兔一个月后就能长成大兔，再过一个月就能生下一对小兔，并且此后每个月都生一对小兔，一年内没有发生死亡。一对刚出生的兔子，一年内繁殖成多少对兔子？经过此过程的分析，斐波那契发现一个规律，兔子的对数构成了一个数列，并且在这个数列里面，任意前两项的数据加起来都会等于后一项。该数列便称为斐波那契数列。

从斐波那契的故事中我们认识到，生活中遇到任何事情，首先要做的就是探寻事物的"内在规律"，从杂乱中寻找规律，在规律中善于发现特殊。

公元 1202 年，有一位意大利青年名叫斐波那契。在他的著作《算盘全书》中提出了一个有趣的兔子问题：假设一对刚出生的小兔一个月后就能长成大兔，再过一个月就能生下一对小兔，并且此后每个月都生一对小兔，一年内没有发生死亡。一对刚出生的兔子，一年内繁殖成多少对兔子？经过此过程的分析，斐波那契发现一个规律，兔子的对数构成了一个数列，并且在这个数列里面，任意前两项的数据加起来，都会等于后一项。该数列便称为斐波那契数列。

从斐波那契的故事中，我们认识到，生活中遇到任何事情，我们首先要做的就是探寻事物的"内在规律"。从杂乱中寻找规律，在规律中善于发现特殊。人无精神则不立，国无精神则不强，庖丁解牛的故事也更加印证了只有懂得规律，才能更好地有效地去把事情做好。

庖丁解牛的故事更加印证了只有懂得规律，才能更好、有效地去把事情做好。

任务一 了解非线性规划的基本概念

学习目标

知识目标	素质目标	技能目标
➤掌握非线性规划的数学模型 ➤掌握二维问题的图解方法 ➤了解极值点存在的条件 ➤了解凸函数与凹函数的定义及性质 ➤了解凸规划的含义及其性质 ➤了解下降迭代法的一般迭代格式	➤能够判断非线性规划的数学模型 ➤能够利用图解法求解二维问题 ➤能够判定函数的凸凹性	➤引导学生建立正确的世界观和人生观 ➤提高职业规划能力，实现个人价值最大化

任务描述

李元今天开始学习非线性规划问题，其中关于凸函数与凹函数的内容，在下课时老师给同学们布置了作业，回答有哪些方法可判定函数的凹凸性呢？试证明函数 $f(X) = x_1^2 + x_2^2$ 为严格的凸函数。请你帮助李元同学解答一下吧！

一、非线性规划的数学模型

非线性规划数学模型的一般形式如下：

$$\begin{cases} \min f(\boldsymbol{X}) \\ h_i(\boldsymbol{X}) = 0, \ i = 1, \ 2, \ \cdots, \ m \\ g_j(\boldsymbol{X}) \geq 0, \ j = 1, \ 2, \ \cdots, \ l \end{cases} \qquad (5-1-1)$$

其中自变量 $\boldsymbol{X} = (x_1, \ x_2, \ \cdots x_n)^{\mathrm{T}}$ 是 n 维欧氏空间 $\mathbf{E}_n$ 中的向量（点）；$f(\boldsymbol{X})$ 为目标函数，$h_i(\boldsymbol{X}) = 0$ 和 $g_j(\boldsymbol{X}) \geq 0$ 为约束条件。

由于 $\max f(\boldsymbol{X}) = -\min[-f(\boldsymbol{X})]$，当需使目标函数极大化时，只需使其负值极小化即可，因而仅考虑目标函数极小化，这无损于一般性。

若某约束条件是"$\leq$"不等式，则仅需用"-1"乘该约束的两端，即可将这个约束变为"$\geq$"的形式。由于等式约束：

$$h_i(\boldsymbol{X}) = 0$$

等价于下述两个不等式约束：

$$\begin{cases} h_i(\boldsymbol{X}) \geq 0 \\ -h_i(\boldsymbol{X}) \geq 0 \end{cases}$$

故也可将非线性规划的数学模型写成以下形式：

$$\begin{cases} \min f(\boldsymbol{X}) \\ g_j(\boldsymbol{X}) \geq 0, \ j = 1, \ 2, \ \cdots, \ l \end{cases}$$

二、二维问题的图解

当只有两个自变量时，求解非线性规划也可像对线性规划那样借助于图解法。考虑非线性规划问题：

$$\begin{cases} \min f(\boldsymbol{X}) = (x_1 - 2)^2 - (x_2 - 1)^2 \\ x_1 + x_2^2 - 5x_2 = 0 \\ x_1 + x_2 - 5 \geq 0 \\ x_1 \geq 0 \\ x_2 \geq 0 \end{cases} \qquad (5-1-2)$$

如对线性规划所作的那样，在 $x_1 O x_2$ 坐标平面上画出目标函数的等值线，它是以点 $(2, 1)$ 为圆心的同心圆；再根据约束条件画出可行域，它是抛物线段 $ABCD$，如图 $5-1-1$ 所示。现分析当自变量在可行域内变化时目标函数值的变化情况。

令动点从 A 出发沿抛物线 $ABCD$ 移动，当动点从 A 移向 B 时，目标函数值下降；当动点由 B 移向 C 时，目标函数值上升。从而可知，在可行域 AC 这一范围内，B 点的目标

函数值 $f(B)$ 最小，因而点 B 是一个极小点。当动点由 C 向 D 移动时，目标函数值再次下降，在 D 点［其坐标为 $(4，1)$］目标函数值最小。在本例中，目标函数值 $f(B)$ 仅是目标函数 $f(x)$ 在一部分可行域上的极小值，而不是在整个可行域上的极小值，这样的极小值称为局部极小值（或相对极小值），像 B 这样的点称为局部极小点（或相对极小点）。$f(D)$ 是目标函数在整个可行域上的极小值，称全局极小值（最小值），或绝对极小值，像 D 这样的点称为全局极小点（最小点），或绝对极小点。全局极小点当然也是局部极小点，但局部极小点不一定是全局极小点。

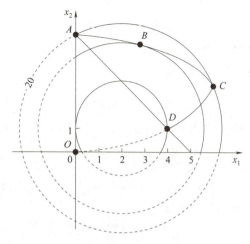

图 5 – 1 – 1　二维问题的图解

三、极值点存在的条件

二阶可微的一元函数 $f(X)$ 极值点存在的条件如下：

（1）必要条件：$f'(X) = 0$。

（2）充分条件：

①对于极小点：$f'(X) = 0$ 且 $f''(X) \geqslant 0$；

②对于极大点：$f'(X) = 0$ 且 $f''(X) \leqslant 0$。

对于无约束多元函数，其极值点存在的必要条件和充分条件，与一元函数极值点的相应条件类似。

1. 必要条件

下述定理 1 给出了 n 元实函数 $f(X)$ 在 X^* 点取得极值的必要条件。

定理 1 设 $\mathbf{R}$ 是 n 维欧式空间 $\mathbf{E}_n$ 上的某一开集，$f(X)$ 在 $\mathbf{R}$ 上有连续一阶偏导数，且在点 $X^* \in \mathbf{R}$ 取得局部极值，则必有

$$\frac{\partial f(X^*)}{\partial x_1} = \frac{\partial f(X^*)}{\partial x_2} = \cdots = \frac{\partial f(X^*)}{\partial x_n} = 0 \qquad (5 – 1 – 3)$$

或写成

$$\nabla f(X^*) = 0 \qquad (5 – 1 – 4)$$

此处

$$\nabla f(X^*) = \left(\frac{\partial f(X^*)}{\partial x_1}, \ \frac{\partial f(X^*)}{\partial x_2}, \ \cdots, \ \frac{\partial f(X^*)}{\partial x_n} \right)^{\mathrm{T}} \qquad (5 – 1 – 5)$$

为函数 $f(X)$ 在点 X^* 处的梯度。

这个定理是显然的，就像一元函数那样，称满足条件（4.3）的点为稳定点（驻点）。

函数 $f(X)$ 的梯度 $\nabla f(X)$ 有两个十分重要的性质：

（1）函数 $f(X)$ 在某点 $X^{(0)}$ 的梯度 $\nabla f(X^{(0)})$ 必与函数过该点的等值面（或等值线）

正交（设 $\nabla f(X^{(0)})$ 不为零）；

（2）梯度向量的方向是函数值（在该点处）增加最快的方向，而负梯度方向则是函数值（在该点处）减少最快的方向。

2. 二次型

二次型是 $X = (x_1, x_2, \cdots, x_n)^{\mathrm{T}}$ 的二次齐次函数：

$$f(X) = a_{11}x_1^2 + 2a_{12}x_1x_2 + \cdots + 2a_{1n}x_1x_n + a_{22}x_2^2 + 2a_{23}x_2x_3 + \cdots + 2a_{2n}x_2x_n + \cdots + a_{nn}x_n^2$$

$$= \sum_{i=1}^{n}\sum_{j=1}^{n} a_{ij}x_ix_j \qquad (5-1-6)$$

式中，$A = (a_{ij})$ $a_{ij} = a_{ji}$，A 为 $n \times n$ 对称矩阵。若 A 的所有元素都是实数，则称上述二次型为实二次型。

一个二次型唯一对应一个对称矩阵 A；反之，一个对称矩阵 A 也唯一确定一个二次型。

一个二次型唯一对应一个对称矩阵 A；反之，一个对称矩阵 A 也唯一确定一个二次型。

若对任意 $X \neq 0$（即 X 中的元素不全等于零），实二次型 $f(X) = X^{\mathrm{T}}AX$ 总为正，则称该二次型是正定的。若对任意 $X \neq 0$，实二次型 $f(X) = X^{\mathrm{T}}AX$ 总为负，则称该二次型是负定的。若对某些 $X \neq 0$，实二次型 $f(X) = X^{\mathrm{T}}AX > 0$；而对另一些 $X \neq 0$，实二次型 $f(X) = X^{\mathrm{T}}AX < 0$，即它既非正定，又非负定，则称它是不定的。若对任意 $X \neq 0$，总有 $f(X) = X^{\mathrm{T}}AX > 0$，即对某些 $X \neq 0$，$f(X) = X^{\mathrm{T}}AX > 0$，对另外一些 $X \neq 0$，$f(X) = X^{\mathrm{T}}AX = 0$，则称该实二次型半正定。类似地，若对任意 $X \neq 0$，总有 $f(X) = X^{\mathrm{T}}AX \leqslant 0$，则称其为半负定。

如果实二次型 $X^{\mathrm{T}}AX$ 为正定、负定、不定、半正定或半负定，则称它的对称矩阵 A 分别为正定、负定、不定、半正定或半负定。由线性代数可知，实二次型 $X^{\mathrm{T}}AX$ 为正定的充要条件是它的矩阵 A 的左上角各阶主子式都大于零，即

$$a_{11} > 0, \quad \begin{vmatrix} a_{11} & a_{12} \\ a_{21} & a_{22} \end{vmatrix} > 0, \quad \begin{vmatrix} a_{11} & a_{12} & a_{13} \\ a_{21} & a_{22} & a_{23} \\ a_{31} & a_{32} & a_{33} \end{vmatrix} > 0, \quad \cdots, \quad \begin{vmatrix} a_{11} & \cdots & a_{13} \\ \vdots & & \vdots \\ a_{n1} & \cdots & a_{nn} \end{vmatrix} > 0$$

实二次型 $X^{\mathrm{T}}AX$ 为负定的充要条件是，它的矩阵 A 的左上角各阶主子式负、正相间，即有

$$a_{11} < 0, \quad \begin{vmatrix} a_{11} & a_{12} \\ a_{21} & a_{22} \end{vmatrix} > 0, \quad \begin{vmatrix} a_{11} & a_{12} & a_{13} \\ a_{21} & a_{22} & a_{23} \\ a_{31} & a_{32} & a_{33} \end{vmatrix} < 0, \quad \cdots, \quad (-1)^n \begin{vmatrix} a_{11} & \cdots & a_{13} \\ \vdots & & \vdots \\ a_{n1} & \cdots & a_{nn} \end{vmatrix} > 0$$

3. 多元函数的泰勒（Taylor）公式

$$f(X) = f(X^{(0)}) + \nabla f(X^{(0)})^{\mathrm{T}}(X - X^{(0)}) + \frac{1}{2}(X - X^{(0)})^{\mathrm{T}} \nabla f(\overline{X})(X - X^{(0)})$$

$$(5-1-7)$$

其中，$\overline{X} = X^{(0)} + \theta(X - X^{(0)})$，$0 < \theta < 1$。

若以 $X = X^{(0)} + P$ 代入，则式（5-1-7）变为

$$f(X^{(0)} + P) = f(X^{(0)}) + \nabla f(X^{(0)})^{\mathrm{T}} P + \frac{1}{2} P^{\mathrm{T}} \nabla f(\overline{X}) P \qquad (5-1-8)$$

其中 $X = X^{(0)} + \theta P$，也可以将式（5-1-7）写成

$$f(X) = f(X^{(0)}) + \nabla f(X^{(0)})^{\mathrm{T}} (X - X^{(0)}) +$$
$$\frac{1}{2}(X - X^{(0)})^{\mathrm{T}} \nabla^2 f(X^{(0)})(X - X^{(0)}) + o(\parallel X - X^{(0)} \parallel^2)$$

其中，当 $X \to X^{(0)}$ 时，$o(\parallel X - X^{(0)} \parallel^2)$ 是 $\parallel X - X^{(0)} \parallel^2$ 的高阶无穷小，即

$$\lim_{X \to X^{(0)}} \frac{o(\parallel X - X^{(0)} \parallel^2)}{\parallel X - X^{(0)} \parallel^2} = 0$$

4. 充分条件

X^* 是 $f(X)$ 的极小点的充分条件由下面的定理2给出。

定理2　设 $\mathbf{R}$ 是 n 维欧式空间 $\mathbf{E}_n$ 上的某一开集，$f(X)$ 在 $\mathbf{R}$ 上有连续二阶偏导数，若 $\nabla f(X^*) = 0$，且 $\nabla^2 f(X^*)$ 正定，则 $X^* \in \mathbf{R}$ 为 $f(X)$ 的严格局部极小点。此处

$$\nabla^2 f(X^*) = \begin{bmatrix} \dfrac{\partial^2 f(X^*)}{\partial x_1^2} & \dfrac{\partial^2 f(X^*)}{\partial x_1 \partial x_2} & \cdots & \dfrac{\partial^2 f(X^*)}{\partial x_1 \partial x_n} \\[2mm] \dfrac{\partial^2 f(X^*)}{\partial x_2 \partial x_1} & \dfrac{\partial^2 f(X^*)}{\partial x_2^2} & \cdots & \dfrac{\partial^2 f(X^*)}{\partial x_2 \partial x_n} \\[2mm] \vdots & \vdots & & \vdots \\[2mm] \dfrac{\partial^2 f(X^*)}{\partial x_n \partial x_1} & \dfrac{\partial^2 f(X^*)}{\partial x_n \partial x_2} & \cdots & \dfrac{\partial^2 f(X^*)}{\partial x_n^2} \end{bmatrix}$$

为 $f(X)$ 在点 X^* 处的黑塞（Hesse）矩阵。若将 $\nabla f(X^*)$ 正定改为负定，定理2就变成了 X^* 为 $f(X)$ 的严格局部极大点的充分条件。

四、凸函数与凹函数

1. 定义

设 $f(X)$ 为定义在 n 维欧式空间 $\mathbf{E}_n$ 中某个凸集 $\mathbf{R}_c$ 上的函数，若对任何实数 α（$0 < \alpha < 1$）以及 $\mathbf{R}_c$ 中的任意两点 $X^{(1)}$ 和 $X^{(2)}$，恒有

$$f(\alpha X^{(1)} + (1-\alpha) X^{(2)}) \leqslant \alpha f(X^{(1)}) + (1-\alpha) f(X^{(2)}) \qquad (5-1-9)$$

则称 $f(X)$ 为定义在 $\mathbf{R}_c$ 上的凸函数。

若对每一个 α（$0 < \alpha < 1$）和任意两点 $X^{(1)} \neq X^{(2)} \in \mathbf{R}_c$，恒有

$$f(\alpha X^{(1)} + (1-\alpha) X^{(2)}) \leqslant \alpha f(X^{(1)}) + (1-\alpha) f(X^{(2)}) \qquad (5-1-10)$$

则称 $f(X)$ 为定义在 $\mathbf{R}_c$ 上的严格凸函数。

若式（5-1-9）和式（5-1-10）中的不等号反向，即可得到凹函数和严格凹函数的定义。显然，若函数 $f(X) = -g(X)$ 是凸函数（严格凸函数），则 $g(X)$ 一定是凹函数（严格凹函数）。凸函数和凹函数的几何意义很明显，若函数图形上任意两点的连线都不在这个图形的下方，它就是向下凸的；凹函数则是向下凹的（上凸的）；线性函数既可

以看成凸函数，也可以看成凹函数。

2. 凸函数的性质

要判定一个函数是不是凸函数，可直接依据定义；对于可微凸函数，也可利用下述两个条件判定。

1）一阶条件

设 $\mathbf{R}_c$ 为 $\mathbf{E}_n$ 上的开凸集，$f(\boldsymbol{X})$ 在 $\mathbf{R}_c$ 上可微，则 $f(\boldsymbol{X})$ 为 $\mathbf{R}_c$ 上的凸函数的充要条件是：对任意不同两点 $\boldsymbol{X}^{(1)} \in \mathbf{R}_c$ 和 $\boldsymbol{X}^{(2)} \in \mathbf{R}_c$，恒有

$$f(\boldsymbol{X}^{(2)}) \geqslant f(\boldsymbol{X}^{(1)}) + \nabla f(\boldsymbol{X}^{(1)})^{\mathrm{T}}(\boldsymbol{X}^{(2)} - \boldsymbol{X}^{(1)}) \qquad (5-1-11)$$

若式（5-1-11）为严格不等式，则它就是严格凸函数的充要条件。如将式（5-1-10）中的不等号反向，即可得到凹函数（严格不等式时为严格凹函数）的充要条件。

2）二阶条件

设 $\mathbf{R}_c$ 为 $\mathbf{E}_n$ 上的开凸集，$f(\boldsymbol{X})$ 在 $\mathbf{R}_c$ 上二阶可微，则 $f(\boldsymbol{X})$ 为 $\mathbf{R}_c$ 上的凸函数（凹函数）的充要条件是：对所有 $\boldsymbol{X} \in \mathbf{R}$，其黑塞矩阵半正定（半负定）。

若 $f(\boldsymbol{X})$ 的黑塞矩阵对所有 $\boldsymbol{X} \in \mathbf{R}_c$ 都是正定（负定）的，则 $f(\boldsymbol{X})$ 是 $\mathbf{R}_c$ 上的严格凸函数（严格凹函数）。

五、凸规划

现在考虑非线性规划，若其中的 $f(\boldsymbol{X})$ 为凸函数，$g_j(\boldsymbol{X})(j=1, 2, \cdots, l)$ 全是凹函数［即所有 $-g_j(\boldsymbol{X})$ 全为凸函数］，则就称这种规划为凸规划。

凸规划的性质具体如下：

（1）可行解集为凸集。

（2）最优解集为凸集（假定最优解存在）。

（3）任何局部最优解也是其全局最优解。

（4）若目标函数为严格凸函数，且最优解存在，则其最优解必唯一。

考虑凸函数

$$\begin{cases} \min f(\boldsymbol{X}) \\ g_j(\boldsymbol{X}) \geqslant 0 (j=1, 2, \cdots, l) \\ f(\boldsymbol{X}) \text{和} -g_j(\boldsymbol{X}) \text{为凸函数} \end{cases} \qquad (5-1-12)$$

以 $\mathbf{R}_c$ 表示其可行解的集合，若任取 $\boldsymbol{X}^{(1)} \in \mathbf{R}_c$，$\boldsymbol{X}^{(2)} \in \mathbf{R}_c$，则对任意 $\alpha \in (0, 1)$，有

$$g_j(\alpha \boldsymbol{X}^{(1)} + (1-\alpha)\boldsymbol{X}^{(2)}) \geqslant \alpha g_j(\boldsymbol{X}^{(1)}) + (1-\alpha)g_j(\boldsymbol{X}^{(2)}) \geqslant 0, \ j=1, 2, \cdots, l$$

即 $\alpha \boldsymbol{X}^{(1)} + (1-\alpha)\boldsymbol{X}^{(2)} \in \mathbf{R}_c$，这就证明了性质（1）。

由于凸规划的可行域为凸集，$f(\boldsymbol{X})$ 为凸函数，可知性质（2）和性质（3）成立。下面用反证法证明性质（4）。

设其最优解不唯一，即存在最优解 $\boldsymbol{X}^{(1)} \in \mathbf{R}_c$ 和 $\boldsymbol{X}^{(2)} \in \mathbf{R}_c$，且 $\boldsymbol{X}^{(1)} \neq \boldsymbol{X}^{(2)}$，而 $f(\boldsymbol{X}^{(1)}) = f(\boldsymbol{X}^{(2)})$。现任取 $\alpha \in (0, 1)$，由于 $\mathbf{R}_c$ 为凸集，故 $\alpha \boldsymbol{X}^{(1)} + (1-\alpha)\boldsymbol{X}^{(2)} \in \mathbf{R}_c$。

根据严格凸函数的定义，有

$$f(\alpha \boldsymbol{X}^{(1)} + (1-\alpha)\boldsymbol{X}^{(2)}) < \alpha f(\boldsymbol{X}^{(1)}) + (1-\alpha)f(\boldsymbol{X}^{(2)}) = f(\boldsymbol{X}^{(1)})$$

这说明还有比 $\boldsymbol{X}^{(1)}$ 和 $\boldsymbol{X}^{(2)}$ 更好的解，从而引出矛盾。

六、下降迭代法

由前面所述，对于可微函数来说，为了求最优解，可令其梯度等于零，由此求得稳定点，然后再用充分条件进行判别，以求出最优解。表面看来，问题似乎已经解决，但是，对一般 n 元函数 $f(\boldsymbol{X})$ 来说，由条件 $\nabla f(\boldsymbol{X}) = 0$ 得到的常常是一个非线性方程组，求解它相当困难。此外，很多实际问题往往很难求出或根本求不出目标函数对各自变量的偏导数，从而使一阶必要条件难以应用。因此，除了极个别的情形之外，一般并非从式 (5-1-3) 出发，而是采用迭代法。

迭代法的基本思想是：从最优点的某一个初始估计 $\boldsymbol{X}^{(0)}$ 出发，按照一定的规则（即所谓算法），先找一个比 $\boldsymbol{X}^{(0)}$ 更好的点 $\boldsymbol{X}^{(1)}$ ［对极小化问题来说，$f(\boldsymbol{X}^{(1)})$ 比 $f(\boldsymbol{X}^{(0)})$ 更小；对极大化问题来说，$f(\boldsymbol{X}^{(1)})$ 比 $f(\boldsymbol{X}^{(0)})$ 更大］，再找比 $\boldsymbol{X}^{(1)}$ 更好的点 $\boldsymbol{X}^{(2)}$，…，如此继续，就产生了一个解点的序列 $\{\boldsymbol{X}^{(k)}\}$。若该点列有一极限点 $\boldsymbol{X}^*$，即

$$\lim_{k \to \infty} \| \boldsymbol{X}^{(k)} - \boldsymbol{X}^* \| = 0$$

就称该点列收敛于 $\boldsymbol{X}^*$。对于某一算法来说，我们要求它产生的点列 $\{\boldsymbol{X}^{(k)}\}$ 中的某一点本身就是最优点，或者该点列的极限点 $\boldsymbol{X}^*$ 是问题的最优点。

对于极小化问题，我们要求由选取的某一算法所产生的解的序列 $\{\boldsymbol{X}^{(k)}\}$，其对应的目标函数值 $f(\boldsymbol{X}^{(k)})$ 应是逐步减小的，即要求

$$f(\boldsymbol{X}^{(0)}) > f(\boldsymbol{X}^{(1)}) > \cdots > f(\boldsymbol{X}^{(k)}) > \cdots$$

具有这种性质的算法称为下降迭代算法。

下降迭代算法的一般迭代格式如下：

（1）选取某一初始点 $\boldsymbol{X}^{(0)}$，令 $k := 0$（ $:=$ 为赋值号，$k := 0$ 表示将 0 赋给变量 k）。

（2）确定搜索方向。若已得出某一迭代点 $\boldsymbol{X}^{(k)}$，且 $\boldsymbol{X}^{(k)}$ 不是极小点，此时就从 $\boldsymbol{X}^{(k)}$ 出发确定一搜索方向 $\boldsymbol{P}^{(k)}$，沿这个方向应能找到使目标函数值下降的点。对约束极值问题，有时（视所用的算法而定）还要求这样的点是可行点。

（3）确定步长。沿 $\boldsymbol{P}^{(k)}$ 方向前进一个步长，得新点 $\boldsymbol{X}^{(k+1)}$，即在由 $\boldsymbol{X}^{(k)}$ 出发的射线

$$\boldsymbol{X} = \boldsymbol{X}^{(k)} + \lambda \boldsymbol{P}^{(k)} \quad \lambda \geqslant 0$$

上，通过选定步长（因子） $\lambda = \lambda_k$，得到下一个迭代点

$$\boldsymbol{X}^{(k+1)} = \boldsymbol{X}^{(k)} + \lambda_k \boldsymbol{P}^{(k)}$$

使得 $f(\boldsymbol{X}^{(k+1)}) = f(\boldsymbol{X}^{(k)} + \lambda_k \boldsymbol{P}^{(k)}) < f(\boldsymbol{X}^{(k)})$。

（4）检验新得到的点是否为要求的极小点或近似极小点，如满足要求，则迭代停止。否则，令 $k := k+1$，返回第（2）步继续迭代。

在以上步骤中，选定搜索方向对算法起着关键性的作用，各种算法的区分主要在于确定搜索方向的方法不同。

在许多算法中，步长的选定是由使目标函数值沿搜索方向下降最多（在极小化问题

中）为依据的，即沿射线 $\boldsymbol{X}^{(k)} + \lambda \boldsymbol{P}^{(k)}$ 求 $f(\boldsymbol{X})$ 的极小点，即选取 λ_k，使

$$f(\boldsymbol{X}^{(k)} + \lambda_k \boldsymbol{P}^{(k)}) = \min_{\lambda} f(\boldsymbol{X}^{(k)} + \lambda_k \boldsymbol{P}^{(k)}) \qquad (5-1-13)$$

由于这一工作是求以 λ 为变量的一元函数 $f(\boldsymbol{X}^{(k)} + \lambda_k \boldsymbol{P}^{(k)})$ 的极小点 λ_k，故称这一过程为（最优）一维搜索或线搜索，由此确定的步长称为最佳步长。

任务实施

【解】要判断一个函数是凸函数还是凹函数，可用一阶条件和二阶条件进行判定，结合函数 $f(\boldsymbol{X}) = x_1^2 + x_2^2$ 为严格凸函数的证明，一阶条件和二阶条件进行判定的具体流程如下。

步骤一：用一阶条件证明

首先取两个不同的点 $\boldsymbol{X}^{(1)} = (a_1, \ b_1)^{\mathrm{T}}$ 和 $\boldsymbol{X}^{(2)} = (a_2, \ b_2)^{\mathrm{T}}$，有

$$f(\boldsymbol{X}^{(1)}) = a_1^2 + b_1^2, f(\boldsymbol{X}^{(2)}) = a_2^2 + b_2^2, \nabla f(\boldsymbol{X}^{(1)}) = (2a_1, 2b_1)^{\mathrm{T}},$$

现看下式是否成立：

$$a_2^2 + b_2^2 > a_1^2 + b_1^2 + (2a_1, \ 2b_1) \begin{pmatrix} a_2 - a_1 \\ b_2 - b_1 \end{pmatrix}$$

或

$$a_2^2 + b_2^2 > a_1^2 + b_1^2 + 2a_1 a_2 - 2a_1^2 + 2b_1 b_2 - 2b_1^2$$

即

$$(a_2 - a_1)^2 + (b_2 - b_1)^2 > 0$$

由于 $\boldsymbol{X}^{(1)} \neq \boldsymbol{X}^{(2)}$，故上式成立，即可证明 $f(\boldsymbol{X}) = x_1^2 + x_2^2$ 为严格的凸函数。

步骤二：用二阶条件证明

下面用二阶函数证明：

$$\frac{\partial f(\boldsymbol{X})}{\partial x_1} = 2x_1, \ \frac{\partial f(\boldsymbol{X})}{\partial x_2} = 2x_2,$$

$$\frac{\partial^2 f(\boldsymbol{X})}{\partial x_1^2} = 2, \ \frac{\partial^2 f(\boldsymbol{X})}{\partial x_2^2} = 2,$$

$$\frac{\partial^2 f(\boldsymbol{X})}{\partial x_1 \partial x_2} = \frac{\partial^2 f(\boldsymbol{X})}{\partial x_2 \partial x_1} = 0$$

其黑塞矩阵为
$$\nabla^2 f(\boldsymbol{X}) = \begin{pmatrix} 2 & 0 \\ 0 & 2 \end{pmatrix}$$

因为 $\nabla^2 f(\boldsymbol{X})$ 正定，所以 $f(\boldsymbol{X}) = x_1^2 + x_2^2$ 为严格的凸函数。

任务拓展

试举出一适当的经济问题的实例，在简要分析的基础上写出其非线性规划的数学模型。

任务巩固

一、多选题

1. 凸规划的性质包括（　　）。

A. 可行解集为凸集

B. 最优解集为凸集（假定最优解存在）

C. 任何局部最优解也是其全局最优解。

D. 若目标函数为严格凸函数，且最优解存在，则其最优解必唯一。

2. 下降迭代算法的一般迭代格式有（　　）。

A. 选取某一初始点 $X^{(0)}$，令 $k：=0$

B. 确定搜索方向

C. 确定步长

D. 检验新得到的点是否为要求的极小点或近似极小点

二、判断题

1. 若函数在驻点处的黑赛矩阵为不定矩阵，则不能判定函数值在该点处为极大或极小。（　　）

2. 若 $f(X)$ 为凸函数，则 $\dfrac{1}{f(X)}$ 为凹函数。（　　）

3. 有限个凸函数的非负线性组合不一定是凸函数。（　　）

4. 若 $f(X)$ 为凸函数，k 为任意实数，则 $kf(X)$ 也是凸函数。（　　）

5. 一个线性函数既可看作是凹函数，也可看作是凸函数。（　　）

三、计算题

判定下述非线性规划是否为凸规划：

(1)　$\max f(X) = x_1 + 2x_2$
$$\begin{cases} x_1^2 + x_2^2 \leqslant 9 \\ x_2 \geqslant 0 \end{cases}$$

(2)　$\min f(X) = 2x_1^2 + x_2^2 + x_3^2$
$$\begin{cases} x_1^2 + x_2^2 \leqslant 4 \\ 5x_1 + x_3 = 10 \\ x_1，x_2，x_3 \geqslant 0 \end{cases}$$

四、综合训练

某公司经营两种设备,第一种设备每件售价30元,第二种设备每件售价450元。根据统计,售出一件第一种设备所需要的营业时间平均是0.5 h,第二种设备是2 + $0.25x_2$ h,其中 x_2 是第二种设备的售出数量。已知该公司在这段时间内的总营业时间为800 h,请为使其营业额最大的营业计划建立数学模型。

 任务评价

学习任务完成情况评价

名称		评分标准或要求	分值	评价方式			得分
				自评	互评	师评	
理论知识评价	1	掌握非线性规划的数学模型	5				
	2	掌握二维问题的图解方法	5				
	3	了解极值点存在的条件	10				
	4	了解凸函数与凹函数的定义及性质	10				
	5	了解凸规划的含义及其性质	10				
	6	掌握下降迭代法的一般迭代格式	10				
技能操作评价	7	能够判断非线性规划的数学模型	10				
	8	能够利用图解法求解二问题	10				
	9	能够利用下降迭代法求解非线性规划问题	10				
职业素养评价	10	积极参与课堂互动	10				
	11	勇于表达自己的观点,语言表达流畅	10				
总分值			100	总得分			

任务二　掌握一维搜索

学习目标

知识目标	素质目标	技能目标
➤了解一维搜索的含义 ➤理解斐波那契法的求解过程 ➤理解黄金分割法的计算过程	➤能够利用斐波那契法求解单变量的无约束极值问题 ➤能够利用黄金分割法求解单变量的无约束极值问题	➤养成探究的习惯，提高总结规律和发现规律的能力

任务描述

用斐波那契法求函数

$$f(t) = t^2 - 6t + 2$$

的近似极小点和极小值，要求缩短后的区间不大于区间 $[0, 10]$ 的 5%。

任务资讯

一维搜索用于求解单变量的无约束极值问题，它同时也为求解后面更复杂的问题提供基础。一维搜索的方法很多，这里仅介绍斐波那契（Fibonacci）法和黄金分割法（0.618 法）。这两种方法属于直接法，仅需计算函数值，不必计算函数的导数。

一、斐波那契法（分数法）

斐波那契法通过取代试探点和进行函数值的比较，使包含极小值点的搜索区间不断缩短，当区间长度缩短到一定程度时，区间上各点的函数值均接近极小值点。该算法要求所考虑的区间上的目标函数是单峰函数，即在这个区间上只有一个局部极小值点的函数。

设 $y = f(t)$ 是区间 $[a, b]$ 上单变量下的单峰函数，它在该区间上有唯一极小点 t^*，而且函数在 t^* 之左严格下降，在 t^* 之右严格上升。若在此区间之内任取两点 a_1 和 b_1，且 $a_1 < b_1$，并计算函数值 $f(a_1)$ 和 $f(b_1)$，则可能有以下两种情况（具体如图 5-2-1 所示）：

（1）$f(a_1) < f(b_1)$：此时极小点 t^* 必在区间 $[a, b_1]$ 内；

（2）$f(a_1) \geq f(b_1)$：此时极小点 t^* 必在区间 $[a_1, b]$ 内，如图 5-2-1 所示。

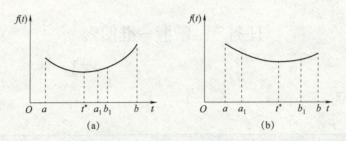

图 5 – 2 – 1　极值图

只要在搜索区间 $[a, b]$ 内取两个不同点，并算出它们的函数值加以比较，即可把包含极小点的区间由 $[a, b]$ 缩小为 $[a, b_1]$ 或 $[a_1, b]$。此时，如要继续缩小搜索区间 $[a, b_1]$ 或 $[a_1, b]$，则只需在新的区间内再取一点算出其函数值，与 $f(a_1)$ 或 $f(b_1)$ 加以比较即可。只要按上述方法使缩小后的区间始终包含极小点，则区间缩得越小，就越接近于函数的极小点，当然区间缩得越小，要计算函数值的次数也就越多。这表明，区间的缩短率和函数值的计算次数有关。

那么计算 n 次函数值能把区间（包含极小点）缩小到什么程度？或者说，计算函数值 n 次能把至多多大的原区间缩小为长度为 1 个单位的区间呢？

现用 F_n 表示计算 n 次函数值能将其缩短为 1 个单位长度区间的最大原区间长度，则显然有

$$F_0 = F_1 = 1$$

其原因是，只有当原区间长度本来就等于一个单位区间长度时才不必计算函数值。此外，只计算一次函数值无法将区间缩短，只有原区间长度本来就是一个单位区间长度时才行。

在区间 $[a, b]$ 内取两个不同点 a_1 和 b_1，计算其函数值以缩短区间，缩短后的区间为 $[a, b_1]$ 和 $[a_1, b]$，显然这两个区间长度之和必大于 $[a, b]$ 的长度，也就是说，计算两次函数值一般无法把长度大于两个单位的区间缩成单位区间。但是，对于长度为两个单位的区间，可以如图 5 – 2 – 2（b）所示选取试点 a_1 和 b_1，图中 ε 为任意小的正数，缩短后的区间长度为 $1 + \varepsilon$，由于 ε 可任意选取，故缩短后的区间长度接近于一个单位长度，由此可得 $F_2 = 2$。

a	a_1		b_1	b			

(a)

$$0 \quad 1-\varepsilon \quad 1 \quad 1+\varepsilon \quad 2$$
$$a \qquad a_1 \qquad\quad b_1 \qquad b$$

(b)

图 5 – 2 – 2　搜索区间

根据同样的分析可得

$$F_3 = 3, \quad F_4 = 5, \quad F_5 = 8, \quad \cdots$$

序列 $\{F_n\}$ 可写成一个递推公式：

$$F_n = F_{n-1} + F_{n-2} \quad n \geqslant 2$$

利用上式可依次计算出 F_n 的值，这些 F_n 就是通常所说的斐波那契数。

由以上讨论可知，计算此函数值所能获得的最大缩短率（缩短后的区间长度与原区间长度之比）为 $1/F_n$，例如 $F_{20} = 10\,946$，所以计算 20 个函数值即可把原长度为 L 的区间缩短为 $\dfrac{L}{10\,946} = 0.000\,09L$ 的区间。

现在，要想计算 n 个函数值，而把区间 $[a_0, b_0]$ 的长度缩短为原来长度的 δ 倍，即缩短后的区间长度为 $b_{n-1} - a_{n-1} \leqslant (b_0 - a_0)\delta$，则只要 n 足够大，能使 $F_n \geqslant \dfrac{1}{\delta}$ 成立即可。其中，δ 为一个正小数，称为区间缩短的相对精度。有时给出区间缩短的绝对精度 η，即要求 $b_{n-1} - a_{n-1} \leqslant \eta$，则 $\eta = (b_0 - a_0)\delta$。

故总结斐波那契法缩短区间的步骤如下：

（1）确定试点的个数 n。

根据缩短率 δ，即可用式 $F_n \geqslant \dfrac{1}{\delta}$ 算出 F_n，然后确定最小的 n。

（2）选取前两个试点的位置。

由递推公式 $F_n = F_{n-1} + F_{n-2}$（$n \geqslant 2$），可知第一次缩短时的两个试点位置分别为

$$
\begin{cases}
t_1 = a_0 + \dfrac{F_{n-2}}{F_n}(b_0 - a_0) = b_0 + \dfrac{F_{n-1}}{F_n}(a_0 - b_0) \\[3mm]
t_1' = a_0 + \dfrac{F_{n-1}}{F_n}(b_0 - a_0)
\end{cases}
$$

它们在区间内的位置是对称的。

（3）计算函数值 $f(t_1)$ 和 $f(t_1')$，并比较它们的大小。

若 $f(t_1) < f(t_1')$，则取

$$
a_1 = a_0, \quad b_1 = t_1', \quad t_2' = t_1
$$

并令

$$
t_2 = b_1 + \dfrac{F_{n-2}}{F_{n-1}}(a_1 - b_1)
$$

否则，取

$$
a_1 = t_1 \quad b_1 = b_0 \quad t_2 = t_1'
$$

并令

$$
t_2' = a_1 + \dfrac{F_{n-2}}{F_{n-1}}(b_1 - a_1)
$$

（4）计算 $f(t_2)$ 或 $f(t_2')$（其中的一个已经算出），如第（3）步那样一步步迭代。计算试点的一般公式为

$$
\begin{cases}
t_k = b_{k-1} + \dfrac{F_{n-k}}{F_{n-k+1}}(a_{k-1} - b_{k-1}) \\[3mm]
t_k' = a_{k-1} + \dfrac{F_{n-k}}{F_{n-k+1}}(b_{k-1} - a_{k-1})
\end{cases}
$$

其中 $k = 1, 2, \cdots, n-1$。

（5）当进行至 $k = n-1$ 时，$t_{n-1} = t'_{n-1} = \frac{1}{2}(a_{n-2} + b_{n-2})$，这就无法借比较函数值 $f(t_{n-1})$ 和 $f(t'_{n-1})$ 的大小以确定最终区间，即取

$$\begin{cases} t_{n-1} = \dfrac{1}{2}(a_{n-2} - b_{n-2}) \\ t'_{n-1} = a_{n-2} + \left(\dfrac{1}{2} + \varepsilon\right)(b_{n-2} - a_{n-2}) \end{cases}$$

其中 ε 为任意小的数，在 t_{n-1} 和 t'_{n-1} 这两点中，以函数值较小者为近似极小点，相应的函数值为近似极小值，并得最终区间 $[a_{n-2}, t'_{n-1}]$ 或 $[t_{n-1}, b_{n-2}]$。

【例】试用斐波那契法求函数 $f(t) = t^2 - t + 2$ 的近似极小点和近似极小值，要求缩短后的区间不大于区间 $[-1, 3]$ 的 0.08 倍。

【解】由题意 $\delta = 8\%$，$F_n \geqslant \dfrac{1}{\delta} = 12.5$，则可得 $n = 6$，$a_0 = -1$，$b_0 = 3$。

由递推公式 $F_n = F_{n-1} + F_{n-2}$　$n \geqslant 2$，可知第一次缩短时的两个试点位置分别为

$$\begin{cases} t_1 = b_0 + \dfrac{F_{n-1}}{F_n}(a_0 - b_0) = \dfrac{80}{21} \\ t'_1 = a_0 + \dfrac{F_{n-1}}{F_n}(b_0 - a_0) = \dfrac{130}{21} \end{cases}$$

则有 $t_1 = 0.538$，$t'_1 = 1.462$，$f(t_1) = 1.751$，$f(t'_1) = 2.675$。

由于 $f(t_1) < f(t'_1)$，故有

$$a_1 = a_0 = -1,\ b_1 = t'_1 = 1.462,\ t_2 = t_1 = 0.538,\ t_2 = b_1 + \dfrac{F_4}{F_5}(a_1 - b_1) = -0.077$$

由于 $f(t_2) = 2.083$，即 $f(t_2) > f(t'_2) = 1.751$，故有

$$a_2 = t_2 = -0.077,\ b_2 = b_1 = 0.583,\ t'_3 = t'_2 = \dfrac{50}{21},\ t_3 = a_2 + \dfrac{F_3}{F_4}(b_2 - a_2) = 0.846$$

由于 $f(t'_3) = 1.87$，即 $f(t'_3) > f(t_3) = 1.751$，故有

$$a_3 = a_2 = -0.077,\ b_3 = t'_3 = 0.846,\ t_4 = t_3 = 0.538,\ t'_4 = b_3 + \dfrac{F_2}{F_3}(a_3 - b_3) = 0.231$$

由于 $f(t_4) = 1.822$，即 $f(t_4) > f(t'_4) = 1.751$，故有

$$a_4 = t_4 = 0.231,\ b_4 = b_3 = 0.846,\ t_5 = t'_4 = 0.538$$

当进行至 $k = n-1 = 5$ 时，取 $\varepsilon = 0.01$，则有

$$t'_5 = a_4 + \left(\dfrac{1}{2} + \varepsilon\right)(b_4 - a_4) = 0.545$$

可得 $f(t'_5) = 0.545$，即有 $a_5 = 0.231$，$b_5 = 0.545$，由于 $f(t_5) = 1.751 < f(t'_5) = 1.752$，所以选择 t_5 为极小点，极小值为 1.751。

二、黄金分割法（0.618 法）

当用斐波那契法以 n 个试点来缩短某一区间时，区间长度的第一次缩短率为 $F_{n-1}/$

F_n，其后各次分别为

$$\frac{F_{n-2}}{F_{n-1}}, \ \frac{F_{n-3}}{F_{n-2}}, \ \cdots, \ \frac{F_1}{F_2}$$

现将以上数列分为奇数项 F_{2k-1}/F_{2k} 和偶数项 F_{2k}/F_{2k+1}，可以证明，这两个数列收敛于同一个极限。

设当 $k \to \infty$ 时，$\dfrac{F_{2k-1}}{F_{2k}} \to \lambda$，$\dfrac{F_{2k}}{F_{2k+1}} \to \mu$，由于

$$\frac{F_{2k-1}}{F_{2k}} = \frac{F_{2k-1}}{F_{2k-1}+F_{2k-2}} = \frac{1}{1+\dfrac{F_{2k-2}}{F_{2k-1}}}$$

故当 $k \to \infty$ 时，$\lim\limits_{k \to \infty} \dfrac{F_{2k-1}}{F_{2k}} = \dfrac{1}{1+\mu} = \lambda$。

同理可证 $\mu = \dfrac{1}{1+\lambda}$。

将 $\dfrac{1}{1+\mu} = \lambda$ 代入 $\mu = \dfrac{1}{1+\lambda}$，可得 $\mu^2 + \mu - 1 = 0$，从而 $\mu = \dfrac{\sqrt{5}-1}{2}$。

将 $\mu = \dfrac{1}{1+\lambda}$ 代入 $\dfrac{1}{1+\mu} = \lambda$，可得 $\lambda^2 + \lambda - 1 = 0$，故

$$\lambda = \mu = \frac{\sqrt{5}-1}{2} = 0.618\,033\,988\,741\,894\,8$$

现用不变的区间缩短率 0.618 代替斐波那契法每次不同的缩短率，就得到了黄金分割法（0.618 法）。这个方法可以看成是斐波那契法的近似，实现起来比较容易，效果也相当好，因而易于为人们所接受。

 任务实施

依据斐波那契法缩短区间的步骤可得具体的求解过程。

（1）确定试点 n 的个数。

由题意 $\delta = 5\%$，$F_n \geqslant \dfrac{1}{\delta}$，可得 $n = 7$，$a_0 = 0$，$b_0 = 10$。

（2）选取前两个试点的位置。

由递推公式 $F_n = F_{n-1} + F_{n-2}$（$n \geqslant 2$），可知第一次缩短时的两个试点位置分别为

$$\begin{cases} t_1 = b_0 + \dfrac{F_{n-1}}{F_n}(a_0 - b_0) = \dfrac{80}{21} \\[2mm] t_1' = a_0 + \dfrac{F_{n-1}}{F_n}(b_0 - a_0) = \dfrac{130}{21} \end{cases}$$

（3）计算函数值 $f(t_1)$ 和 $f(t_1')$，并比较它们的大小。

$$a_1 = a_0 = 0, \ t_2' = t_1 = \frac{80}{21}, \ b_1 = t_1' = \frac{130}{21}, \ t_2 = b_1 - \frac{F_5}{F_6}(b_1 - a_1) = \frac{50}{21}$$

（4）计算函数值 $f(t_2)$ 和 $f(t'_2)$，如步骤（3）一步步迭代。

$$a_2 = a_1 = 0, \quad t'_3 = t_2 = \frac{50}{21}, \quad b_2 = t'_2 = \frac{80}{21}, \quad t_3 = b_2 - \frac{F_4}{F_5}(b_2 - a_2) = \frac{30}{21}$$

（5）计算函数值 $f(t_3)$ 和 $f(t'_3)$，并比较大小。

$$a_3 = t_3 = \frac{30}{21}, \quad t_4 = t'_3 = \frac{50}{21}, \quad b_3 = b_2 = \frac{80}{21}, \quad t'_4 = a_3 + \frac{F_3}{F_4}(b_3 - a_3) = \frac{60}{21}$$

（6）计算函数值 $f(t_4)$ 和 $f(t'_4)$，并比较大小。

$$a_4 = t_4 = \frac{50}{21}, \quad t_5 = t'_4 = \frac{60}{21}, \quad b_4 = b_3 = \frac{80}{21}, \quad t'_5 = a_4 + \frac{F_2}{F_3}(b_4 - a_4) = \frac{70}{21}$$

（7）确定最终区间。

当进行至 $k = n - 1 = 6$ 时，ε 取任意小的数，计算函数值 $f(t_5)$ 和 $f(t'_5)$，并比较大小，即

$$a_5 = t_5 = \frac{60}{21}, \quad t_6 = t'_5 = \frac{70}{21}, \quad b_5 = b_4 = \frac{80}{21}, \quad t'_6 = a_5 + \left(\frac{F_1}{F_2} + \varepsilon\right)(b_5 - a_5) = \frac{351}{105}$$

计算函数值 $f(t_6)$ 和 $f(t'_6)$，则有 $a_6 = a_5 = \frac{60}{21}$，$b_6 = t'_6 = \frac{351}{105}$，区间为 $\left[\frac{60}{21}, \frac{351}{105}\right]$。

所以选择 t_6 为极小点，$f(t_6) = f\left(\frac{70}{21}\right) = -6.89$。

 **任务拓展**

　　试分析斐波那契在《计算之书》中提到的兔子繁殖问题，现假设从第1个月开始养一对初生的小兔子，那么一年后共有多少对兔子呢（假设没有疾病和死亡)？

 任务巩固

一、单选题

1. 斐波那契法的来源是（　　）。

A. 兔子问题

B. 向日葵问题

C. 1202 年意大利数学家斐波那契的《算盘书》

D. 1202 年法国数学家斐波那契的《算盘书》

2. 一维搜索最常用的试探法有（　　）。

A. 斐波那契法　　　B. 黄金分割法　　　C. 牛顿法　　　　　D. 梯度法

二、判断题

1. 斐波那契算法要求所考虑的区间上的目标函数是单峰函数，即在这个区间上只有一个局部极小值点的函数。（　　）

2. 黄金分割法的基本思路是逐步缩小搜索区间，直至最小点存在的区间达到允许的误差范围为止。（　　）

三、思考题

说明一维搜索的基本概念，试比较斐波那契法与 0.618 法。

 任务评价

学习任务完成情况评价

名称		评分标准或要求	分值	评价方式			得分
				自评	互评	师评	
理论知识评价	1	了解一维搜索的含义	10				
	2	理解斐波那契法的求解过程	15				
	3	理解黄金分割法的计算过程	15				
技能操作评价	4	能够利用斐波那契法求解单变量的无约束极值问题	20				
	5	能够利用黄金分割法求解单变量的无约束极值问题	20				
职业素养评价	6	积极参与课堂互动	10				
	7	勇于表达自己的观点，语言表达流畅	10				
总分值			100	总得分			

项目六　认识网络计划与网络最优化

教学目标：通过本项目的学习，需要了解网络图、关键路径法、甘特图、网络最优化模型在物流优化中的应用，并熟练掌握上述物流优化方法。

本项目内容要点：网络图，关键路径法，甘特图，网络最大流模型，最小费用流模型，最短路径模型，Excel 求解。

应用网络图来表达一项计划中各项工作（活动、工序）的先后顺序和相互关系；然后通过计算找出计划中关键工序和关键线路；再通过不断改善网络计划，选择最优方案并付诸实施；最后，在计划执行过程中进行有效的控制和监督，运用甘特图等，保证合理地使用人力、物力、财力，按预定目标完成任务。在物流系统中将货物从某些起点运输到某些终点时，合理的运输线和中转站的选择，以及合理的仓储地点的确定等均涉及网络最优化的问题，并且网络最优化模型还可处理一般线性规划算法难以处理的大规模、多变量优化问题。

思政小课堂

1958 年，在当时数学界兴起了数学直接为国民经济服务的风尚。管梅谷先生在华罗庚等老一辈数学家的带领下，走出校门，运用运筹学指导工农业生产生活。管梅谷先生跟着邮递员一起骑自行车送信，为了优化送信的路径，提高送信的效率，管梅谷先生提出了被国际运筹学教材赋予中国之名的中国邮路问题。中国邮路问题现已成为遍历路径规划问题的经典模型，管梅谷老师也入选国际运筹学名人堂，使中国运筹学在世界运筹学领域占有一席之地。

当然管梅谷老师在运筹学领域还有其他许多突出的贡献，我们也应该学习管老先生脚踏实地、刻苦钻研、为国为民的精神，树立服务社会、服务人民的崇高价值追求。1958 年，在当时数学界兴起了数学直接为国民经济服务的风尚。管梅谷先生在华罗庚等老一辈数学家的带领下，走出校门，运用运筹学指导工农业生产生活。管梅谷先生跟着邮递员一起骑自行车送信，为了优化送信的路径，提高送信的效率，管梅谷先生提出了被国际运筹学教材赋予中国之名的中国邮路问题。中国邮路问题现已成为遍历路径规划问题的经典模型，管梅谷老师也入选国际运筹学名人堂，使中国运筹学在世界运筹学领域占有一席之地。当然管梅谷老师在运筹学领域还有其它许多突出的贡献，我们也应该学习管老先生脚踏实地、刻苦钻研、为国为民的精神，树立服务社会服务人民的崇高价值追求。一百多年来，中国共产党团结领导人民浴血奋战、百折不挠，自力更生、发愤图强，解放思想、锐意进取，自信自强、守正创新，书写了中华民族几千年历史上最恢宏的史诗。

任务一 认识网络图

 **学习目标**

知识目标	素质目标	技能目标
➤了解网络图的构成 ➤掌握节点（点）、弧和权分别表示的含义	➤能够根据相应的步骤绘制网络图	➤培养学生养成独立思考的习惯

 任务描述

已知某工程工序之间的关系见表 6−1−1。

表 6−1−1　工序之间关系表

工序	A	B	C	D	E	F	G	H	I
紧前工序	—	A	A	B	C	C	D, E	F	G, H

试绘制计划网络图。

 任务资讯

在日常生活中，各种各样的网络图随处可见，如道路交通图、电话网络图、电路图

等。图论（Graph Theory）已经成为运筹学的一个重要分支，是建立和处理离散数学模型的一个重要工具。人们对图与网络的研究可以追溯到 18 世纪 50 年代。1736 年，"哥尼斯堡七桥问题"被欧拉（E Eluer）用一篇题为"依据几何位置的解题方法"的论文解决。

在随后的 200 多年里，人们也一直致力于图与网络的研究，特别是在 20 世纪中期以后，随着离散数学和计算机技术的发展，图与网络的研究更是得到了飞速发展。目前，网络分析的理论已经在工程设计、管理科学、交通规划、通信网规划等众多领域得到广泛的应用，并取得了丰富的成果。

为编制网络计划，首先需绘制网络图。绘制的网络图是赋权有向图，由节点（点）、弧和权所构成。

（1）节点。节点表示一项活动（事项）的开始或结束，是相邻工序在时间上的分界点，它表示一个或若干个工序的开始或结束的某个时刻，节点用圆圈和里面的数字表示，数字表示节点的编号，如①，②，…。

网络左方第一个节点称为网络的始点事项，它表示这项计划任务的开始；右方最后一个节点称为网络的终点事项，它表示这项计划任务的结束（完工）；介于始点和终点之间的节点称为网络的中间节点，它表示前一活动事项的结束，又表示后一活动事项的开始。

对同一工序而言，连接箭尾的节点表示箭尾事项，与箭头连接的节点表示箭头事项，箭尾事项节点的编号应小于箭头事项节点的编号。一道工序的箭尾事项与箭头事项称为该工序的相关事项。

（2）弧。一项计划任务可以分解为许多项具体的活动（或作业工序）。弧表示一个工序，工序是指为了完成工程项目，在工艺技术和组织管理上相对独立的工作或活动。各道工序之间有着先后次序，完成每道工序需要一定的人力、物力和时间，每道工序用弧（箭线）表示，其两端是节点，分别表示工序的开始和结束。在相邻的两道工序中，先发生的工序称为紧前工序，后发生的工序称为紧后工序。有时为了表示工序之间前后衔接关系的需要，常需增加虚工序，用虚弧表示。虚工序是事实上不存在的，不需要人力、物力和时间。

（3）权。权表示为完成某个工序所需要的时间或资源等数据，通常标注在弧的下面或其他合适的位置上。

图 6-1-1～图 6-1-3 分别表示三种不同项目的网络图，它们的含义如下。

图 6-1-1：先完成活动 A，再开始活动 B。

图 6-1-2：先完成活动 A 和 B，再开始活动 C。

图 6-1-1　网络图 1　　　　　　　　图 6-1-2　网络图 2

图 6 – 1 – 3：先完成活动 A，再开始活动 B 和 C。

在作项目网络图时应该注意以下几点：

（1）节点①（起点）表示项目的开始。

（2）应有一个节点（终点）表示项目的完成。

（3）表示活动的箭头从该活动的起始节点指向该活

动的完成节点。任何一项活动的完成节点的序号均大于该活动起始节点的序号。

图 6 – 1 – 3　网络图 3

【例 4.1】某项工程的各道工序与所需时间以及它们之间的相互关系见表 6 – 1 – 2，绘制该工程的网络图。

表 6 – 1 – 2　工序时间参数表

工序	工序代号	所需时间/天	紧后工序
产品设计与工艺设计	a	60	b，c，d，e
外购配套件	b	45	l
下料、锻件	c	10	f
工装制造 1	d	20	g，h
木模、铸件	e	40	h
机械加工 1	f	18	l
工装制造 2	g	30	k
机械加工 2	h	15	l
机械加工 3	k	25	l
装配调试	l	35	l

解：根据表 6 – 1 – 2 给出的资料，绘制的网络图如图 6 – 1 – 4 所示。

在图 6 – 1 – 4 中，弧 a，b，…，l 分别代表 10 个工序，箭线（弧）下面的数字表示为完成该工序所需的时间（天数）。8 个节点分别表示某一或某些工序的开始和结束。

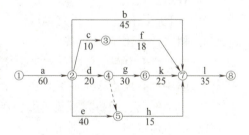

图 6 – 1 – 4　施工网络图

任务实施

解：根据表 6 – 1 – 1 给出的资料，绘制的计划网络图如图 6 – 1 – 5 所示。

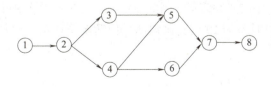

图 6 – 1 – 5　计划网络图

项目六　认识网络计划与网络最优化

任务拓展

已知某工程的工序之间的关系见表6－1－3。

表6－1－3　工序之间关系表

工序	A	B	C	D	E	F	G	H	I
紧前工序	—	A	A	B	C	C	D, E	D, E, F	G, H

试绘制计划网络图。

任务巩固

一、单选题

1. 下列结论错误的是（　　　）。

A. 容量不超过流量　　　　　　　　B. 流量非负

C. 容量非负　　　　　　　　　　　D. 发点流出的合流等于收点流入的合流

2. 一个居民住宅区的道路构成图是（　　　）。

A. 树　　　　B. 不连通图　　　　C. 连通图　　　　D. 有向图

3. 关于图论中图的概念，以下叙述正确的是（　　　）。

A. 图中的有向边表示研究对象，节点表示衔接关系

B. 图中的点表示研究对象，边表示点与点之间的关系

C. 图中任意两点之间必有边

D. 图的边数必定等于点数减1

二、判断题

1. 网络图中只能有一个总开工事项和一个总完工事项。（　　　）

2. 网络图中因虚工序的时间为零，因此在各项时间参数计算中可以将其忽略。（　　　）

3. 若一项工序的总时差为10天，则说明任何情况下该项工序从开始到结束之间总有10天的机动时间。（　　　）

三、思考题

有8种化学药品A、B、C、D、E、F、G、H要放进储藏室。从安全角度考虑，下列

各组药品不能储存在同一室内：A－C，A－F，A－H，B－D，B－F，B－H，C－D，C－G，D－E，D－G，E－G，E－F，F－G，G－H，问至少需要几间储藏室存放这些药品？

 任务评价

学习任务完成情况评价

名称		评分标准或要求	分值	评价方式			得分
				自评	互评	师评	
理论知识评价	1	能简单描述网络图的构成	20				
	2	掌握节点（点）、弧及权分别表示的含义	20				
技能操作评价	3	能够根据相应的步骤绘制网络图	20				
职业素养评价	4	积极参与课堂互动	20				
	5	勇于表达自己的观点，语言表达流畅	20				
总分值			100	总得分			

任务二 掌握网络计划

 学习目标

知识目标	素质目标	技能目标
➤掌握关键路径模型的建立过程 ➤掌握甘特图的用途及优点	➤能够利用 Excel 求解关键路径 ➤能够利用 Excel 绘制甘特图	➤善于抓住问题的主要矛盾和矛盾的主要方面

 任务描述

小李列出了筹备展览会的各项工作，具体见表6-2-1。

表6-2-1 工作程序表

工序（活动）	工作内容	紧前工序	持续时间/天
A	张贴海报、收集作品	—	7
B	购买展览用品	—	3
C	打扫展厅	—	1
D	展厅装饰	C	3
E	展位设计与布置	A，B，D	3
F	展品布置	E	2
G	宣传语与环境布置	A，B，D	2
H	展前检查	F，G	1

（1）请根据表格分析各项工作的先后关系，画出流程图；

（2）列出从开始节点到终点节点的所有路径，指出哪条是关键路径，确定完成该工程的最短总工期。同学们可以试试用 Excel 求解。

 任务资讯

用网络分析方法编制的计划称为网络计划，网络计划方法又称统筹方法。20 世纪50 年代，人们探索如何制定一项新的生产组织和管理的科学方法，关键路线法用网络图反映某项工程（任务）各道工序所需时间以及它们之间的衔接关系，通过计算各工序有关的时间参数和完成工程（任务）所需的最少时间，从而确定关键工序和关键路线，并通过缩短关键路径来进行网络计划的优化。甘特图（Gantt Chart）又叫横道图、条状图（Bar Chart），它是以图示的方式通过活动列表和时间刻度形象地表示出任何特定项目的活动顺序与持续时间。

一、关键路径法

（一）关键路线模型

绘制工程计划网络图后，接着就是算出完成该项工程所需的最短时间，确定网络图的关键路线，为此，必须尽量准确地估算出工程各道工序的工序时间，确定工程从开始到结束总的可利用时间，这样才能使工程管理者心中有数，抓住工程进程中的主要矛盾，在有限的资源情况下统筹安排好时间、劳力、资金等，以保证工程按期完工或提前完工。

关键活动是完成项目过程中的"瓶颈"，它是指这样一类活动：若一项活动的持续时间增加将使整个项目的完成时间增加，则称该活动为关键活动。从起点至终点的由关键活动组成的路径称为关键路线，确定关键活动与关键路线对于采取有效措施以缩短工期是十分有意义的。判断一项活动是否为关键活动的常用方法有以下两种。

第一种方法是比较各活动的最大允许持续时间与完成活动所需的时间，若某活动的最大允许持续时间等于完成该活动所需时间，则该活动为关键活动；若某活动的最大允许持续时间大于完成该活动所需时间，则该活动不是关键活动。

第二种方法是影子价格法，利用"规划求解"功能可得到敏感性报告，其中影子价格为 1 的活动均为关键活动，非关键活动的影子价格为零。这是因为当某项活动的实际持续时间约束的影子价格为零时，增加该活动的实际持续时间不会影响完成项目的总时间（目标函数），所以这些活动不是关键活动；而当某项活动的实际持续时间约束的影子价格为 1 时，增加该活动的实际持续时间将会增加完成项目的总时间，所以这些活动是关键活动。不过采用该方法只能判断出一条关键路线，而实际上可以有多条关键路线。

一项工程的网络图中，关键路线可以不唯一，关键路线的确定对于工程管理具有非常重要的意义，它是编制网络计划的中心，对各关键工序优先安排人力、物力，挖掘潜力，采取有效措施，压缩所需工序时间；而对非关键工序，只要在不影响工程完工的前提下，可适当延长完成时间，抽出部分人力、物力，支援关键工序，以达到缩短工程工期的目的。

关键路线模型可用于包含许多活动的大型、复杂项目的计划。例如估计完成项目的时间（在确定型情况下），或在某规定期间完成该项目的概率（在不确定情况下）。关键路线模型已广泛应用于项目管理、计算机系统安装、新产品设计与上市、造船等。

（二）关键路线模型的 Excel 求解

【例4.2】某冶炼厂购入一台大型设备，其安装工序所需时间如表6－2－2所示。表中用英文字母代表各个工序（或称活动），其中"紧前工序"表示紧排在本工序之前必须完成的工序，例如工序 G 的紧前工序是工序 B 和 D，表示在 G（安装设备）之前，必须先完成工序 B（基础施工）和工序 F（安装起重设备）。该厂要计算完成该安装工程需要的时间，并找出关键路线，以便作出计划安排。

表6－2－2　天力冶炼厂设备安装工序表

工序（活动）	活动内容	紧前工序	持续时间/天
A	挖土	—	6
B	基础施工	A	11
C	设备与料具进场	—	10
D	铺设管线	C	5
E	管线试运行	D	4
F	安装起重设备	C	6
G	安装设备	B，F	8

【解】

（1）作出项目网络图。

根据表6－2－2中列出的各项活动可作出项目网络图，如图6－2－1所示。图中的小圆圈为节点，表示活动的开始或完成，节点①表示项目开始的起始节点，节点⑥表示项目完成的终止节点；弧（这里用箭线表示）表示两个节点间的活动，箭线起点为活动的开始节点，箭头指向活动的完成节点，箭线上的字母表示某个活动的名称，数字表示该活动的持续时间。

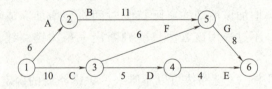

图6－2－1　项目网络图

还有些问题用线性规划数学模型无法描述，但可以通过设置逻辑变量建立起整数规划的数学模型。

（2）在 Excel 上建立关键路线模型。

①输入已知条件。

首先输入各项活动及其所需时间。为描述各项活动的逻辑关系，令对任一节点，箭头进入（活动完成）为 +1，箭头流出（活动开始）为 －1，则可作出对应于每一节点活动开始或完成的"活动—节点矩阵"，如图6－2－2中单元格 B10：G16 内的数字所示。

其中，用“-1”表示某工序的起始节点，“1”表示某工序的终止节点。

	A	B	C	D	E	F	G	H	I	J	K
1	天力冶炼厂设备安装的关键线路问题										
2											
3	各节点开工时刻：										
4	节点	1	2	3	4	5	6			工期	
5	最早开工日期	0	6	11	21	17	25			25	
6											
7	活动-节点矩阵：										
8		节点									
9	工序	1	2	3	4	5	6	各工序实际持		完成工序所需	
10	A	-1	1	0	0	0	0	6	>=	6	
11	B	0	-1	0	0	1	0	11	>=	11	
12	C	-1	0	1	0	0	0	11	>=	11	
13	D	0	0	-1	1	0	0	10	>=	10	
14	E	0	0	0	-1	0	1	4	>=	4	
15	F	0	0	-1	0	1	0	6	>=	6	
16	G	0	0	0	0	-1	1	8	>=	8	

图 6-2-2　关键路线模型（CPN）图

②确定决策变量。

令项目的起始时刻为零，决策变量是各节点活动的发生时刻。本题中的决策变量是各节点的开工时刻。用单元格 B5：G5 分别表示节点①至节点⑥的开工时刻。

③描述目标函数。

模型的目标函数是项目完成时间最短。由于项目完成时刻就是最后一项活动的完成时刻（也就是最后一个节点的活动开始时刻），所以目标函数也可以表示为最后一项活动的完成时刻最早，或最后一个节点活动的开始时刻最早。

本问题中的目标函数是工期最短。工期就是完成项目所需的时间。用单元格 J5 表示工期，它等于最后一个工序的完成时刻，或者最后一个节点活动的开始时刻。在单元格 J5 中输入下述公式：=G5。

④描述约束条件。

根据题意，有 2 个约束条件。

第一个约束条件是各工序的实际持续时间应不小于完成各工序所需要的时间。其中，各工序的实际持续时间等于该工序完成时刻与开始时刻之差：

某活动结束时刻 - 某活动开始时刻 = 某活动实际持续时间

用单元格 H10 表示工序 A 的实际持续时间，可用下式计算：

=sumproduct(B10:G10, $B$5:$G$5)

由于工序 A 从节点①出发到节点②完成，所以 B10 = -1，C10 = 1，D10 = E10 = F10 = 0，于是有：

sumproduct(B10:G10, $B$5:$G$5)

上式等于节点②处工序 A 的完成时刻与节点①处工序 A 的开始时刻之差，所以它就是工序 A 的实际持续时间。将上述公式复制到单元格 H11：H16，得到其他工序的实际持续时间。各工序的实际持续时间（用单元格 H10：H16 表示）应不小于完成工序所需的时间（用单元格 J10：J16 表示）。

第二个约束条件是非负约束。

⑤用 Excel 中的规划求解功能求解。

在规划求解参数框中输入目标单元格（目标函数地址）、可变单元格（决策变量地址）和两个约束条件，然后在"规划求解参数"对框中选择"采用线性模型"和"假定非负"，最后求解得到本问题的最优解。"规划求解参数"对话框如图 6 - 2 - 3 所示。

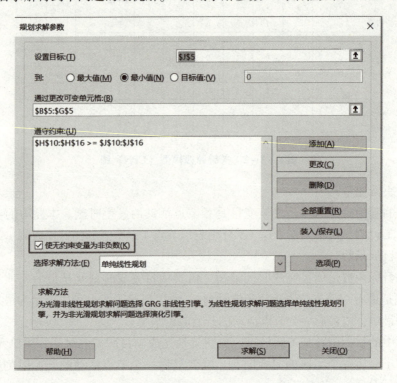

图 6 - 2 - 3　关键路线模型的"规划求解参数"对话框

由图 6 - 2 - 2 可知，本项目的最短工期为 25 天，各工序的开工日期（天）如图 6 - 2 - 4 中括弧内的数字所示，工序 A 和 C 的开工日期为 0，工序 B 的开工日期为第 6 天，工序 D

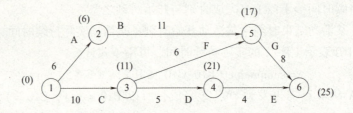

图 6 - 2 - 4　各工序的开工日期

与 F 的开工日期为第 11 天，工序 E 的开工日期为第 21 天，工序 G 的开工日期为第 17 天，总工序期为 25 天。

（3）确定关键活动与关键路线。

①比较各活动可获得的最大允许持续时间与完成活动所需时间。由图 6-2-3 可见，活动 A 的最大允许持续时间等于节点②处的活动开始时刻与节点①处的活动开始时刻之差，即 9-0=6（天），而完成活动 A 所需的时间也是 6 天，这说明活动 A 完成时间的延迟将导致总工期延迟，因此活动 A 为关键活动。活动 C 和 F 的最大允许持续时间之和应等于节点⑤处的活动开始时刻与节点①处的活动开始时刻之差，即 16-0=17（天），而完成活动 C 和 F 所需的时间为 10+6=16（天），所以活动 C 和 F 不是关键活动。同理可知活动 D 和 E 也不是关键活动，而活动 G 则为关键活动。这里因为从节点①至节点⑤的允许时间（17 天）与完成该两个活动所需的时间（16 天）相比，有 1 天的余量，这 1 天的机动时间可以在该两个活动中进行分配，使得这两个活动稍微有延迟时不会导致总工期的延迟。同理，活动 D 和 E 也必须同时加以考虑。比较结果是：活动 A、B、G 为关键活动，活动 C、D、E、F 均不是关键活动。

②用影子价格进行判断。用 Excel 中的"规划求解"功能可得到本问题的敏感性的报告，如图 6-2-5 和图 6-2-6 所示。

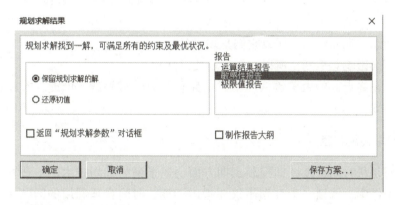

图 6-2-5　查看敏感性报告

可变单元格

单元格	名称	终值	递减成本	目标式系数	允许的增量	允许的减量
$B$5	最早开工日期	0	1	0	1E+30	1
$C$5	最早开工日期	6	0	0	1E+30	1
$D$5	最早开工日期	11	0	0	0	1
$E$5	最早开工日期	21	0	0	0	1
$F$5	最早开工日期	17	0	0	1E+30	1
$G$5	最早开工日期	25	0	1	1E+30	1

图 6-2-6　设备安装 CPM 模型的敏感性报告

约束

单元格	名称	终值	阴影价格	约束限制值	允许的增量	允许的减量
$H$10	A 各工序实际持续时间	6	1	6	1E+30	0
$H$11	B 各工序实际持续时间	11	1	11	1E+30	0
$H$12	C 各工序实际持续时间	11	0	11	0	1E+30
$H$13	D 各工序实际持续时间	10	0	10	0	0
$H$14	E 各工序实际持续时间	4	0	4	0	0
$H$15	F 各工序实际持续时间	6	0	6	0	1E+30
$H$16	G 各工序实际持续时间	8	1	8	0	0

图 6 – 2 – 6　设备安装 CPM 模型的敏感性报告（续）

请同学们扫描右侧二维码，观看"利用 Excel 求解关键路径问题 1"的视频。

从图 6 – 2 – 6 的下半部分可见，工序 A、B、G 的影子价格为 1，这些工序的延迟将导致总目标即总工期的延迟，所以它们是关键活动；工序 C、D、E、F 的影子价格为零，它们的延迟不会影响总工期，所以它们不是关键活动。

从起点①至终点⑥的由关键活动组成的路径就是关键路线，因此，本项目的关键路线是①→②→⑤→⑥。

（三）缩短关键路径

前面主要是从时间进度，即控制工期方面论述了网络计划技术的一些基本原理。但是，在实际工作中，编制一个计划不仅要考虑工期、时间合理利用的问题，还要考虑资源合理利用和低成本费用问题。时间、资源和成本是相互联系、互为条件的，有时又是矛盾的，网络计划追求的目的是要编制一个时间短、进度快、资源耗费少、成本低的计划方案。网络计划优化的基本方法是利用时差，不断改善网络计划的最初方案，使之获得最佳工期、最低成本和对资源的最合理利用。逐次优化，时差便逐次减少，直至大部分或全部消失，求得最优方案。网络计划的优化主要有两个方面的内容：一是工期—资源优化；二是时间—成本优化。

（1）工期—资源的优化。

工期—资源的优化就是在一定的工期条件下，通过平衡资源，求得工期与资源的最佳结合。

在编制网络计划安排工程进度的同时，就要考虑尽量合理地利用现有资源，并缩短工程周期。但是，由于一项工程所包含的工序繁多，涉及的资源利用情况比较复杂，故往往不可能在编制网络计划时，一次把进度和资源利用都做出统筹合理的安排，常常是需要进行几次综合平衡之后才能得到在时间进度及资源利用方面都比较合理的计划方案。具体的要求和做法如下：

①优先安排关键工序所需要的资源。

②利用非关键工序的总时差，在不影响总工期的前提下推迟其开工时间，尽量均衡资源的调配，使其不超过日均可供的限量。

在确实受到资源限制，或者在考虑综合经济效益的条件下也可以适当地推迟工程的完工时间。

（2）时间—费用优化。

在编制网络计划的过程中，研究如何使得工程完工的时间短、费用少；或者在保证既定工程完工时间的条件下，所需要的费用最少；或者在限制费用的条件下，工程完工时间最短，这些就是时间—费用优化所要研究和解决的问题。

由于工期的长短取决于关键路线的长度，所以可以通过缩短关键活动的完成时间来缩短工期。设某项目由若干工序组成，当前完成某工序 (i, j) 所需的时间为 $w(i, j)$ 时，总工期为 T0（天）。假定赶工后，完成某工序 (i, j)，赶工成本为 $c(i, j)$，总工期为 T1（天）。问如何赶工（即在哪些工序上赶工，以及各赶工工序的施工时间各为多少），才能使所增加的赶工成本最小。这个问题称为赶工问题。赶工问题在生产计划和工程问题中具有重要的实际意义。下面通过赶工成本的例子来说明。

【例 4.3】若在上例的设备安装问题中，厂方希望通过赶工将安装工期缩短为 22 天。图 6-2-5 和图 6-2-6 所示分别为赶工前和赶工后的网络图。其中图 6-2-7 中各箭线上方的数字为当前完成某工序 (i, j) 所需的时间 $w(i, j)$，图 6-6-8 中各箭线上方的数字为赶工后完成某工序 (i, j) 所需的时间 $b(i, j)$，表 6-2-3 所示为各工序赶工前、后的完成时间及赶工成本 $c(i, j)$。问如何赶工可使赶工总成本最小。

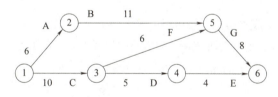

图 6-2-7　赶工前完成各工序的最短需要时间

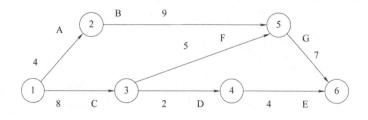

图 6-2-8　赶工后完成各工序所需时间

表6－2－3　赶工成本表

工序	完成工序时间/天		赶工成本/（元·天⁻¹）
	赶工前	赶工后	
A（节点①－②）	6	4	30
B（节点②－③）	11	9	40
C（节点①－③）	10	8	90
D（节点③－④）	5	2	200
E（节点④－⑥）	4	4	10 000（用一个很大的数表示无法缩短该工程）
F（节点③－⑤）	6	5	100
G（节点⑥－⑥）	8	7	160

【解】　总成本最小的赶工方案模型的 Excel 如表 6－2－3 所示。其步骤如下：

①计算赶工后可能达到的最短工期。

将赶工后完成各工序所需时间输入上例中的最短工期模型，计算得其最短工期为 20 天，所以要达到 22 天的工期是可行的。

②输入已知条件。

在 Excel 中输入已知条件，包括赶工前、后完成各工序所需的时间和赶工成本。

③确定决策变量。

本题中决策变量有两部分：第一部分是各节点的开工时刻，用单元格 B14：G14 表示；第二部分是各工序为赶工而需缩短的实间（即实际缩短时间），用单元格 E4：E10 表示。

④描述目标函数。

本问题的目标是赶工成本最小。设该目标函数用单元格 B27 表示，它等于各工序赶工成本（各工序赶工成本等于每缩短一天所花费的成本乘以实际缩短时间）之和，公式如下：

$$= \text{sumproduct}（B4：B10，E4：E10）$$

⑤描述约束条件。

根据题意，有 4 个约束条件（见图 6－2－9）：第一个约束条件是各工序的实际缩短时间不得超过最大缩短时间，其中，最大缩短时间等于赶工前、后完成各工序所需时间之差；第二个约束条件是赶工后的实际工期应不大于要求的工期，其中，赶工的实际工

图6－2－9　约束条件

期应等于最后一个工序的完成时刻，即最后一个节点的开始时刻；第三个约束条件是赶工后各工序的实际时间应不小于完成各工序所需要的时间（其中，赶工后各工序的实际时间应等于其终止节点时刻与起始节点时刻之差）；第四个约束条件是非负约束。

⑥用 Excel 中的规划求解功能求解，如图 6 - 2 - 10 所示。

图 6 - 2 - 10　总成本最小的赶工方案模型

请同学们扫描右侧二维码，观看"利用 Excel 求解关键路径问题 2"的视频。

模型运行结果如图 6 - 2 - 8 所示。结果表明，当各工序的开工日期与缩短时间如表 6 - 2 - 4 所示时，在满足工期不超过 22 天的要求下，赶工成本最小为 280 元，工期为22 天。

表 6 - 2 - 4　赶工后各工序开工日期与缩短日期

工序	开工日期	缩短时间/天
A（节点①-②）	0	2
B（节点②-③）	4	1
C（节点①-③）	0	2
D（节点③-④）	8	0
E（节点④-⑥）	18	0
F（节点③-⑤）	8	0
G（节点⑥-⑥）	14	0

赶工后的项目网络图如图6－2－11所示，其中节点上方括号内的数字表示赶工后各工序的开工日期。

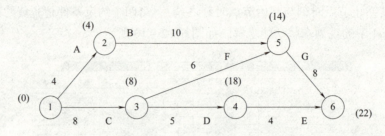

图6－2－11　赶工后的开工日期

二、甘特图

（一）甘特图介绍

亨利·甘特在第一次世界大战期间，为了在工作车间进行进度计划，首创了甘特图。在甘特图中，可以依据项目进度计划的详细程度，以年、月、周、天或小时来作为度量项目进度的时间单位。

下面我们看一个简单的甘特图示例，以表6－2－5所示的某项目活动关系为例，绘制出该项目活动的甘特图示例，如图6－2－12所示。

表6－2－5　某项目活动关系表

活动名称	活动开始日期	工期	活动结束日期
活动 A	5 月 5 日	23	5 月 28 日
活动 B	5 月 5 日	92	8 月 5 日
活动 C	5 月 28 日	140	10 月 15 日
活动 D	6 月 17 日	66	8 月 22 日

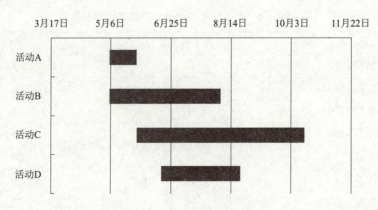

图6－2－12　某项目的甘特图

甘特图可以明显地表示出各活动所持续的时间，横道线显示了每项活动的开始时间和结束时间，横道线的长短代表了活动持续时间的长短。

甘特图最大的优点在于简单、明了、直观，易于编制，它为显示项目计划进度与实际进度信息提供了一种标准格式。但是，甘特图的缺点在于它通常不能系统地反映各项目活动之间的逻辑关系或依赖关系，难以进行定量的分析和计算。因此，甘特图一般适用于比较简单的小型项目。

如今，大多数项目经理或项目管理人员都选择专业的项目管理软件（如 Project 软件）来创建更复杂的甘特图，并在原来甘特图的基础上发展出了列表甘特图、跟踪甘特图等形式，以反映各项目活动间的逻辑关系或依赖关系。

（二）企业生产计划及甘特图

甘特图可以广泛用在企业生产计划上，用以跟踪计划的执行情况，下面以某一汽车零部件（鼓式制动器）的作业计划为例，用 Excel 表绘制其跟踪甘特图，如图 6 – 2 – 13 所示。

	A	B	C	D
1	活动名称	活动开始日期	活动结束日期	工期
2	铸造	2022/1/5	2022/1/10	5
3	冲压	2022/1/5	2022/1/8	3
4	数控加工	2022/1/11	2022/1/18	7
5	表面处理	2022/1/9	2022/1/12	3
6	小组件装配	2022/1/19	2022/1/20	1
7	总装配	2022/1/21	2022/1/24	3
8	今天	2022/1/17		

图 6 – 2 – 13　鼓式制动器的生产计划表

图 6 – 2 – 13 所示为六项活动的开始日期、结束日期和工期，其中：工期 = 活动结束日期 – 活动开始日期。

B8 单元格为跟踪当日的日期，如果目前该生产计划正在进行中，则可在 B8 单元格中输入当前日期，即公式：

$$= TODAY（）$$

这样，以后每天打开该工作簿，即可显示当天的进度。

下面介绍利用 Excel 绘制甘特图的步骤：

（1）添加辅助列。

在 D 列的右边分别插入两列：已逝去天数、剩余天数。在已逝去天数 E2 列输入公式
$$= IF（\$B\$9 – B2 > D2, D2, MIN（D2, MAX（\$B\$9 – B2, 0）））$$
向下填充公式至 E7 单元格，由此可获取已逝去的天数。剩余天数 = 工期 – 已逝去天数。如图 6 – 2 – 14 所示。

	A	B	C	D	E	F
1	活动名称	活动开始日期	活动结束日期	工期	已逝去天数	剩余天数
2	铸造	2022/1/5	2022/1/10	5	5	0
3	冲压	2022/1/5	2022/1/8	3	3	0
4	数控加工	2022/1/11	2022/1/18	7	6	1
5	表面处理	2022/1/9	2022/1/12	3	3	0
6	小组件装配	2022/1/19	2022/1/20	1	0	1
7	总装配	2022/1/21	2022/1/24	3	0	3
8	今天	2022/1/17				

E2 =IF($B$8-B2>D2,D2,MIN(D2,MAX($B$8-B2,0)))

图 6 – 2 – 14　Excel 参数输入图

（2）将时间栏的数字格式改为常规。

下面需要将时间栏的数据格式改为"常规"。具体方法：选择时间列数据，选择数字，单击"常规"即可，结果变为五位数字，具体如图 6 – 2 – 15 所示。

	A	B	C	D	E	F
1	活动名称	活动开始日期	活动结束日期	工期	已逝去天数	剩余天数
2	铸造	44566	44571	5	5	0
3	冲压	44566	44569	3	3	0
4	数控加工	44572	44579	7	6	1
5	表面处理	44570	44573	3	3	0
6	小组件装配	44580	44581	1	0	1
7	总装配	44582	44585	3	0	3
8	今天	2022/1/17				

图 6 – 2 – 15　修改数字栏格式

（3）插入条形堆积图。

先选择图 6 – 2 – 15 框选部分以及每列名称（按"Ctrl"键选择即可），然后选择状态栏中"插入" — "图表" — "所有图标" — "堆积条形图"选项即可，结果如图 6 – 2 – 16 显示。

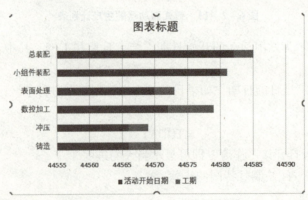

图 6 – 2 – 16　插入堆积条形图

（4）设置图表中相关元素的格式。

调整 X 轴，右键单击 X 轴的时间数据，单击"设置坐标轴格式"，Excel 右侧出现"设置坐标轴格式"区域，将"坐标轴选项"中的最小值和最大值调整为表中的最小值和最大值，变为以 X 轴原点开始。

本例中所有日期改为常规模式后（包括活动开始日期和活动结束日期），其中最小的数字为 44566，最大的数字为 44585，所以只需在其中填入最小值和最大值即可，如图 6 - 2 - 17 所示。

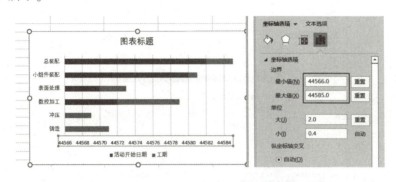

图 6 - 2 - 17　相关元素格式设置

纵坐标轴中各项目名称的排列顺序与数据区域中的相反，与习惯不符，可通过下面的方法来改变该顺序。选择 Y 轴，设置坐标轴格式：在"坐标轴选项"中勾选"逆序类别"，如图 6 - 2 - 18 所示。

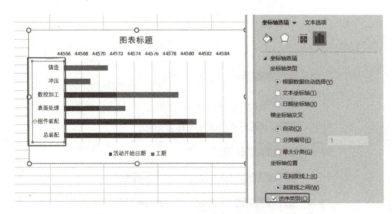

图 6 - 2 - 18　设置坐标轴格式

（5）返回日期相应的格式。

删掉图标标题和图例，选择"数字"选项，将日期格式设置为仅显示月日的数字格式，如图 6 - 2 - 19 所示。

图 6 – 2 – 19 日期格式设置

关闭对话框，此时的图表如图 6 – 2 – 20 所示。

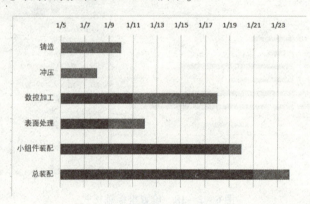

图 6 – 2 – 20 条形图

（6）去掉图中前半部分。

下面将前半条块选中（单击），然后右键选择"设置数据序列格式"，右侧弹出设置栏，单击第一个图标，选择"填充"—"无填充"，如图 6 – 2 – 21 所示。

（7）在图表中添加竖线表示当前日期。

方法是在坐标轴中添加当前日期系列，将图表类型改为带直线的散点图，并添加误差线。具体步骤如下：

①选中整个图表并单击右键，单击"选择数据"，再单击"添加"添加系列名称，选中"今天"并添加，然后单击"确定"按钮，紧接着继续单击"确定"按钮，如图 6 – 2 – 22 所示。

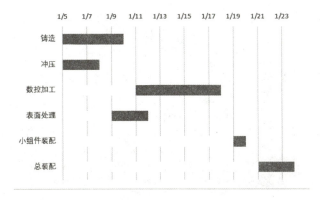

图 6 - 2 - 21　甘特图

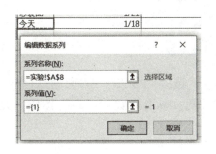

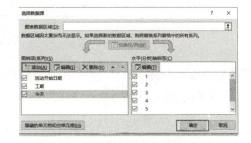

图 6 - 2 - 22　添加当前日期

②单击图表，选择"图表工具"—"格式"，图表元素选择"系列"今天""，如图 6 - 2 - 23 所示。

图 6 - 2 - 23　图表工具—布局设置

接下来单击"图表设计"—"更改图表类型"，将"今天"改成带直线的散点图，如图 6 - 2 - 24 所示。

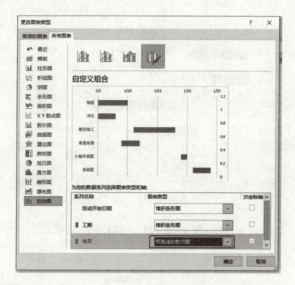

图6-2-24　设置次坐标轴

③接着单击整个图表，右键单击"选择数据"，选择"今天"系列，然后单击"编辑"，其中 X 轴系列值选择表中"今天"对应的日期，单击两次"确定"按钮，关闭对话框，如图6-2-25所示。

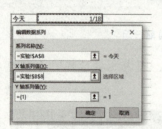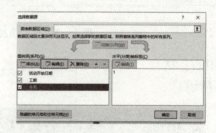

图6-2-35　X 轴系列值的添加

④单击图表，选择"图表工具"—"格式"，图表元素选择"系列"今天""，接下来单击"图表设计"—"添加图表元素"—"误差线"—"其他误差线选项"，如图6-2-26所示。

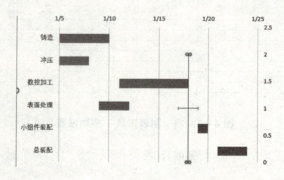

图6-2-26　插入误差线

⑤单击今日线，在右侧设置今日线的格式，选择"无线端"，颜色选择"红色"、宽度选择"2.25磅"，单击图中右侧的纵轴，将纵轴的最大值设为"2"，如图6-2-27所示。

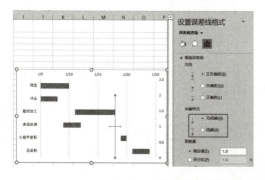 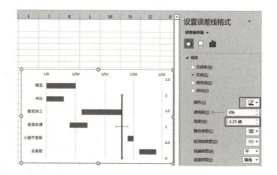

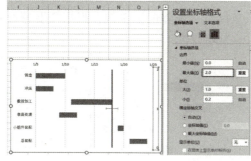

图6-2-27 设置次要横坐标轴格式

⑥进一步优化今日线，单击今日线上的数据点，右键单击"添加数据标签"生成数据标签，然后选中数据标签并右击"添加数据备注"，然后单击今日线生成的标签，在标签选项中选择"系列名称"和"X值"，如图6-2-28所示。

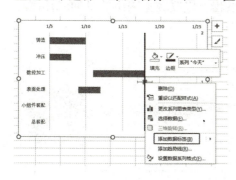 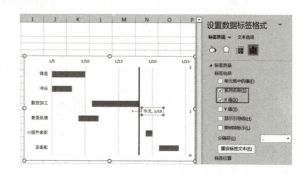

图6-2-28 添加标签

⑦进一步美化今日线，单击今日线上的数据点，设置标记的相关内容，如图6-2-29所示。

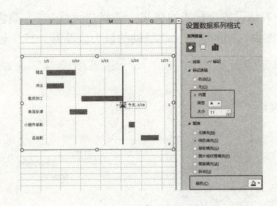

图 6 - 2 - 29　美化今日线

删除图表中的次要纵坐标轴、横着的误差线，根据需要修改各系列的填充色对图表进行美化即可，如图 6 - 2 - 30 所示。

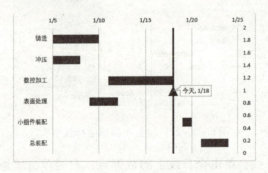

图 6 - 2 - 30　美化后的甘特图

上述是一个简单的生产计划跟踪甘特图的绘制过程。修改数据表中的日期，甘特图会随之改变。

下面介绍 Excel 绘制甘特图的步骤。

　　　请同学们扫描右侧二维码，观看"利用 Excel 求解关键路径问题 1"的视频。

【解】首先根据工作程序表制作出流程图，然后根据流程图找出关键路径，并确定最短工期。

步骤一：作出项目网络图

根据表 6 – 2 – 1 中列出的各项活动可作出项目网络图，如图 6 – 2 – 31 所示。图中的小圆圈为节点，表示活动的开始或完成，节点①表示项目开始的起始节点，节点⑥表示项目完成的终止节点；弧（这里用箭线表示）表示两个节点间的活动，箭线起点为活动的开始节点，箭头指向活动的完成节点，箭线上的字母表示某个活动的名称，数字表示该活动的持续时间。

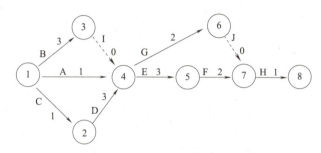

图 6 – 2 – 31　工序流程图

步骤二：建立关键路径模型

在 Excel 上建立关键路线模型，通过规划求解之后，具体如图 6 – 2 – 32 所示。

						最短工期的关键线路问题						
各节点开工时刻：												
节点	1	2	3	4	5	6	7	8			最短工期	
最早开工日期	0	4	3	7	0	9	9	10			10	
活动-节点矩阵：												
				节点								
工序	1	2	3	4	5	6	7	8	各工序实际持续时间		完成工序所需时间	
A	-1	0	0	1	0	0	0	0	7	>=	7	
B	-1	0	1	0	1	0	0	0	3	>=	3	
C	-1	1	0	0	0	0	0	0	4	>=	1	
D	0	-1	0	1	0	0	0	0	3	>=	3	
E	0	0	0	-1	1	0	0	0	7	>=	3	
F	0	0	0	0	-1	0	1	0	9	>=	2	
G	0	0	0	-1	0	1	0	0	1	>=	2	
H	0	0	0	0	0	0	-1	1	1	>=	1	
I	0	0	-1	1	0	0	0	0	4	>=	0	
J	0	0	0	0	0	-1	1	0	0	>=	0	

图 6 – 2 – 32　关键路线模型图

由图 6 – 2 – 32 可知，本次展览会的工作最短工期为 10 天，各工序的开工日期（天）如图 6 – 2 – 33 中括弧内的数字所示。

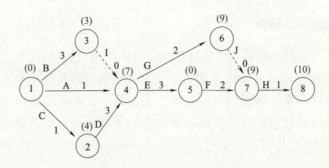

图 6-2-33　各工序开工日期

步骤三：确定关键路径

用影子价格进行判断。用 Excel 中的"规划求解"功能可得到本问题的敏感性报告，如图 6-2-34 所示。

从图 6-2-34 中可以得到，影子价格为 1 的工序有 A、G、H、J，这些工序的延迟将导致总目标即总工期的延迟，所以它们是关键路线；工序 B、C、D、E、F、I 的影子价格为 0，它们的延迟不会影响总工期，所以它们不是关键路线。

从起点①至终点⑧由关键活动组成的路径就是关键路线，因此，本项目的关键路线是：①→④→⑥→⑦→⑧。

可变单元格

单元格	名称	终值	递减成本	目标式系数	允许的增量	允许的减量
$B$5	最早开工日期	0	1	0	1E+30	1
$C$5	最早开工日期	4	0	0	0	1
$D$5	最早开工日期	3	0	0	0	0
$E$5	最早开工日期	7	0	0	1E+30	1
$F$5	最早开工日期	0	0	0	1E+30	0
$G$5	最早开工日期	9	0	0	1E+30	1
$H$5	最早开工日期	9	0	0	1E+30	1
$I$5	最早开工日期	10	0	1	1E+30	1

约束

单元格	名称	终值	阴影价格	约束限制值	允许的增量	允许的减量
$J$10	A 各工序实际持续时间	7	1	7	1E+30	3
$J$11	B 各工序实际持续时间	3	0	3	4	3
$J$12	C 各工序实际持续时间	4	0	1	3	1E+30
$J$13	D 各工序实际持续时间	3	0	3	3	1E+30
$J$14	E 各工序实际持续时间	7	0	3	4	1E+30
$J$15	F 各工序实际持续时间	9	0	2	7	1E+30
$J$16	G 各工序实际持续时间	2	1	2	1E+30	7
$J$17	H 各工序实际持续时间	1	1	1	1E+30	10
$J$18	I 各工序实际持续时间	4	0	0	4	1E+30
$J$19	J 各工序实际持续时间	0	1	0	1E+30	7

图 6-2-34　敏感性报告

 请同学们扫描右侧二维码，观看"利用 Excel 求解网络计划问题－任务实施"的视频。

 任务拓展

某车间需要用一台车床和一台铣床加工 A、B、C、D 四个零件，每个零件都需要先用车床加工，再用铣床加工。车床、铣床加工每个零件所需的工时见表 6－2－6。

表 6－2－6　工序时间参数　　　　　　　　　天

项目	A	B	B	C
车床	7	5	2	4
铣床	3	2	4	8

零件加工时，以不同的 A、B、C、D 零件加工顺序进行加工时完成全部加工任务所需的时间是不同的，因此，合理安排加工顺序可以缩短总工时。

要求：(1) 用网络图法计算最短总工时，设计最短加工工时方案。

(2) 设计车床和铣床零件加工任务甘特图。

 任务巩固

一、单选题

1. 网络图关键线路的长度（　　）工程完工期。

A. 大于　　　　　　B. 小于　　　　　　C. 等于　　　　　　D. 不一定等于

2. 在网络计划技术中，进行时间与成本优化时，一般来说，随着施工周期的缩短，直接费用是（　　）。

A. 降低的　　　　B. 不增不减的　　　　C. 增加的　　　　D. 难以估计的

3. 工序 A 是工序 B 的紧后工序，则下列结论错误的是（　　）。

A. 工序 B 完工后工序 A 才能开工　　　B. 工序 A 完工后工序 B 才能开工

C. 工序 B 是工序 A 的紧前工序　　　　D. 工序 A 是工序 B 的后续工序

二、判断题

1. 网络图中关键路线的延续时间相当于求图中从总开工事项到总完工事项的最短路线。（　　）

2. 网络图中从一个事件出发如果存在多项作业，则其中用时最长的一项作业必包含在该网络图的关键路线内。（　　）

3. 一个网络图只存在唯一的一条关键路线。（　　）

4. 网络图中关键路线上的所有工作，其总时差和自由时差均为零。（　　）

5. 为了在最短时间内完成项目，其关键路线上工作的开始或结束时间不允许有任何的延迟。（　　）

三、计算题

已知某项工程的资料见表 6 – 2 – 7，请绘制网络图，确定该工程的关键路线。

表 6 – 2 – 7　某工程资料　　　　　　　　　　　　　　　　　　天

工作	紧前工作	持续时间
A	—	5
B	A	9
C	A	14
D	B	8
E	C, D	6
F	—	12
G	E, F	4

 任务评价

学习任务完成情况评价

名称		评分标准或要求	分值	评价方式			得分
				自评	互评	师评	
理论知识评价	1	熟练掌握关键路径模型的建立过程	15				
	2	掌握甘特图的用途及优点	20				
技能操作评价	3	能够利用 Excel 求解关键路径	25				
	4	能够运用 Excel 绘制甘特图	20				
职业素养评价	5	积极参与课堂互动	10				
	6	勇于表达自己的观点，语言表达流畅	10				
总分值			100	总得分			

任务三 掌握网络最优化

学习目标

知识目标	素质目标	技能目标
➤理解网络最大流问题 ➤理解最小费用流问题 ➤理解最短路径问题	➤能够利用 Excel 求解网络最大流问题 ➤能够利用 Excel 求解最小费用流问题 ➤能够利用 Excel 求解最短路径问题	➤培养艰苦奋斗的精神，养成业精于勤的习惯

 任务描述

如图 6 – 3 –1 所示，王老师今天中午从学校 A 出发到家里 G，现在他打算在途中去一些同学家进行家访，学校以及各同学家的距离和线路已在图 6 –3 –1 中标出。

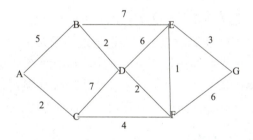

图 6 – 3 – 1   学校及各同学家道路的距离

请帮王老师规划一下，在不影响回家的前提下，能够使得王老师在最短距离的情况下家访其他同学家，并将路线描述出来。

 任务资讯

物流中许多优化问题都可以用网络图进行描述。例如，在物流系统中将货物从某些起点运输到某些终点时，合理的运输线和中转站的选择以及合理仓储地点的确定等均涉及网络问题。此外，网络模型可处理一般线性规划算法难以处理的大规模、多变量优化问题。

一、网络最大流问题

在实际问题中常常会遇到这样一类网络问题，即由于网络的边的容量是一定的，故限制了通过这些边的运输量，这时往往需要知道从网络的起始节点（又称源点）至终止节点（又称收点或汇点）最多可以通过多少流量，这类问题称作"最大流问题"。这里，网络的边（弧）的容量是指该边可通过的最大流量，本部分用下例说明最大流问题的建模与求解。

（一）网络最大流概述

如何制定一个运输计划，使生产地到销售地的产品输送量最大。这就是一个典型的网络最大流问题。

（1）网络流：在一定的条件下流过一个网络的某种流在各边上的流量的集合。这里的"一定的条件"是指：网络有一个起始点 v_s 和一个终点 v_t；流过网络的流量都具有一定的方向；每一个弧都赋予了一个容量 $r_{ij} \geq 0$，表示容许通过该弧的最大流量。

（2）可行流：满足以下条件的一组流量称为可行流。

容量限制条件，即容量网络上所有的弧满足：

$$0 \leq x_{ij} \leq r_{ij}$$

中间点平衡条件，即：

$$\sum f(v_i, v_j) - \sum f(v_j, v_i) = 0 (i \neq s, t)$$

（3）最大流：网络中从发点到收点之间允许通过的最大流量。

所以，网络最大流问题即指在满足容量限制条件和中间点平衡条件下，使 $v(f)$ 值达到最大。求一个网络的最大流问题，其实就是一个线性规划问题。但由于其具有特殊性，故采用线性规划方法的表上作业法求解十分麻烦，下面介绍 Excel 规划求解法。

（二）网络最大流的 Excel 求解

【例6.4】供水网络问题

某城市有7个供水加压站，分别用节点①、节点②、……、节点⑦表示，如图6-3-2所示。其中节点①为水厂，各泵站间现有的管网用相应节点间的边表示。现规划在节

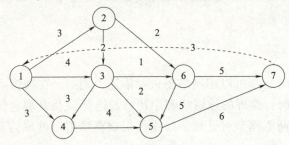

图6-3-2　某城市供水网络可增加的供水能力

点⑦处建一个开发区，经对现有管网调查，各段管网尚可增加的供水能力（万吨、日）如图6-3-2中各边上的数值所示。依照现有管网状况，从水厂（源点①）到开发区（汇点⑦），每日最多可增加多少供水量？

【解】本题要解决的问题是在各管网可增加的供水能力为定值时，该网络可增加的从水厂至开发区的最大供水流量。这是一个网络最大流问题，此时可在图6-3-2所示的网络图中添加一条从节点⑦（汇点）至节点①（源点）的"虚"边（由于实际上并不存在从节点⑦流向节点①的管道，所以称该边为"虚"的）。增加这条边的目的是使网络中各节点的边形成回路，各节点的流出量与流入量的代数和（即净流出量）为零。

本问题可以看作在满足边容量约束条件下的网络流优化问题，目标函数是开发区（节点⑦）的总流入量（或虚拟的总流入量）最大化，此时节点⑦的总流入量（或虚拟的总流出量）就是网络最大流，也就是开发区可能增加的最大供水流量。

本问题的 Excel 表示如图6-3-3所示。

		城市供水问题									
	A	B	C	D	E	F	G	H	I	J	L
3	流量：										
4						至					
5			节点1	节点2	节点3	节点4	节点5	节点6	节点7	总流出量	最大流量
6		节点1	0	2	4	3	0	0	0	9	9
7		节点2	0	0	0	0	0	2	0	2	
8		节点3	0	0	0	0	0	0	4	4	
9	从	节点4	0	0	0	0	4	0	0	4	
10		节点5	0	0	0	0	0	0	6	6	
11		节点6	0	0	0	0	0	0	3	3	
12		节点7	9	0	0	0	0	0	0	9	
13		总流入量	9	2	4	4	6	3	9		
14		总流出量	9	2	4	4	6	3	9		
15		净流出量	0	0	0	0	0	0	0		
16			=	=	=	=	=	=	=		
17		给定的净流出量	0	0	0	0	0	0	0		
19	边的容量：										
20						至					
21			节点1	节点2	节点3	节点4	节点5	节点6	节点7		
22		节点1	0	3	4	3	0	0	0		
23		节点2	0	0	2	0	0	2	0		
24	从	节点3	0	0	0	3	2	1	0		
25		节点4	0	0	0	0	4	0	0		
26		节点5	0	0	0	0	0	0	6		
27		节点6	0	0	0	0	0	5	5		
28		节点7	10	0	0	0	0	0	0		

图6-3-3 城市供水网络最大供水量流量模型

（1）输入部分。

首先输入已知数据。在单元格 C22：I28 中输入各节点间的边的容量增量。例如在单元格 F22 中输入3，表示从节点①至节点④的边可增加的供水能力为3（万吨、日），等等。凡是节点间没有管道相连接的边，令其容量为零。从节点⑦至节点①的边为虚边，可设为它的能力增量等于从源点（节点①）出发的所有边的供水能力增量之和，即3+4+3=10。此时，当网络中总流入量与总流出量达到平衡时，应满足以下条件：各中间节点的流出量等于流入量，即它们的净流出量应等于零；源点的流出量与从汇点经虚边的流入量的代数和应等于零；汇点的流入量与从汇点经虚边的流出量的代数和应等于零。因此，所有节点的净流出量均等于零。在单元格 C17：I17 中输入各节点净流出量应取的值，它们均为零。

（2）决策变量。

本问题的决策变量用 C6：I12 中的单元格表示，它们是从各节点到其他节点的流量，也是供水流量增量在网络中各边上的分配量。例如单元格 D6 表示从节点①流入节点②的流量，也是连接节点①与节点②的边上的流量。

（3）目标函数。

本问题的目标函数是流入节点⑦的总流入量最大（即开发区得到的供水流量增量最大），或者从节点⑦流向节点①的流出量最大。在单元格 L6 中输入目标函数，用下式计算：= C12。

（4）约束条件。

本问题的约束条件有三个：第一个是网络中边的容量约束；第二个是各节点总流入量与总流出量的平衡约束；第三个是决策变量的非负约束。

①容量约束是指各节点间的边上的流量不得超过该边的容量。因此有：单元格 C6：I12 中的数值（边流量）≤单元格 C22：I28 中的数值（边容量）。

②各节点总流入量与总流出量的平衡约束。其计算过程如下：

a. 计算各节点的总流入量。

节点的总流入量等于所有流入该节点的流量之和。用单元格 C13 表示节点①的总流入量，其计算公式如下：

$$= \text{sum}（C6：C12）$$

将上述公式复制到单元格 D13：I13，即得到其他节点的总流入量。

b. 计算该节点的总流出量。

节点的总流出量等于从该节点的所有流出量之和。用单元格 J6 表示节点①的总流出量，其计算公式如下：

$$= \text{sum}（C6：I6）$$

将上述公式复制到单元格 J7：J12，即得到其他节点的总流出量。

c. 计算各节点的净流出量。

为便于计算节点的净流量，需将单元格 J6：J12 的总流出量写入单元格 C14：I14，可在单元格 C14 中重新输入：= J6，然后用同法逐个将单元格 J6：J12 的内容分别写入单元格 D14：I14。也可以使用 transpose（转置）命令完成这个工作。"transpose"是一个将行向量或列向量进行转置的命令，如选择区域 C14：I14，在单元格 C14 中输入：= transpose（J6：J12），按下【Ctrl】+【Shift】+【Enter】键，就将总流出量写入了单元格 C14：I14。

节点的净流出量等于该节点的总流出量与总流入量之差。在单元格 C17：I17 中输入各节点的净流出量。单元格 C15 表示节点①的净流出量，它的计算公式为 = C14 – C13。

将上述公式复制到单元格 D15：I15，即得到其他节点的净流出量。

d. 当网络中总流入量与总流出量达到平衡时，所有节点的净流出量均为零。

（5）用 Excel 中的规划求解功能求出本问题的解。

在"规划求解参数"对话框中输入目标单元格（目标函数地址）、可变单元格（决策变量地址）和两个约束条件，然后选择"采用线性模型"和"假定非负"，最后求解得到本问题的最优解。"规划求解参数"对话框如图 6 – 3 – 4 所示。

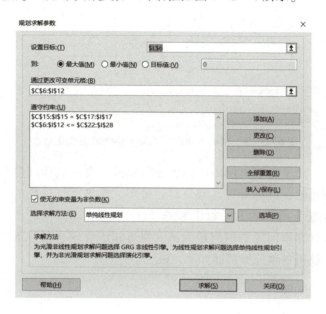

图 6 – 3 – 4　最大流问题"规划求解参数"对话框

　　请同学们扫描右侧二维码，观看"利用 Excel 求解网络最大流问题"的视频。

　　模型运行结果见图 6 – 3 – 3，本问题的最优解见表 6 – 3 – 1。此时，节点⑦的总流入量为 9，达到最大值，即该供水网络最多可供给开发区的供水流量增量为 9（吨/日）。

表 6 – 3 – 1　城市供水问题优化结果

节点	节点① （水厂）	节点②	节点③	节点④	节点⑤	节点⑥	节点⑦ （开发区）
节点①		2	4	3			
节点②						2	
节点③				1	2	1	
节点④					4		
节点⑤							6
节点⑥							3

上述结果可用图 6 – 3 – 5 所示的网络图表示。

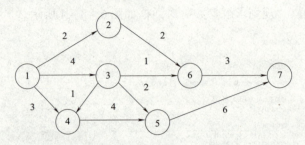

图 6 – 3 – 5   某城市供水网络最大供水流量优化结果

在实际工作中，除了类似上例中的最大流问题外，有些其他问题也可化为最大流问题。例如在任务安排时，可将每日（或每月、每年，等等）可提供的人工数作为供应量（源），将完成各项任务所需的人工数作为需求量（汇），即可构造出一个网络最大流问题。用最大流模型计算该问题的网络最大流，便可知道在现有条件下是否存在一个可行的任务安排方案，使得各项任务都能如期完成。

二、最小费用流问题

（一）最小费用流概述

本项目前面所介绍的指派模型、最大流模型与后面将介绍的最短路模型、关键线路模型都有一个共同的特点，那就是它们都通过网络的边将"货物"（或"任务"）从起点运至终点，并在满足网络的边的容量约束下，寻求使得运输成本最小的方案。这类模型称为"最小费用流模型"。最小费用流模型是网络流问题中最基本的模型。本部分讨论最小费用流模型的一般情况。

假定某公司有三个位于不同地区的工厂，它们生产同一种商品，每月的最大生产能力分别为 S1、S2、S3 单位。这些产品可以先运至不同地点的仓库，再由仓库运送至两家固定用户，也可以由工厂直接运送至用户处。这两家固定用户的月需求量分别为 d1 和 d2 单位。工厂、仓库、用户之间单位流量的运输费用均为已知值。问应如何组织生产与运输，使得在满足用户需求与生产能力约束下的总运输费用最小。

这个问题是一个典型的最小费用流问题，可用图 6 – 3 – 6 所示的网络图加以描述。图 6 – 3 – 6 中，左边的节点（节点①、②、③）是供应节点（源点），分别表示三个工厂，节点左边的变量 S1、S2、S3 分别表示三个工厂的生产能力；中间的节点（节点④和节点⑤）是中转节点，分别表示两个仓库；右边的节点（节点⑥和节点⑦）是需求节点（又称"收点"或"汇点"），分别表示两个用户，节点右边的 d1 和 d2 分别表示用户的需求量。节点间的连线表示运输通道，称为网络的边，边上的数字表示边的容量或成本（可以是时间、费用等）。本例中各条边上注明的符号 C_{ij} 表示从节点 i 至节点 j 的单位流量的费用。

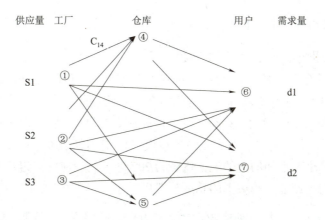

图 6 - 3 - 6　典型的最小费用流网络图

在对上述网络流问题建模时，应考虑以下特点：

（1）网络中各边上的流量为决策变量，它反映从供应节点至需求节点运输流量的分配状况。

（2）对应网络中的每条边均有一个单位流量的运输费用（或利润），它反映沿该边运输一个单位流量的费用或利润。

（3）对应网络中的每条边均有一个相应的最大可通过流量，它是一个非负的量，它反映边的容量约束。

（4）供应节点（源点）、中转节点（中间节点）和需求节点（收点或汇点）的净流出量约束。

节点的净流出量必须满足下列公式：

节点的净流出量 = 节点的总流出量 - 节点的总流入量

若某节点的净流出量为正值，则该节点为供应节点；若某节点的净流出量为负值，则该节点为需求节点；若某节点的净流出量为零，则该节点为中转节点。

最小费用流模型要求对于整个网络而言，其净流出量为零，即网络中供应节点的供应总量应等于需求节点的需求总量，这种情况称为供需平衡。但是，在实际问题中，常常会遇到供应量大于或小于需求量的情况，即供需不平衡的情况，此时可添加一个虚节点来解决这个问题。虚节点是一个实际上并不存在的点，虚节点的净流出量用下式计算：

虚节点的净流出量 = -（所有真实节点的净流出量之和）

当供应量大于需求量时，所有真实节点的净流出量之和为正值，因此虚节点的净流出量为负值，这表示多余的那部分供应量流入了该节点，从而保证了整个网络的供需平衡。流入虚节点的多余供应量就是未使用的那部分供应量。

当供应量小于需求量时，所有真实节点的净流出量之和为负值，因此虚节点的净流出量为正值，这表示未满足的那部分需求量由该虚节点供应，从而保证了整个网络的供应平衡。从虚节点流入真实节点的供应节点的供应量就是未能满足的那部分供求量。

下面介绍最小费用流的建模与 Excel 求解方法。

（二）最小费用流的 Excel 求解

【例6.5】大明盐业公司销售网络问题

大明盐业公司有三个位于不同地区的制盐工厂，它们每月的最大生产能力分别为150、300、80（吨）。这些产品可以先运至两个不同地点的仓库，再由仓库运至两家销售商店（用户）；也可以由工厂直接运送到销售商店。这两家销售商店的月需求量分别为300吨和160吨。工厂、仓库、商店之间单位流量的费用如表6-3-2所示。连接工厂、仓库、商店任意两个节点间的边的最大流量为200吨。问，应如何组织生产和运输，使得在满足用户需求与生产能力约束下的总运输费用最小。

表6-3-2　大明盐业公司生产能力及运输网络单位流量费用表

项目	工厂1	工厂2	工厂3	仓库1	仓库2	用户1	用户2	生产能力/吨
工厂1	—	6	4	3	1	2	4	150
工厂2	10	—	10	1	1	10	9	300
工厂3	10	10	—	1	0.5	10	8	80
仓库1	1	1	0.5	—	1.2	6	1	
仓库2	2	1	0.8	1	—	2	7	
用户1	2	10	1	1	0.7	—	3	
用户2	10	3	6	1	0.3	8	—	
需求量/吨						300	160	

【解】据题意，工厂、仓库与用户形成一个如图6-3-6所示的运输网络。其中，三个工厂的总供应量为150+300+80=530（吨），两个用户的总需求量为300+160=460（吨），可见这是一个供需不平衡问题，而且供应量大于需求量。为了将本问题转化为供需平衡问题，添加一个虚节点（用户3），该虚节点的净流出量为

虚节点的净流出量=所有真实节点的净流出量之和=530-460=70（吨）

此时，该虚节点是需求节点。令从各真实节点流入虚节点所经过的边的单位流量费用为零；从各真实节点流入虚节点所经过的边的容量等于虚节点的净流出量的负值，即（70）=70吨；从虚节点流入各真实节点所经过的边的容量等于零。

在 Excel 中的求解过程如下：

（1）输入部分。

首先输入已知数据。在单元格 C6：J13 中输入网络中各边的单位流量费用，其中从虚节点流入或流出的单位流量费用为零。在单元格 C35：J42 中输入各节点间的边的容量，其中，从任何一个真实节点流入虚节点所经过的边的容量均等于虚节点净流出量的负值，即等于70；从虚节点流入任何一个节点所经过的边的容量均等于零。接着，在单元格 C30：J30 中输入各节点净流出量应取的值，其中，各中间节点（两个仓库）的净流出量应等于零；源点（三个工厂）的净流出量应等于其供应量，它们分别为150、300、80；

汇点（两个用户）的净流出量应等于其总流入量的负值，它们分别为–300和–160；虚节点的净流出量等于–70。

（2）决策变量。

本问题的决策变量用单元格C18：J25中的单元格表示，它们是从各节点到其他节点的流量，也是流量在网络中各条边上的分配量。例如单元格D18表示从节点①流入节点②的流量，也是连接节点①与节点②的边上的流量。

（3）目标函数。

本问题的目标函数是总费用最小。在单元格K15中输入目标函数，它等于各边的单位流量费用与流量的乘积之和，其计算公式如下：

$$= sumproduct（C6：J13，C18：J25）$$

（4）约束条件。

本问题的约束条件有三个，第一个约束是网络中边的容量约束，第二个约束是各节点的总流入量与总流出量的平衡约束，第三个约束是决策变量的非负约束。

①容量约束是指各节点间的边上的流量不得超过该边的容量，所以有单元格C18：J25中的数值（流量）≤单元格C35：J42中的相应数值（容量）。

②各节点总流入量与总流出量的平衡约束。其计算步骤如下：

a. 计算各节点的总流入量。

节点的总流入量等于所有流入该节点的流量之和。用单元格C26表示节点①的总流入量，其计算公式如下：

$$= sum（C18：C25）$$

将上述公式复制到D26：J26，即得到其他节点的总流入量。

b. 计算各节点的总流出量。

节点的总流入量等于该节点的所有流出量之和。用单元格K18表示节点①的总流出量，其计算公式如下：

$$= sum（C18：J18）$$

将上述公式复制到单元格K19：K25，即得到其他节点的总流出量。

c. 计算各节点的净流出量。

为便于计算净流出量，需将单元格K18：K25的总流出量写入单元格C27：J27，可在单元格C27中输入：= K18，然后逐个将单元格K19：K25的内容分别写入单元格C27：J27。可以使用"transpose"（转置）命令完成这个工作。选择区域C27：J27，在单元格C27中输入：= transpose（K18：K25），按下【Ctrl】+【Shift】+【Enter】键，就将总流出量写入了单元格C27：J27。

节点的净流出量等于该节点的总流出量与总流入量之差。用单元格C28表示节点①的净流出量，它的计算公式为= C27：C26。

将上述公式复制到单元格D28：J28，即得到其他节点的净流出量。

d. 单元格C28：J28中各节点的净流出量应等于单元格C30：J30中给定的净流出量。

Excel求解如图6－3－7所示。

大明盐业公司销售网络问题

单位流量费用

从 \ 至	工厂1	工厂2	工厂3	仓库1	仓库2	用户1	用户2	虚节点	
工厂1	0	6	4	3	1	2	4	0	
工厂2	10	0	10	1	1	10	9	0	
工厂3	10	10	0	1	0.5	10	8	0	
仓库1	1	1	0.5	0	1.2	6	1	0	
仓库2	2	1	0.8	1	0	2	7	0	
用户1	2	10	1	1	0.7	0	3	0	
用户2	10	3	6	1	0.3	8	0	0	
虚节点	0	0	0	0	0	0	0	0	
								总费用	1030

流量

从 \ 至	工厂1	工厂2	工厂3	仓库1	仓库2	用户1	用户2	虚节点	总流出量
工厂1	0	0	0	0	0	150	0	0	150
工厂2	0	0	0	160	70	0	0	70	300
工厂3	0	0	0	0	80	0	0	0	80
仓库1	0	0	0	0	0	0	160	0	160
仓库2	0	0	0	0	0	150	0	0	150
用户1	0	0	0	0	0	0	0	0	0
用户2	0	0	0	0	0	0	0	0	0
虚节点	0	0	0	0	0	0	0	0	0
总流入量	0	0	0	160	150	300	160	70	
总流出量	150	300	80	160	150	0	0	0	
净流出量	150	300	80	0	0	-300	-160	-70	
	=	=	=	=	=	=	=	=	
给定净流出量	150	300	80	0	0	-300	-160	-70	

边的容量

从 \ 至	工厂1	工厂2	工厂3	仓库1	仓库2	用户1	用户2	虚节点
工厂1	0	200	200	200	200	200	200	70
工厂2	200	0	200	200	200	200	200	70
工厂3	200	200	0	200	200	200	200	70
仓库1	200	200	200	0	200	200	200	70
仓库2	200	200	200	200	0	200	200	70
用户1	200	200	200	200	200	0	200	70
用户2	200	200	200	200	200	200	0	70
虚节点	0	0	0	0	0	0	0	0

图 6 – 3 – 7　大明盐业公司最小费用流模

（5）用 Excel 中的规划求解功能求出本问题的解。

在"规划求解参数"对话框中输入目标单元格（目标函数地址）、可变单元格（决策变量地址）和两个约束条件，然后选择"采用线性模型"和"假定非负"，最后求解得到本问题的最优解。"规划求解参数"对话框如图 6 – 3 – 8 所示。

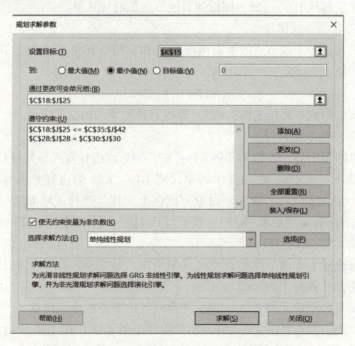

图 6 – 3 – 8　最小费用流"规划求解参数"对话框

模型运行结果如图 6 - 3 - 8 所示，本问题的最优解是：从工厂 1 运输 150 吨至用户 1；从工厂 2 运输 160 吨至仓库 1，运输 70 吨至仓库 2；从工厂 3 运输 80 吨至仓库 2，再由仓库 1 运输 160 吨至用户 2，由仓库 2 运输 150 吨至用户 1。该最优解可用图 6 - 3 - 3 所示的网络图表示。此时总费用最小，为 1 030 元。虚节点的净流出量为-70 吨，说明工厂的生产能力尚有 70 吨未使用。

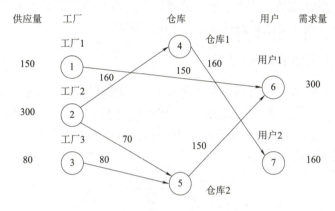

图 6 - 3 - 9 大明盐业公司生产运输优化结果

三、最短路径问题

（一）最短路径问题概述

在现实生活和实际生产过程中，有很多问题的求解可以归结到求最短路径的问题。例如，两地之间的管道铺设、线路安装、道路修筑和运输路径选择等都可以转化为最短路径问题。最短路径问题通常可以分为以下两类：

（1）从起点到其他各点的最短路径。

（2）所有任意两点间的最短路径。

在网络问题的实际使用中，往往需要找出网络中两点之间的最短路径，这就是最短路问题。最短路问题实际上是最小费用流问题的特例。

最短路径的数学算法有狄克斯屈标号法和距离矩阵摹乘法。用 Excel 做规划求解，当需要确定网络中从任一节点i至另一节点j的最短路时，只要在最小费用流模型中做以下假定：

（1）作为起点的节点i为供应节点且其净流出量为 1，作为终点的节点j为需求节

点且其净流出量为 –1，所有其他节点的净流出量为零。

（2）当网络中任意两个节点之间存在连接的边时，边上的单位流量费用等于该边的长度；当两个节点不存在连接的边时，则边上的单位流量费用等于一个很大的数，以表明不能沿着该边运行。

（3）各条边上的流量均为非负。

（4）各条边的容量无限制。

（5）总费用等于总节点 i（起点）至节点 j（终点）所经过的各条边的长度之和，目标函数是总费用最小，也就是节点 i 至节点 j 的路径最小。

运行该最小费用流模型后，运行结果中流量为 1 的边就构成了从节点 i 至节点 j 的最短路径。由于由节点①发送的流量为 1 个单位，而各边的容量无限制，所以在最优解中，各边的流量均为 1 或 0，其中最短路径所包含的边上的流量均为 1，其他未使用的边上的流量均为 0。下面介绍最短路径问题的 Excel 求解。

（二）最短路径问题的 Excel 求解

【例 6.6】如图 6 – 3 – 10 所示，某人要从 S 城（图中节点①）到 T 城（图中节点⑦）出差，因无直通车，从换乘的火车在时间上能很好衔接考虑，可供选择的各城市如图 6 – 3 – 10 中各节点所示，各城市间的火车通行方向及距离（千米）均注于图 6 – 3 – 10 内。确定应走哪条路线总长最短。

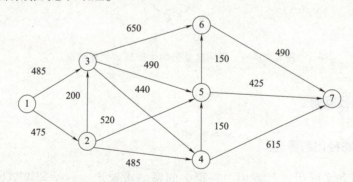

图 6 – 3 – 10　各城市间的火车通行方向及距离（千米）

【解】

本问题要确定从节点①至节点⑦的最短路径，可用最短路模型求解。本问题的 Excel 如图 6 – 3 – 11 所示，建模与求解的步骤如下。

（1）输入部分。

首先输入已知数据。在单元格 C6：I12 中输入网络中各边的单位流量费用。其中，当两个节点之间有链接的边存在时，边上的单位流量费用等于该边的长度；当两个节点之间不存在连接的边时，边上的单位流量费用等于一个很大的数，本题中假设为 10 000。然后，在 C28：I28 中输入各节点给定的净流出量。其中，各中间节点的流出量等于流入量，即它们的净流出量应等于零；起点（节点①）的净流出量等于 1；汇点（节点⑦）的净

	A	B	C	D	E	F	G	H	I	J
1	最短路问题									
2										
3	单位流量费用：									
4						至				
5			节点1	节点2	节点3	节点4	节点5	节点6	节点7	
6		节点1	0	475	485	10000	10000	10000	10000	
7		节点2	10000	0	200	425	520	10000	10000	
8		节点3	10000	10000	0	440	490	650	10000	
9	从	节点4	10000	10000	10000	0	150	10000	615	
10		节点5	10000	10000	10000	10000	0	150	425	
11		节点6	10000	10000	10000	10000	10000	0	490	
12		节点7	10000	10000	10000	10000	10000	10000	0	
13										最短路
14	路径选择									1400
15						至				
16			节点1	节点2	节点3	节点4	节点5	节点6	节点7	总流出量
17		节点1	0	0	1	0	0	0	0	1
18		节点2	0	0	0	0	0	0	0	0
19		节点3	0	0	0	0	1	0	0	1
20	从	节点4	0	0	0	0	0	0	0	0
21		节点5	0	0	0	0	0	0	1	1
22		节点6	0	0	0	0	0	0	0	0
23		节点7	0	0	0	0	0	0	0	0
24		总流入量	0	0	1	0	1	0	1	
25		总流出量	1	0	1	0	1	0	0	
26		净流出量	1	0	0	0	0	0	-1	
27			=	=	=	=	=	=	=	
28		给定净流出量	1	0	0	0	0	0	-1	

图 6－3－11　最短路径问题的 Excel 求解

流出量等于 –1。

（2）决策变量。

用单元格 C17：I23 表示本问题的决策变量，它们是从各节点到其他节点的边上的流量，当所选择的路径经过某条边时，该边上的流量为 1，否则即为零。

（3）目标函数。

本问题的目标函数是从节点①至节点⑦的路径长度最短。在单元格 J14 中输入目标函数，它等于各边的单位流量费用与流量的乘积之和，其计算公式如下： = sumproduct（C6：I12，C17：I23）。

（4）约束条件。

本问题的约束条件有两个，第一个是各节点的净流出量约束，第二个是决策变量非负约束。

节点的净流出量等于该节点的总流出量减去总流入量的差。网络中各节点的净流出量约束是指各节点的净流出量应等于该节点给定的净流出量。其计算步骤如下。

①计算各节点的总流入量。

节点的总流入量等于所有流入该节点的流量之和。用单元格 C24 表示节点①的总流入量，其计算公式如下： = sum（C17：C23）。

将上述公式复制到单元格 D24：I24，得到其他节点的总流入量。

②计算各节点的总流出量。

节点的总流出量等于从该节点的所有流出量之和。用单元格 J17 表示节点①的总流出量，其计算公式如下： = sum（C17：I17）。

将上述公式复制到单元格 J18：J23，得到其他节点的总流出量。

③计算各节点的净流出量。

为便于计算净流出量，需将单元格 J17：J23 中的总流出量写入单元格 C25：I25。选

择区域 C25：I25，在单元格 C25 中输入：= transpose（J17：J23），按下【Ctrl】+【Shift】+【Enter】键，就将总流出量写入了单元格 C25：I25。

节点的净流出量等于该节点的总流出量与总流入量之差。用单元格 C26 表示节点①的净流出量，它的计算公式如下：= C26 – C24。

将上述公式复制到单元格 D26：I26，得到其他节点的净流出量。

④各节点的净流出量（用单元格 C26：I26 表示）应等于给定的净流出量（用单元格 C28：I28 表示）。

（5）用 Excel 中的规划求解功能求出本问题的解。

在"规划求解参数"对话框中输入目标单元格（目标函数地址）、可变单元格（决策变量地址）和两个约束条件，然后选择"采用线性模型"和"假定非负"，最后求解得到本问题的最优解。"规划求解参数"对话框如图 6 – 3 – 12 所示。

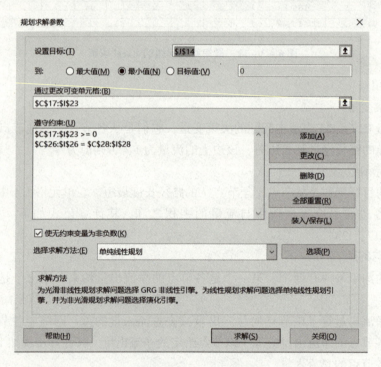

图 6 – 3 – 12　最短路径"规划求解参数"对话框

模型运行结果如图 6 – 3 – 11 所示，本问题的最优解是：从节点①（起点）出发，在节点③换乘火车至节点⑤，再换乘火车至节点⑦（终点）。该最优解可用图 6 – 3 – 13 所示的网络图表示，此时总路径最短，为 1 400 千米。

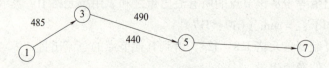

图 6 – 3 – 13　某人交通路线优化结果

请同学们扫描右侧二维码，观看"利用 Excel 求解最短路径问题"的视频。

任务实施

【解】本问题要确定从节点 A 至节点 G 的最短路径，可用最短路模型求解。本问题的 Excel 如图 6-3-14 所示。建模与求解的步骤如下。

步骤一：建立模型

利用 Excel 做规划求解网络中从节点 A 至另一节点 G 的最短路，在模型中作以下假定：

（1）作为起点的节点 A 为供应节点且其净流出量为 1，作为终点的节点 G 为需求节点且其净流出量为 -1，所有其他节点的净流出量为零。

（2）当网络中任意两个节点之间存在连接的边时，边上的单位流量费用等于该边的长度；当两个节点不存在连接的边时，则边上的单位流量费用等于一个很大的数，以表明不能沿着该边运行。

（3）各条边上的流量均为非负。

（4）各条边的容量无限制。

（5）总费用等于总节点 A（起点）至节点 G（终点）所经过的各条边的长度之和，目标函数是总费用最小，也就是节点 A 至节点 G 的路径最小。

		A	B	C	D	E	F	G	
网络优化任务实施---最短路问题									
单位流量费用：									
				至					
		A	B	C	D	E	F	G	
从	A	0	5	2	10000	10000	10000	10000	
	B	10000	0	10000	2	7	10000	10000	
	C	10000	10000	0	7	10000	4	10000	
	D	10000	10000	10000	0	6	2	10000	
	E	10000	10000	10000	10000	0	1	3	
	F	10000	10000	10000	10000	10000	0	6	
	G	10000	10000	10000	10000	10000	10000	0	
									最短路
路径选择									0
				至					
		A	B	C	D	E	F	G	总流出量
从	A								0
	B								0
	C								0
	D								0
	E								0
	F								0
	G								0
总流入量		0	0	0	0	0	0	0	
总流出量		0	0	0	0	0	0	0	
净流出量		0	0	0	0	0	0	0	
		=	=	=	=	=	=	=	
给定净流出量		1	0	0	0	0	0	-1	

图 6-3-14　最短路径问题的 Excel 求解

步骤二：求解模型

运行该模型后，运行结果中流量为 1 的边就构成了从节点 A 至节点 G 的最短路径。由于由节点 A 发送的流量为 1 个单位，而各边的容量无限制，所以在最优解中，各边的流量均为 1 或 0，其中最短路径所包含的边上的流量均为 1，其他未使用的边上的流量均为 0。

		A	B	C	D	E	F	G	
					网络优化任务实施---最短路问题				
单位流量费用：									
				至					
		A	B	C	D	E	F	G	
	A	0	5	2	10000	10000	10000	10000	
	B	10000	0	10000	2	7	10000	10000	
从	C	10000	10000	0	7	10000	4	10000	
	D	10000	10000	10000	0	6	2	10000	
	E	10000	10000	10000	10000	0	1	3	
	F	10000	10000	10000	10000	10000	0	6	
	G	10000	10000	10000	10000	10000	10000	0	
									最短路
路径选择									12
				至					
		A	B	C	D	E	F	G	总流出量
	A	0	0	1	0	0	0	0	1
	B	0	0	0	0	0	0	0	0
	C	0	0	0	0	0	1	0	1
从	D	0	0	0	0	0	0	0	0
	E	0	0	0	0	0	0	0	0
	F	0	0	0	0	0	0	1	1
	G	0	0	0	0	0	0	0	0
	总流入量	0	0	1	0	0	1	1	
	总流出量	1	0	1	0	0	1	0	
	净流出量	1	0	0	0	0	0	-1	
		=	=	=	=	=	=	=	
	给定净流出量	1	0	0	0	0	0	-1	

图 6 – 3 – 15　最短路径问题的 Excel 求解

模型运行结果如图 6 – 3 – 15 所示，本问题的最优解是：从节点 A（起点）出发，先去节点 C 家访，然后至节点 F，最后回家至节点 G（终点），此时总路径最短，为 12 km。具体路线如图 6 – 3 – 16 所示。

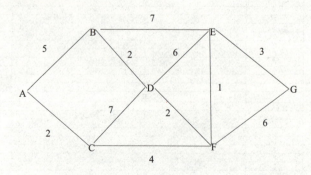

图 6 – 3 – 16　王老师回家并家访的最短路径

请同学们扫描右侧二维码，观看"利用 Excel 求解网络优化问题 – 任务实施"的视频。

任务拓展

已知有 6 个村子，相互间道路的距离如图 6 – 3 – 17 所示。拟合建一所小学，已知 A 处有小学生 50 人，B 处 40 人，C 处 60 人，D 处 20 人，E 处 70 人，F 处 90 人。

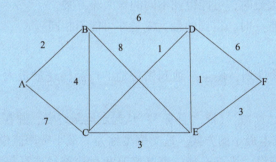

图 6 – 3 – 17　村子间道路的距离

问小学应建在哪一个村子，使学生上学最方便，原则上所有人走的总路程最短，且尽可能公平。

任务巩固

一、单选题

1. 求最短路的计算方法有（　　）。

A. 加边法

B. Floyd 算法

C. 破圈法

D. Ford – Fulkerson 算法

2. 设 P 是从 v_s 到 v_t 的最短路线，则有（　　　　）。

A. P 的长度等于 P 的每条边的长度之和

B. P 的最短路长等于 v_s 到 v_t 的最大流量

C. P 的长度等于 G 的每条边的长度之和

D. P 有 n 个点、$n-1$ 条边

3. 求最大流的计算方法有（　　　　）。

A. Dijkstra 算法　　　　　　　　　B. Floyd 算法

C. 加边法　　　　　　　　　　　　D. Ford – Fulkerson 算法

4. 某配电站要向由其供电的五个小区铺设电缆，此时应采用的方法是（　　　　）。

A. 最短路线法　　　　　　　　　　B. 最小树法

C. 最大流量法　　　　　　　　　　D. 表上作业法

5. 关于最大流问题，以下叙述正确的是（　　　　）。

A. 一个容量网络的最大流是唯一确定的

B. 达到最大流的方案是唯一的

C. 当用标号法求最大流时，可能得到不同的最大流方案

D. 当最大流方案不唯一时，得到的最大流量亦可能不相同

二、判断题

1. 如何制订一个运输计划，使生产地到销售地的产品输送量最大，属于最小费用流问题。（　　　）

2. 通过网络的边将"货物"（或"任务"）从起点运至终点，并在满足网络的边的容量约束下寻求使得运输成本最小的方案。这类模型称为"最小费用流模型"。（　　　）

3. 两地之间的管道铺设、线路安装、道路修筑和运输路径选择等都可以转化为最短路径问题。（　　　）

三、计算题

求图 6 – 3 – 18 所示网络节点 V_1 到节点 V_7 的最短路径。

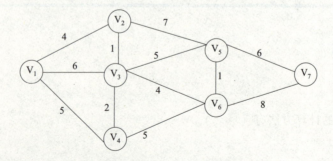

图 6 – 3 – 18　网络节点图

任务评价

学习任务完成情况评价

名称		评分标准或要求	分值	评价方式			得分
				自评	互评	师评	
理论知识评价	1	理解网络最大流问题	10				
	2	理解最小费用流问题	10				
	3	理解最短路径问题	10				
技能操作评价	4	能够利用 Excel 求解网络最大流问题	15				
	5	能够利用 Excel 求解最小费用流问题	15				
	6	能够利用 Excel 求解最短路径问题	20				
职业素养评价	7	积极参与课堂互动	10				
	8	勇于表达自己的观点，语言表达流畅	10				
总分值			100	总得分			

任务四　了解汽车企业零部件物流规划

 学习目标

知识目标	素质目标	技能目标
➤掌握汽车企业零部件物流规划的步骤	➤能够完成汽车企业零部件的规划	➤提高学生热爱科学的激情和用科学思维进行决策的素质

 任务描述

　　某汽车物流企业现要求新建一个线边仓库（LOC），关于 LOC 布局规划的项目进度计划见表 6-4-1。

表 6-4-1　LOC 布局规划项目进度计划

工序	负责人	开始日期	完成日期	工作内容
A	LTZ	2021/5/20	2021/5/21	测量 LOC 周围门的尺寸、办公室的尺寸、内部办公桌的尺寸及重力式货架、A 货架和蓄电池的尺寸
B	SF	2021/5/22	2021/5/23	记录打包区的所有零件形成一个清单
C	LTZ	2021/5/24	2021/6/13	记录零件的消耗量，决定库存水平和最大安全量
D	LTZ	2021/5/24	2021/6/13	制作一个关于 LOC 内物流运作模式的演示文件
E	LTZ	2021/5/24	2021/6/13	分解运作模式，以确定需要的工艺卡

　　运用网络计划知识，找出该项目实施的关键路径，并制作甘特图。

一辆汽车由几万只零部件所组成，其中汽车零部件采购成本占整车成本的70%以上。汽车企业（主机厂）仅进行核心工序的制造，一般汽车企业（主机厂）厂区布局如图6-4-1所示。

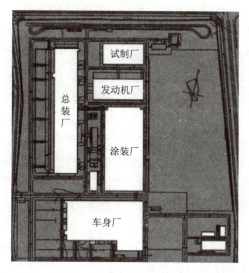

图6-4-1　汽车企业（主机厂）的厂区布局

汽车企业物流包括整车物流和零部件物流，是全球公认的最复杂、涉及面最广的物流之一。目前应用较广的汽车企业零部件物流流程如图6-4-2所示。

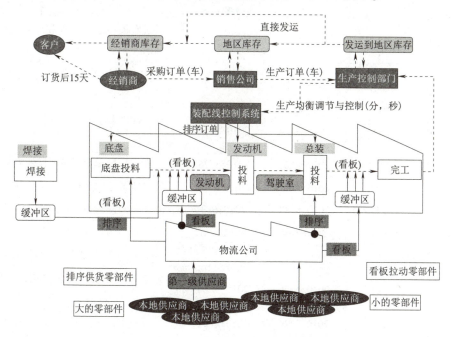

图6-4-2　汽车企业零部件物流流程

项目六　认识网络计划与网络最优化

零部件物流又被公认为物流系统良性运作并持续优化的最关键环节。汽车零部件供应物流是为了适应汽车制造企业的需求，将零部件及相关信息从供应商运到汽车生产基地，为了高效率、低成本流动和储存而进行的规划、实施和控制的过程，是集现代运输、储存、分拣排序、包装、产品流通及相关的信息流、资金流于一体的综合性管理，包括生产计划的制订、采购订单的下放及跟踪、物料清单的维护、供应商的管理、运输的管理、进出口、货物的接收、仓储的管理、发料及在制品的管理、生产线的物料管理等。

重庆长安汽车股份有限公司，简称长安汽车或重庆长安，为中国长安汽车集团股份有限公司旗下的核心整车企业，其在零部件入厂物流方面有较好的实践，主要采用准时制运作（Just – In – Time 或者 JIT）模式。首先是零部件生产企业往往会围绕主机厂建立自己的生产基地，从而加强与主机厂的联系，实现均衡生产和准时制供应。其次是供应商仓储（VMI）和配送中心（RDC）相结合，由供应商负责在客户运作过程中管理存货，组织供给以及其他一切库存控制工作，从而确保存货在需要的时刻实现准时供应。此外，为了有效地配合主机厂的生产需要，还要求零部件生产、供应商严格按照其生产节奏和生产需求量，实施"直送工位"的 JIT（准时制供货）配送，这样就形成以供应商仓储和配送中心相结合的有机的物流运作体系。长安汽车因产量增大，新增加了装配二线，现要求新建一个线边仓库（LOC），以连接第二中间储存中心（二中储）和装配二线，实现装配二线与 LOC 之间的看板拉动式物流，LOC 与二中储之间为循环取货式物流。物流部物流规划员制订了项目进度计划，见表 6 – 4 – 2。

表 6 – 4 – 2　项目进度计划

工作地点	编号	负责人	开始日期	完成日期	工作内容
MON2	1				通过看板在总装 2 线和 LOC 之间建立拉动的体系
	A	LTZ/SF	2010/5/20	2010/5/23	在 MON2 和 LOC 之间进行空箱拉动试验
	B	SF	2010/5/24	2010/5/24	在 MON2 和 LOC 之间进行一次空箱拉动试验
	C	LTZ	2010/5/20	2010/5/26	培训、指导车间参与项目的人员
	D	LTZ	2010/5/25	2010/6/1	线束组各零件库存水平确定并实施
	E	LTZ	2010/5/27	2010/6/3	测量车间内重力式货架的尺寸并制图
	F	LTZ	2010/6/4	2010/6/6	线束打包区布局规划制图
MAF2	2				在 LOC 和二中储之间进行循环取货
		GY	2010/5/20	2010/5/20	确定 CO1 加油口盖总成在二中储中的存放位置
		GY	2010/5/21	2010/5/21	寻找一个台车并进行清洁、刷漆、喷字

工作地点	编号	负责人	开始日期	完成日期	工作内容
		GY	2010/5/20	2010/5/28	整理零件在二中储中的库位，区分存储位、翻包装位、空箱存储位、划线标识
		GY	2010/5/29	2010/6/5	进行8次循环取货试验，以记录路线、时间
LOC	3				LOC布局规划
		LZ	2010/5/20	2010/5/21	测量LOC周围门的尺寸、办公室的尺寸，及内部办公桌的尺寸、重力式货架、A货架和蓄电池的尺寸
		SF	2010/5/22	2010/5/23	记录打包区的所有零件形成一个清单
		LTZ	2010/5/24	2010/6/13	计算零件的消耗流量，决定库存水平及最大量和安全量
		LTZ	2010/5/24	2010/6/13	制作一个关于LOC内物流运作模式的演示文件
		LTZ	2010/5/24	2010/6/13	分解运作模式，以确定需要的工艺卡
MON2	4				总装2线物流工艺布局优化
		LZ	2010/6/13	2010/6/14	总装2线零件清单整理
		ALL	2010/6/15	2010/6/19	抄录工位上布置的零件，和清单信息核对
		MZY/SF	2010/6/20	2010/6/29	将零件布置绘制在CAD上并展示
Bur eu	5				技术转移
		ALL	2010/7/1		零件清单的规范化制作
		ALL	2010/7/1		工位上零件布置规则及制图方法

　　由于该项目计划是根据装配线的布置进度、设备的到位进度制定的，故5项工作之间并没有严格的时间连续性。管理人员可以运用网络计划知识来了解每项工作中各道工序的衔接情况、关键路径、目前进度，下面以编号1工作为例。

（一）网络图

（1）编号1工作共有6道工序，给各工序进行编号，分别为 A ~ F；

（2）理清各道工序的"紧前工序"和"持续时间"；

（3）作出的项目网络图如图6-4-3所示。

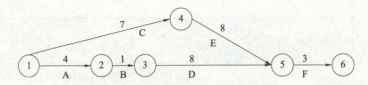

图 6 – 4 – 3　编号 1 的网络图

（二）关键路径

在 Excel 上建立关键路径模型的步骤，通过 Excel 规划求解结果及敏感性，如图 6 – 4 – 4 和图 6 – 4 – 5 所示。

	A	B	C	D	E	F	G	H	I	J	K
1					工作1的关键路径问题						
2	各节点开工时刻：										
3	节点	1	2	3	4	5	6		工期		
4	开工日期	0	6	7	7	15	18		18		
5											
6	活动节点矩阵：										
7		节点									
8	工序	1	2	3	4	5	6	持续时间		所需时间	
9	A	-1	1	0	0	0	0	6	>=	4	
10	B	0	-1	1	0	0	0	1	>=	1	
11	C	-1	0	0	1	0	0	7	>=	7	
12	D	0	0	-1	0	1	0	8	>=	8	
13	E	0	0	0	-1	1	0	8	>=	8	
14	F	0	0	0	0	-1	1	3	>=	3	
15											

图 6 – 4 – 4　工作 1 的关键路径 Excel 规划求解

可变单元格

单元格	名称	终值	递减成本	目标式系数	允许的增量	允许的减量
$B$4	开工日期	0	1	0	1E+30	1
$C$4	开工日期	6	0	0	0	1
$D$4	开工日期	7	0	0	0	1
$E$4	开工日期	7	0	0	1E+30	1
$F$4	开工日期	15	0	0	1E+30	1
$G$4	开工日期	18	0	1	1E+30	1

约束

单元格	名称	终值	阴影价格	约束限制值	允许的增量	允许的减量
$H$9	A 持续时间	6	0	4	2	1E+30
$H$10	B 持续时间	1	0	1	2	1E+30
$H$11	C 持续时间	7	1	7	1E+30	2
$H$12	D 持续时间	8	0	8	2	1E+30
$H$13	E 持续时间	8	1	8	1E+30	2
$H$14	F 持续时间	3	1	3	1E+30	18

图 6 – 4 – 5　工作 1 的敏感性报告

从图 6 - 4 - 5 中结果可以看出，该工作的最短工期为 18 天。从敏感性报告的下半部分可以看出，工序 C、E、F 的影子价格为 1，所以它们是关键活动；工序 A、B、D 的影子价格为 0，它们不是关键活动。在项目进行过程中，需要重点控制关键活动的实施进度。

 请同学们扫描右侧二维码，观看"利用 Excel 求解汽车零部件物流规划问题"的视频。

（三）甘特图

如图 6 - 4 - 6 所示，可以用 Excel 表示工作 1 的实施进度情况，如 2021 年 5 月 30 日的甘特图如图 6 - 4 - 6 所示，管理人员可以通过甘特图跟踪该工作各项工序的完成进度。

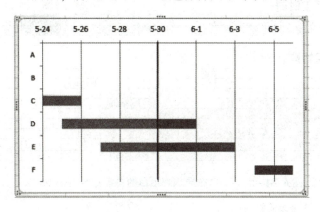

图 6 - 4 - 6　工作 1 的甘特图

 **任务实施**

【解】该任务的求解过程为首先制定网络图，然后根据网络图确定关键路径，最后绘制出甘特图。

步骤一：制定网络图

（1）该项工作共有 5 道工序，即 A ~ E；
（2）理清各道工序的"紧前工序"和"持续时间"；
（3）新增虚拟工序 F 和 G，作出的项目网络图如图 6 - 4 - 7 所示。

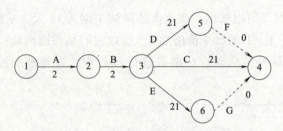

图 6－4－7　LOC 布局规划项目的网络图

步骤二：确定关键路径

在 Excel 上建立关键路径模型的步骤，通过 Excel 规划求解结果及敏感性，如图 6－4－8 和图 6－4－9 所示。

	工作1的关键路径问题									
各节点开工时刻：										
节点	1	2	3	4	5	6		工期		
开工日期	0	2	4	25	25	25		25		
活动节点矩阵：										
	节点									
工序	1	2	3	4	5	6	持续时间		所需时间	
A	-1	1	0	0	0	0	2	>=	2	
B	0	-1	1	0	0	0	2	>=	2	
C	0	0	-1	1	0	0	21	>=	21	
D	0	0	-1	0	1	0	21	>=	21	
E	0	0	-1	0	0	1	21	>=	21	
F	0	0	0	-1	1	0	0	>=	0	
G	0	0	0	-1	0	-1	0	>=	0	

图 6－4－8　LOC 布局规划项目的关键路径 Excel 求解

可变单元格

单元格	名称	终值	递减成本	目标式系数	允许的增量	允许的减量
$B$4	开工日期	0	1	0	1E+30	1
$C$4	开工日期	2	0	0	1E+30	1
$D$4	开工日期	4	0	0	1E+30	1
$E$4	开工日期	25	0	1	1E+30	1
$F$4	开工日期	25	0	0	1E+30	0
$G$4	开工日期	25	0	0	1E+30	1

约束

单元格	名称	终值	阴影价格	约束限制值	允许的增量	允许的减量
$H$9	A 持续时间	2	1	2	1E+30	2
$H$10	B 持续时间	2	1	2	1E+30	4
$H$11	C 持续时间	21	0	21	0	1E+30
$H$12	D 持续时间	21	0	21	0	1E+30
$H$13	E 持续时间	21	1	21	1E+30	0
$H$14	F 持续时间	0	0	0	1E+30	0
$H$15	G 持续时间	0	1	0	1E+30	0

图 6－4－9　LOC 项目的敏感性报告

从图 6-4-8 中结果可以看出，该工作的最短工期为 25 天。从敏感性报告的下半部分可以看出，工序 A、B、E、G 的影子价格为 1，所以它们是关键活动；工序 C、D、F 的影子价格为 0，它们不是关键活动。在项目进行过程中，需要重点控制关键活动的实施进度。

步骤三：绘制甘特图

如图 6-4-10 所示，可以用 Excel 表示 LOC 的实施进度情况，如 2021 年 5 月 24 日的甘特图如图 6-4-10 所示，管理人员可以通过甘特图跟踪该工作各项工序的完成进度。

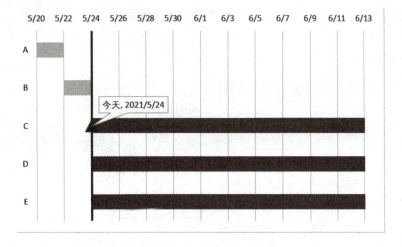

图 6-4-10　工作 1 的甘特图

 请同学们扫描右侧二维码，观看"利用 Excel 求解汽车零部件物流规划问题 - 任务实施"的视频。

 任务拓展

接前面提到的重庆长安汽车项目进度计划（详细可参见表 6-4-2 项目进度计划表），假设现以编号 3 工作为例，运用网络计划知识，分析编号 3 工作中各道工序的衔接情况、关键路径和目前进度。

任务巩固

一、判断题

1. 汽车零部件物流被公认为物流系统良性运作并持续优化的最关键环节。（   ）

2. 汽车零部件物流包括生产计划制定、采购订单的下放及跟踪、物料清单维护、供应商的管理、运输管理、进出口、货物的接收、仓储管理、发料及在制品管理、生产线的物料管理等。（   ）

3. 敏感性报告中工序的影子价格为 0 的活动是关键活动。（   ）

4. 在项目进行过程中，需要重点控制关键活动的实施进度。（   ）

二、思考题

画出表 6 - 4 - 3 所示活动的跟踪甘特图。

表 6 - 4 - 3 活动安排表

活动名称	活动开始日期	活动结束日期	工期	已逝去天数	剩余天数
活动 A	2022/10/5	2022/10/12	7	4	3
活动 B	2022/10/5	2022/10/18	13	4	9
活动 C	2022/10/10	2022/10/18	8	0	8
活动 D	2022/10/8	2022/10/12	4	1	4
活动 E	2022/10/8	2022/10/12	4	1	4
今天	2022/10/9				

任务评价

学习任务完成情况评价

名称		评分标准或要求	分值	评价方式			得分
				自评	互评	师评	
理论知识评价	1	掌握汽车企业零部件物流规划的步骤	30				
技能操作评价	2	能够完成汽车企业零部件的规划	30				
职业素养评价	3	积极参与课堂互动	20				
	4	勇于表达自己的观点，语言表达流畅	20				
总分值			100	总得分			

项目七　认识排队论

教学目标：排队是日常生活中经常遇到的现象，比如到商店购买物品、到医院看病，一般需要排队。本项目将简单介绍排队论的一些基本知识，通过本项目的学习，了解排队过程的一般表示，掌握排队问题的分类和求解。

本项目内容要点：本项目内容主要包括需排队过程的一般表示、排队系统的组成与特征、排队模型的分类和排队问题的求解。

排队现象不仅在日常的生活中出现，其实像银行办理业务、电话占线问题、码头船只的疏导问题等都是有形或无形的排队问题。一般将要求服务的对象统称为顾客，由于顾客到达和服务的时间具有随机性，所以说排队现象几乎是无可避免的。

思政小课堂

相信大家都体验过核酸检测系统中经常出现的排队与拥挤现象，并且服务水平较低。流程优化过程中不应当是指望提高检测师的工作效率，而应是多增设"1"个窗口，使排队系统处于"正常工作"状态。

学习了构建排队论的数据模型后，大家可以试着探讨核酸检测过程中的系统优化问题，定量分析检测服务强度、检测对象平均队长、平均排队等候时间等指标，探寻核酸检测流程中需要改进的主要环节点，以提高检测的满意度和优化检测过程的资源配置。

通过这个活动相信大家能清晰认识到"学以致用"的重要性，通过思考我们可以将专业所学融入真实的生活中去，提升解决实际问题的能力。

任务　认识排队论的基本概念

 学习目标

知识目标	素质目标	技能目标
➤了解排队过程的一般表示 ➤理解排队系统的组成与特点 ➤掌握排队模型的分类 ➤掌握排队问题的求解	➤能够理解排队过程的一般表示 ➤能够求解排队问题	➤培养学生养成独立思考的习惯

 任务描述

　　松华诊所今天的病人以每小时 3 人的泊松流到达诊所，假设该诊所现在只有一个医生服务，他的服务时间服从负指数分布，并且平均服务一个顾客的时间为 15 min。试问：

　　（1）医生空闲时间的比例为多少？

　　（2）有多少病人等待看医生？

　　（3）病人的平均等待时间为多长？

　　（4）一个病人等待超过一个小时的概率又是多少呢？

 任务资讯

一、排队过程的一般表示

　　在生活中，排队系统如果增添服务设备就要增加投资或发生空闲浪费；如果服务设备太少，排队现象就会严重，对于顾客个人和社会都会带来不利影响，因此管理人员必须考虑如何在这两者之间取得平衡，并且经常检查目前的处理是否得当，研究未来的改进对策，以期提高服务质量，降低成本。

　　如图 7-1-1 所示，各个顾客由顾客源（总体）出发，到达服务机构（服务台、服务员）前排队等候接受服务，服务完成后就离开。

　　（1）排队结构指队列的数目和排列方式。

（2）排队规则和服务规则是说明顾客在排队系统中按怎样的规则、次序接受服务的。

（3）排队系统即指图 7 - 1 - 1 中虚线所包括的部分。

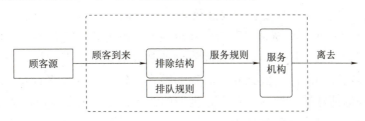

图 7 - 1 - 1 　排队的一般过程

在现实中的排队现象是多种多样的，对上面所说的"顾客"和"服务员"要作广泛了解。它可以是人，也可以是非生物；队列可以是具体的排列，也可以是无形的（例如向电话交换台要求通话的呼唤）；顾客可以走向服务机构，也可以相反（如送货上门）。下面举一些例子说明现实中形形色色的排队系统，见表 7 - 1 - 1。

表 7 - 1 - 1 　现实中的排队系统举例

到达的顾客	要求服务的内容	服务机构
不能运转的机器	修理	修理机工
修理机工	领取修配零件	发放修配零件的管理员
发放修配零件的管理员	购进修配零件	采购员
病人	诊断或动手术	医生（或包括手术台）
电话呼唤	通话	交换台
文件稿	打字	打字员
提货单	提取存货	仓库管理员
到达机场上空的飞机	降落	跑道
驶入港口的货船	装（卸）货	装（卸）货码头（泊位）
上游河水进入水库	放水，调整水位	水闸管理员
进入我方阵地的敌机	我方高射炮进行射击	我方高射炮
下火车后的出租车乘客	乘坐出租车	火车站出租车管理员

二、排队系统的组成与特征

一般的排队系统都有三个基本组成部分，即输入过程、排队规则和服务机构。

（一）输入过程

输入即指顾客到达排队系统，可能有下列几种不同情况，当然这些情况并不是彼此排斥的。

（1）顾客的总体（称为顾客源）组成可能是有限的，也可能是无限的。上游河水流

入水库可以认为总体是无限的，工厂内停机待修的机器显然是有限的总体。

（2）顾客到来的方式可能是一个一个的，也可能是成批的。例如到餐厅就餐就有单个到来的顾客和受邀请来参加宴会的成批顾客，我们将只研究单个到来的情形。

（3）顾客相继到达的间隔时间可以是确定型的，也可以是随机型的。如在自动装配线上装配的各部件就必须按确定的时间间隔到达装配点，定期运行的班车、班轮、班机的到达也都是确定型的。但一般到商店购物的顾客、到医院就诊的病人、通过路口的车辆等，它们的到达都是随机型的。对于随机型的情形，要知道单位时间内的顾客到达数或相继到达的间隔时间的概率分布。

（4）顾客的到达可以是相互独立的，也就是说，以前的到达情况对以后顾客的到来没有影响，否则就是有关联的。例如，工厂内的机器在一个短的时间区间内出现停机（顾客到达）的概率就受已经待修或被修理的机器数目的影响。我们主要讨论的是相互独立的情形。

（5）输入过程可以是平稳的，或称对时间是齐次的，是指描述相继到达的间隔时间分布和所含参数（如期望值、方差等）都是与时间无关的，否则称为非平稳的。我们主要讨论平稳的情形，非平稳情形的数学处理是很困难的。

（二）排队规则

（1）顾客到达时，如所有服务台都正被占用，在这种情形下顾客可以随即离去，也可以排队等候。随即离去的称为即时制或称损失制，因为这将失掉许多顾客；排队等候的称为等待制。如一位顾客到达某一餐馆，如果全部座位都已满，他离开该餐馆往别处吃饭即属于前者，如果他选择等待则属于后者。对于等待制，为顾客进行服务的次序可以采用下列各种规则：先到先服务，后到先服务，随机服务，有优先权的服务等。

①先到先服务，即按到达次序接受服务，这是最通常的情形。

②后到先服务，如乘用电梯的顾客常是后入先出的，仓库中存放的厚钢板也是如此。在情报系统中，最后到达的信息往往是最有价值的，因而常采用后到先服务（指被采用）的规则。

③随机服务，指服务员从等待的顾客中随机地选取其一进行服务，而不管到达的先后，如乘客（视为服务台）在停车场随机选乘（乘车视为服务）一辆出租车（视为等候服务的顾客）。

④有优先权的服务，如医院对于病情严重的患者将给予优先治疗。

（2）从占有的空间来看，队列可以排在具体的处所（如售票处、候诊室等），也可以是抽象的（如向电话交换台要求通话的呼唤）。由于空间的限制或其他原因，有的系统要规定容量（即允许进入排队系统的顾客数）的最大限量，而有的却没有这种限制（即认为容量可以是无限的）。

（3）从队列的数目看，可以是单列，也可以是多列。在多列的情形，各列间的顾客有的可以互相转移，有的不能（如用绳子或栏杆隔开）。有的排队顾客因等候时间过长而中途退出，有的不能退出（如高速公路上的汽车流），必须坚持到被服务为止。我们将只讨论各队列间不能互相转移也不能中途退出的情形。

(三) 服务机构

从机构形式和工作情况来看有以下几种情况。

(1) 服务机构可以没有服务员，也可以有一个或多个服务员（服务台、通道、窗口等）。例如，在敞架售书的书店，顾客选书时就没有服务员，但交款时可能有多个服务员。

(2) 在有多个服务台的情形中，它们可以是平行排列（并列）的，可以是前后排列（串列）的，也可以是混合的，具体如图 7-1-2 所示。

图 7-1-2 (a) 所示为单队—单服务台的情形，图 7-1-2 (b) 所示为多队—多服务台（并列）的情形，图 7-1-2 (c) 所示为单队—多服务台（并列）的情形，图 7-1-2 (d) 所示为多服务台（串列）的情形，图 7-1-2 (e) 所示为多服务台（混合）的情形。

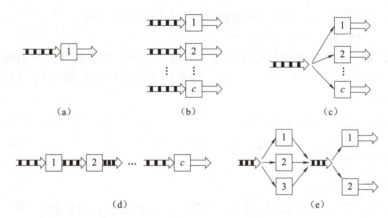

图 7-1-2 排队的情形

(3) 服务方式可以对单个顾客进行，也可以对成批顾客进行，公共汽车对在站台等候的顾客就成批进行服务。我们将只研究对单个顾客的服务方式。

(4) 和输入过程一样，服务时间也分确定型的和随机型的。自动冲洗汽车的装置对每辆汽车冲洗（服务）的时间就是确定型的，但大多数情形的服务时间是随机型的。对于随机型的服务时间，需要知道它的概率分布。如果输入过程，即相继到达的间隔时间和服务时间二者都是确定型的，那么问题就太简单了。因此，在排队论中所讨论的是二者至少有一个是随机型的情形。

(5) 与输入过程一样，服务时间的分布我们总假定是平稳的，即分布的期望值、方差等参数都不受时间的影响。

三、排队模型的分类

D. G. Kendall 在 1953 年提出排队模型分类方法，对分类方法影响最大的特征有以下三个：

（1）相继顾客到达间隔时间的分布；

（2）服务时间的分布；

（3）服务台的个数。

按照这三个特征分类，并用一定符号表示，称为 Kendall 记号。这只对并列的服务台（服务台多于一个）的情形，采用的符号形式是 X/Y/Z，其意义如下：

X 处填写表示相继到达间隔时间的分布；

Y 处填写表示服务时间的分布；

Z 处填写并列的服务台的数目。

表示相继到达间隔时间和服务时间的各种分布的符号如下：

M——负指数分布（M 是 Markov 的字头，因为负指数分布具有无记忆性，即 Markov 性）；

D——确定型（Deterministic）；

E_k——k 阶爱尔朗（Erlang）分布；

GI——一般相互独立（General Independent）时间间隔的分布；

G——一般（General）服务间的分布。

例如，M/M/1 表示相继到达间隔时间为负指数分布、服务时间为负指数分布、单服务台的模型，D/M/c 表示确定的到达间隔、服务时间为负指数分布、c 个平行服务台（但顾客是一队）的模型。

在 1971 年一次关于排队论符号标准化会议上决定，将 Kendall 符号扩充成为 X/Y/Z/A/B/C 形式，其中前三项意义不变，而后三项意义如下：

A 处填写系统容量限制 N；

B 处填写顾客源数目 m；

C 处填写服务规则，如先到先服务（FCFS）、后到先服务（LCFS）等，并约定，如略去后三项，即指 X/Y/Z/∞/∞/FCFS 的情形。

四、排队问题的求解

一个实际问题作为排队问题求解时，首先要研究它属于哪个模型，其中只有顾客到达的间隔时间分布和服务时间的分布需要实测的数据来确定，其他因素都是在问题提出时给定的。

解排队问题的目的是研究排队系统运行的效率，估计服务质量，确定系统参数的最优值，以决定系统结构是否合理及研究设计改进措施等。所以必须确定用以判断系统运行优劣的基本数量指标，解排队问题就是首先求出这些数量指标的概率分布或特征数。

1. 队长和排队长

队长是指系统中的顾客数（排队等待的顾客数与正在接受服务的顾客数之和），排队长是指系统中正在排队等待服务的顾客数，队长和排队长一般都是随机变量。当对这两个指标进行研究时，当然是希望能确定它们的分布，或至少能确定它们的平均值（即平均队长和平均排队长）及有关的矩（如方差等）。队长的分布是顾客和服务员都关心的，特别是对系统设计人员来说，如果能知道队长的分布，就能确定队长超过某个数的概率，从而确定合理的等待空间。

2. 等待时间和逗留时间

从顾客到达时刻起到他开始接受服务止的这段时间称为等待时间，是个随机变量，也是顾客最关心的指标，因为顾客通常是希望等待时间越短越好。从顾客到达时刻起到他接受服务完成止的这段时间称为逗留时间，也是个随机变量，同样为顾客非常关心。对这两个指标的研究当然是希望能确定它们的分布，或至少能知道顾客的平均等待时间和平均逗留时间。

3. 忙期和闲期

忙期是指从顾客到达空闲着的服务机构起，到服务机构再次成为空闲止的这段时间，即服务机构连续忙碌的时间，这是个随机变量，是服务员最为关心的指标，因为它关系到服务员的服务强度。与忙期相对的是闲期，即服务机构连续保持空闲的时间。在排队系统中，忙期和闲期总是交替出现的。

除了上述几个基本数量指标外，还会用到其他一些重要的指标，如在损失制或系统容量有限的情况下，由于顾客被拒绝，而使服务系统受到损失的顾客损失率及服务强度等。

计算这些指标的基础是表达系统状态的概率。所谓系统的状态即指系统中的顾客数（其期望值即 L_s），如果系统中有 n 个顾客，就称系统的状态是 n，它的可能值如下：

（1）当队长没有限制时，$n = 0$，1，2，…；

（2）当队长有限制，最大数为 N 时，$n = 0$，1，2，…，N；

（3）即时制，当服务台个数是 c 时，$n = 0$，1，2，…，c。

此外，状态 n 又表示正在工作（繁忙）的服务台数。

这些状态的概率一般是随时刻 t 而变化的，所以在时刻 t、系统状态为 n 的概率用 $P_n(t)$ 表示。求状态概率 $P_n(t)$ 的方法，首先要建立含 $P_n(t)$ 的关系式，因为 t 是连续变量，而 n 只取非负整数，所以建立的 $P_n(t)$ 的关系式一般是微分差分方程（关于 t 的微分方程，关于 n 的差分方程），方程的解称为瞬态（或称过渡状态）（Transient State）解。求瞬态解是不容易的，一般地，即使求出也很难利用，因此我们常考虑它的极限（如果存在的话）：

$$\lim_{t \to \infty} P_n(t) = P_n$$

称为稳态（Steady State），或称统计平衡状态（Statistical Equilibrium State）的解。

稳态的物理含义是，当系统运行了无限长的时间之后，初始（$t = 0$）出发状态的概率分布（$P_n(t)$，$n \geq 0$）的影响将消失，而且系统的状态概率分布不再随时间变化。当然，在实际应用中大多数问题系统会很快趋于稳态，而无须等到 $t \to \infty$ 以后，但永远达不到稳态的情形也确实是存在的。在求稳态概率 P_n 时，并不一定是求 $t \to \infty$ 时 $P_n(t)$ 的极限，而只需令导数 $P'_n(t) = 0$ 即可。

 任务实施

【解】由已知条件可得，$\lambda = 3$ 人/时，$\mu = 4$ 人/时，$\rho = \dfrac{3}{4}$，所以该系统模型按 M/M/1/∞ 型求解。

步骤一：求解医生的空闲时间

医生空闲时间即为系统的空闲时间，所以
$$P\{医生空闲\} = P\{系统空闲\} = p_0 = 1 - \rho = 0.25$$
即可得医生的空闲时间为 0.25。

步骤二：求解平均等待队长

平均等待队长为
$$\overline{N}_q = \frac{\rho^2}{1 - \rho} = \frac{(3/4)^2}{1 - 3/4} = \frac{9}{4} = 2.25$$
即平均有 2.25 个病人等待看医生。

步骤三：求解平均等待时间

平均等待时间为
$$W_q = \frac{\rho}{\mu(1 - \rho)} = \frac{3/4}{4(1 - 3/4)} = \frac{3}{4} = 0.75$$
病人的平均等待时间为 0.75 时，即 45 分钟。

步骤四：等待时间超过一个小时的概率

$$P\{等待超过一个小时\} = P\{W_q > 1\} = 1 - P\{W_q \leq 1\} = 1 - W_q(1)$$

$$= \rho e^{-u(1-\rho)} = \frac{3}{4} e^{-1} \approx 0.276$$

即病人等待超过一个小时的概率约为 0.276。

 任务拓展

一台计算机有 2 个终端，假定计算一个题目的时间服从负指数分布，平均用时 20 分钟。假定题目是以泊松流到达，平均每小时到达 5 个。求积压题目的概率及平均积压的题目数。

 **任务巩固**

一、选择题

1. D. G. Kendall 在 1953 年提出排队模型分类方法，对分类方法影响最大的特征有三个，即（　　）。

    A. 相继顾客到达间隔时间的分布　　　B. 服务时间的分布

    C. 服务台的个数　　　　　　　　　　D. 排队规则

2. （　　）表示相继到达间隔时间为负指数分布、服务时间为负指数分布、单服务台的模型。

    A. $M/M/c$　　　　B. $M/M/1$　　　　C. $X/Y/Z$　　　　D. $D/M/c$

二、判断题

1. 若到达排队系统的顾客为普阿松流，则依次到达的两名顾客之间的间隔时间服从负指数分布。（　　）

2. 对 $M/M/1$ 或 $M/M/c$ 的排队系统，服务完毕离开系统的顾客流也为普阿松流。（　　）

3. 在排队系统中，一般假定对顾客服务时间的分布为负指数分布，这是因为通过对大量实际系统的统计研究，这样的假定比较合理。（　　）

4. 一个排队系统中，不管顾客到达和服务时间的情况如何，只要运行足够长的时间后，系统将进入稳定状态。（　　）

三、思考题

1. 请简单阐述排队论主要研究的问题。

2. 一般的排队系统的基本组成部分有哪些？结合身边的例子加以说明。

 任务评价

学习任务完成情况评价

名称		评分标准或要求	分值	评价方式			得分
				自评	互评	师评	
理论知识评价	1	了解排队过程的一般表示	10				
	2	理解排队系统的组成与特点	10				
	3	掌握排队模型的分类	10				
	4	掌握排队问题的求解	20				
技能操作评价	5	能够理解排队过程的一般表示	10				
	6	能够求解排队问题	20				
职业素养评价	7	积极参与课堂互动	10				
	8	勇于表达自己的观点，语言表达流畅	10				
总分值			100	总得分			

项目八　掌握需求预测与库存控制

教学目标： 通过本项目内容的学习，了解企业需求预测与库存控制的工作过程，掌握其概念、原理及一些简单的数学模型，并从中得出相应的存储策略，熟练掌握这类问题数学模型的构建，并能用 Excel 熟练求解。

本项目内容要点： 本项目内容主要包括需求预测、库存基本概念、经济订购批量库存模型、生产批量（边进边出）库存模型、Excel 求解方法。

需求预测是指估计未来一定时间内，整个产品或特定产品的需求量和需求金额。目的在于通过充分利用现在和过去的历史数据，考虑未来各种影响因素，结合本企业的实际情况，采用合适的科学分析方法，提出切合实际的需求目标，从而制订需求计划，并根据库存控制策略开展原材料或商品订购，使企业正常生产活动顺利开展。需求预测给出了企业产品在未来一段时间内的需求期望水平，并为企业的计划和控制决策提供了依据。

所谓库存，就是库存物资，凡是处在储存状态的物资都可以称作库存物资，简称库存。在有些情况下，人们也常常把库存物资的数量简称为库存。库存管理的全部意义就在于适时适量。而要做到适时适量，就要进行库存控制与优化，因此说，库存管理的核心问题就是库存控制。库存控制是一个系统工程，牵涉的面相当广，需要从生产、库存管理等多个方面进行努力，做大量的基础工作，这些工作都是为实现库存控制服务的，所有这些工作都属于生产库存管理工作。

《礼记·中庸》——战国·子思中提到，"凡事豫则立，不豫则废。言前定则不跲，事前定则不困，行前定则不疚，道前定则不穷"。

意思是任何事情，事前有准备就可以成功，没有准备就要失败；说话先有准备，就不会辞穷理屈站不住脚；做事先有准备，就不会遇到困难挫折；行事前计划先有定夺，就不会发生错误后悔的事。

面对严峻的就业形势和用人单位越来越高的聘用条件，如何才能在千军万马的就业大军中脱颖而出？良好的就业观念和出色的综合素质无疑成了大学生提高就业竞争力的基础，而这些素质和能力的养成很大一部分来于大学生良好的职业生涯规划。"凡事预则立，不预则废"。《礼记·中庸》——战国·子思中提到，凡事豫则立，不豫则废。言前定则不跲，事前定则不困，行前定则不疚，道前定则不穷。

意思是不论做什么事，事先有准备，就能得到成功，不然就会失败。任何事情，事前有准备就可以成功，没有准备就要失败；说话先有准备，就不会词穷理屈站不住脚；做事先有准备，就不会遇到困难挫折；行事前计划先有定夺，就不会发生错误后悔的事。

面对严峻的就业形势和用人单位越来越高的聘用条件，如何才能在千军万马的就业大军中脱颖而出？良好的就业观念和出色的综合素质无疑成了大学生提高就业竞争力的基础，而这些素质和能力的养成很大一部分来于大学生良好的职业生涯规划。"凡事预则立，不预则废"。千里之行，始于足下。中国共产党历来重视战略目标的选择和确定，在不同的历史时期，总是根据人民群众的意愿和事业的发展，提出明确的、具有感召力的奋斗目标，并团结和带领广大人民为之奋斗，这也是我党十分重要的政治智慧和成功经验。

任务一　认识需求预测

 学习目标

知识目标	素质目标	技能目标
➤了解时间序列的组合部分 ➤掌握平滑预测的方法 ➤掌握趋势预测的方法 ➤掌握随季节性变化的数据预测 ➤掌握回归分析的预测方法	➤能够利用平滑预测的方法进行预测 ➤能够利用趋势预测的方法进行预测 ➤能够利用季节性变化的数据进行预测 ➤能够利用回归分析的方法进行预测	➤养成居安思危的习惯，提高忧患意识

 任务描述

某产品近几年在各个行业的销售量如表 8 - 1 - 1 所示。

表 8 - 1 - 1　某产品在各个行业的销售量

年份	邮政	运输	医药	商业配送	机场
2016 年	25	30	10	10	25
2017 年	26	28	12	14	20
2018 年	26	25	14	18	17
2019 年	25	25	14	22	14
2020 年	24	22	15	25	14
2021 年	23	20	16	28	13

试分析该产品这几年间的主要需求行业，并预测其下一年的需求量。

 **任务资讯**

预测就是对未来事件进行预计，它既是一门科学，也是一种艺术。预测有许多种方法，它可以通过采集历史数据，并借助于某种数学模型，将这些数据映射到未来的空间中去；它也可以是主观的，或者说直觉得出预测结果；预测还可以是上述两种方法的结合，即建立一个数学模型，并根据经验对该模型进行修正，然后用以预测。预测有多种技术，但并不存在一种"最好"的预测方法。对于处于某种特定环境下的某个公司非常有效的预测方法，也许对于另一家公司甚至对同一家公司的不同部门而言，却是个荒唐的做法。此外，人们往往发现对预测效果的期望不能过高，"完美"的预测几乎不存在，而且预测水准的提高需付出时间和金钱的代价。然而，没有商家会为了避开预测过程的麻烦而宁愿坐等未来的事件发生，然后再去寻找商机。公司长期与短期的计划均有赖于对其产品需求的有效预测。

预测可以分为定量预测和定性预测两大类。定量预测方法需要对历史数据作出分析，这些历史数据涉及某个时间序列，也可能还涉及与该时间序列相关的其他时间序列。如果所使用的历史数据就是所要预测的那个时间序列中的过去时刻的值，则称该预测过程为时间序列预测方法。定性预测方法适用于缺乏历史数据的情况，常用的定性预测方法包括总经理集体审定法、推销人员意见综合法、德尔菲（Delphi）法和市场调查法。

一、时间序列的组合部分

时间序列是按某种时间单位（每日、每周、每月、每季、每年等）记录下来的数字序列，例如，青岛啤酒的日运输量、光明牌牛奶每周的销售量、东方航空公司月等机的乘客数、IBM 股票的季度盈利报表、年消费者价格指数等。时间序列预测法根据某个时间序列的历史数据预测该事件序列的未来数据，并不考虑其他因素的影响。

时间序列法是由历史数据预测该时间序列的若干组成部分，再将组成部分映射到未来时间中去。一个时间序列一般由四个部分组成：趋势部分、季节部分、周期部分和随机变量部分。

（1）趋势部分是指数据随时间逐渐上升或下降的变化状况。销售量、人口、收入等均具有趋势化。

（2）季节部分是指一种数据模式经过若干天、周、月，或季节的一个周期后又重复出现。例如，周六是饭店、理发店的经营高峰。

（3）周期部分是每几年发生一次的数据模式。这里的周期通常是指商业周期，它们在商业活动分析与计划中极其重要。由于商业周期可能受到政治事件的影响，所以其预测较为困难。

随机变量部分是指由于机遇或非正常环境造成的数据"跳动"。随机变量没有什么规律可循，因此是不可预测的。

二、平滑预测方法

许多生产企业需要以周或月为单位分析上千个变量，因此，在选择预测技术时，方法是否简单易行是一个重要的准则。本部分介绍的预测技术对数据的要求不高，操作简便，而且易于理解，适用于稳态时间序列，即不呈现明显的趋势化、周期化、季节化的时间序列。平滑预测方法的目的是通过一个平均化处理，使时间序列中的不规则部分平滑化。

（一）移动平均法

移动平均法将时间序列中 n 个最近期的数据的平均值作为下一周期的预测值。其计算公式如下：

$$移动平均值 = n 个最近期的数据之和/n$$

这里"移动"是指，可得到新的观察值以代替时间序列中的旧的观察值，并计算出新的平均值。结果，当新的观察值产生后，旧的平均值将发生变化，或者说"移动"了。为进一步说明移动平均方法，下面来看工作任务描述中电器商品 DVD 机销售量的预测问题。

【建模求解】用 $n=3$ 期移动平均法预测第 18 个星期的 DVD 机销售量。图 8-1-1 所示为某电器商店 DVD 机销售量

该销售量数据序列中，前 3 周的平均值为 $(36+28+35)/3=33$，用它来预测第 4 周的销售量，则第 4 周的移动平均预测值为 33。同理，第二个 3 周（即第 2 周至第 4 周）的平均预测值是 34.33，即第 5 周的移动平均预测值为 34.33。于是，根据移动跨度为 3 周时的移动平均值，该店经理可预测出下周（第 18 周）的 DVD 机销售量：

	A	B	C
1	月份	DVD机销售量	移动平均预测值
2	1	36	/
3	2	28	/
4	3	35	/
5	4	40	33.00
6	5	34	34.33
7	6	32	36.33
8	7	35	35.33
9	8	40	33.67
10	9	37	35.67
11	10	31	37.33
12	11	34	36.00
13	12	36	34.00
14	13	37	33.67
15	14	33	35.67
16	15	38	35.33
17	16	36	36.00
18	17	41	35.67
19	18	?	38.33

图 8 - 1 - 1　某电器商店 DVD 机销售量

$$F18 = (Y15 + Y16 + Y17)／3 = (38 + 36 + 41)／3 = 38.33$$

式中　$Y15$，$Y16$，$Y17$——第 15、16、17 周的销售量；

$F18$——第 18 周的销售预测值。

预测模型的公式如图 8 - 1 - 2 所示。

	A	B	C
1	月份	DVD机销售量	移动平均预测值
2	1	36	/
3	2	28	/
4	3	35	/
5	4	40	=AVERAGE(B2:B4)
6	5	34	=AVERAGE(B3:B5)
7	6	32	=AVERAGE(B4:B6)
8	7	35	=AVERAGE(B5:B7)
9	8	40	=AVERAGE(B6:B8)
10	9	37	=AVERAGE(B7:B9)
11	10	31	=AVERAGE(B8:B10)
12	11	34	=AVERAGE(B9:B11)
13	12	36	=AVERAGE(B10:B12)
14	13	37	=AVERAGE(B11:B13)
15	14	33	=AVERAGE(B12:B14)
16	15	38	=AVERAGE(B13:B15)
17	16	36	=AVERAGE(B14:B16)
18	17	41	=AVERAGE(B15:B17)
19	18	?	=AVERAGE(B16:B18)

图 8 - 1 - 2　预测模型公式

（二）加权移动平均法

移动平均技术的一个缺点是，在计算移动平均值时所有的历史数据都是等权重的。如果给这些数据赋权以提高预测的精度，那就是加权盈动平均法，它是移动平均法的一个演变。例如，在上述 DVD 机销售量时间序列中，首先赋予最近期（第 3 周）的观察值和最早期（第 1 周）的观察值两个不同的权重，前者是后者的 3 倍；然后赋予次早期（第 2 周）的观察值一个权重，并使之等于最早期观察值权重的 2 倍，即第 1 周、第 2 周、第 3 周观察值的权重分别为 1/6、2/6、3/6，则第 4 周的预测值可用加权移动平均法计算如下：

第 4 周的加权移动平均预测值 $= 3/6 \times 35 + 2/6 \times 28 + 1/6 \times 36 = 32.84$

上述模型如图 8 – 1 – 3 所示。

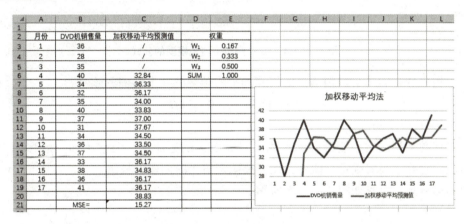

图 8 – 1 – 3　加权移动平均法

在图 8 – 1 – 3 中，有

$$MSE = \sum_i \frac{(y_i - \hat{y}_i)^2}{n}$$

式中　y_i——销售量；

$\hat{y}_i$——估计值 = 数据点的销售预测值。

MSE 可用 Excel 中的 SUMXMY2 命令计算。设单元格 C21 表示 MSE，则在该单元格中输入下述公式：

$$= SUMXMY2（B6：B19，C6：C19）/COUNT（C6：C9）$$

式中　SUMXMY2（B6：B19，C6：C19）——计算数组（B6：B19）和数组（C6：C19）中对应数值差的平方和，即 $\sum_i (y_i - \hat{y}_i)^2$；

COUNT（C6：C19）——计算单元格 C6：C19 中的单元格数目，即 n。

上述模型的公式如图 8 – 1 – 4 所示。

	A	B	C	D	E
1					
2	月份	DVD机销售量	加权移动平均预测值		权重
3	1	36	/	W_1	0.167
4	2	28	/	W_2	0.333
5	3	35	/	W_3	0.5
6	4	40	=B5*$E$5+B4*$E$4+B3*$E$3	SUM	=SUM(E3:E5)
7	5	34	=B6*$E$5+B5*$E$4+B4*$E$3		
8	6	32	=B7*$E$5+B6*$E$4+B5*$E$3		
9	7	35	=B8*$E$5+B7*$E$4+B6*$E$3		
10	8	40	=B9*$E$5+B8*$E$4+B7*$E$3		
11	9	37	=B10*$E$5+B9*$E$4+B8*$E$3		
12	10	31	=B11*$E$5+B10*$E$4+B9*$E$3		
13	11	34	=B12*$E$5+B11*$E$4+B10*$E$3		
14	12	36	=B13*$E$5+B12*$E$4+B11*$E$3		
15	13	37	=B14*$E$5+B13*$E$4+B12*$E$3		
16	14	33	=B15*$E$5+B14*$E$4+B13*$E$3		
17	15	38	=B16*$E$5+B15*$E$4+B14*$E$3		
18	16	36	=B17*$E$5+B16*$E$4+B15*$E$3		
19	17	41	=B18*$E$5+B17*$E$4+B16*$E$3		
20					
21		MSE=	=SUMXMY2(B6:B19,C6:C19)/COUNT(C6:C19)		

图 8 – 1 – 4　加权移动平均法模型的公式

值得指出的是移动平均预测是加权移动平均预测的一个特例,此时

$$W_1 = W_2 = \cdots = W_k = 1/k$$

式中　k——被平滑跨度。

加权移动平均法比一般的移动平均法具有更大的适应性,但它不如一般移动平均法计算简便。它除了需要确定 k 值外,还需要确定每个时间段的权重。

规划求解参数设置如图 8 – 1 –5 所示。

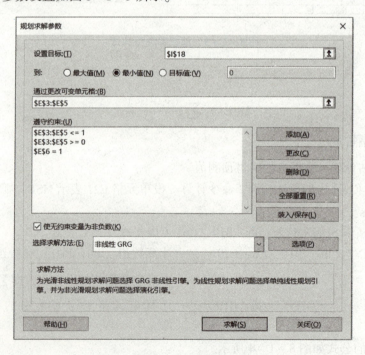

图 8 – 1 – 5　规划求解参数设置

注意这是一个非线性优化问题，因为 MSE 是一个非线性的目标函数。图 8 – 1 – 5 给出了本问题的解：$W_1 = 0.408$，$W_2 = 0$，$W_3 = 0.592$。此时，第 18 个月的销售量预测值为 39.78。

	A	B	C	D	E
1					
2	月份	DVD机销售量	加权移动平均预测值	权重	
3	1	36	/	W_1	0.408
4	2	28	/	W_2	0.000
5	3	35	/	W_3	0.592
6	4	40	35.41	SUM	1.000
7	5	34	35.11		
8	6	32	34.41		
9	7	35	35.26		
10	8	40	34.59		
11	9	37	36.74		
12	10	31	36.18		
13	11	34	34.67		
14	12	36	35.22		
15	13	37	33.96		
16	14	33	35.78		
17	15	38	34.22		
18	16	36	37.59		
19	17	41	34.78		
20			39.78		
21		MSE=	11.28		

图 8 – 1 – 6　加权移动平均法计算结果

（三）指数平滑法

指数平滑法也是一种可对静态历史数据赋予不同权重的平滑技术。指数平滑模型具有以下形式：

$$F_t = F_{t-1} + \alpha(A_{t-1} - F_{t-1}) \cdots \tag{8-1-1}$$

式中　F_t ——t 期的预测值；

　　F_{t-1}——上期（$t-1$ 期）的预测值；

　　α　——平滑系数；

　　A_{t-1}——上期（$t-1$ 期）数据点的实际观察值。

可见 t 期预测值等于上期预测值 F_{t-1} 与上期预测误差 $A_{t-1} - F_{t-1}$ 修正值的 α 倍之和。参数 α 为平滑系数，设其值位于 0 和 1 区间。式（8 – 1 – 1）经不断迭代后表示如下：

$$F_t = \alpha A_{t-1} + \alpha(1-\alpha)A_{t-2} + \alpha(1-\alpha)^2 A_{t-3} + \alpha(1-\alpha)^3 A_{t-4} + \cdots +$$
$$\alpha(1-\alpha)^{t-2}A_1 + (1-\alpha)^{t-1}F_0 \tag{8-1-2}$$

当数据较多时，可取 $F_0 = A_1$。式（8 – 1 – 2）表明，t 期预测值等于 t 期以前所有历史数据加权和，其中最近期的数据观察值 A_{t-1} 被赋予最大权重 α，而近期的数据观察值 A_{t-2} 被赋予第二大的权重 $\alpha(1-\alpha)$，如此类推。在指数平滑模型中，若 α 较小，则其预测值对数据的变化反应较缓慢；当 α 接近于 1 时，其预测值对数据变化的反应最为快捷。

图 8-1-7 所示为 α 分别为 0.3 与 0.8 时，DVD 机销售量的指数平滑模型运行结果，从中反映出了预测值与 α 的关系。

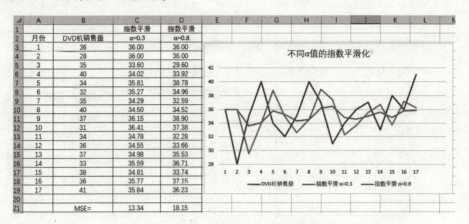

图 8-1-7　α=0.3 和 α=0.8 时的指数平滑

上述指数平滑模型的公式如图 8-1-7 所示。在图 8-1-7 中，α=0.3 和 α=0.8 时的指数平滑模型的公式采用 Excel 规划求解功能，可计算出使得平均标准误差 MSE 最小化的 α 值。图 8-1-8 所示为"规划求解参数"对话框，单元格 E2＝指数平滑值 α。

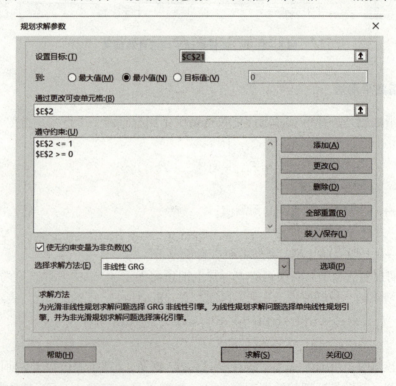

图 8-1-8　"规划求解参数"对话框

图 8-1-9 所示为应用规划求解计算使得平均误差平方和（MSE）最小化的 α 值。

求解结果为：当 =1 时，平均误差平方和（MSE）最小。图 8 – 1 – 9 所示为 $\alpha = 0.1$ 时的指数平滑模型。

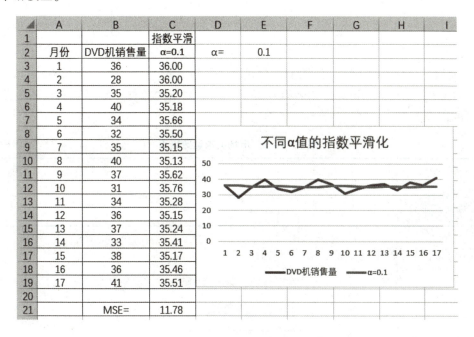

图 8 – 1 – 9 　$\alpha = 0.1$ 时的指数平滑模型

三、趋势预测法

趋势预测法首先找到历史数据点序列的一条趋势线，然后按此趋势线进行预测。通常可采用若干种数学函数（如指数函数与二次函数）来反映不同的趋势，本部分仅考虑线性趋势情况。

如果要采用精确的统计方法作出线性趋势线，则最小二乘法不失为一种好的选择。用最小二乘法可得到一条与实际观察点之间的拟合误差平方和最小化的拟合直线，称为拟合方程。最小二乘法拟合直线方程式是用它的 y 截距（即该直线与 y 轴的交点）与斜率（该直线的斜率）来表示的。如果求出了该直线的 y 截距与斜率，则该回归直线方程可表达如下：

$$\hat{y} = a + bt$$

式中　$\hat{y}$——数据点的估计值（或称拟合值）；

　　　a——y 轴的截距；

　　　b——回归直线的斜率；

　　　t——时间（独立变量）。

回归直线的斜率与 y 轴截距可用下式计算：

$$b = \frac{\sum\limits_{i=1}^{n} x_i y_i - n\overline{x}\,\overline{y}}{\sum\limits_{i=1}^{n} x_i^2 - n\,(\overline{x})^2} \qquad\qquad (8-1-3)$$

$$a = \overline{y} - b\overline{x} \qquad\qquad (8-1-4)$$

下面用一个例子来说明如何用上述公式求出回归方程。

【例8.1】如果一个市场分析者得到表8－1－2列出的数据，则用趋势预测法预测第7个月的市场需求。

表8－1－2　市场需求量数据表

月份	1	2	3	4	5	6
市场需求/千单位	7	9	5	11	10	13

【解】先计算若干变量值，如图8－1－10所示。

	A	B	C	D	E
1					
2		月份(X)	需求(Y)	X^2	XY
3		1	7	1	7
4		2	9	4	18
5		3	5	9	15
6		4	11	16	44
7		5	10	25	50
8		6	13	36	78
9					
10	求和	21	55	91	212
11	平均值	3.5	9.166667		
12					
13	b=	1.114286			
14					
15	a=	5.266667			

图8－1－10　变量值的计算

其计算公式如图8－1－11所示。

	A	B	C	D	E
1					
2		月份(X)	需求(Y)	X^2	XY
3		1	7	=B3^2	=B3*C3
4		2	9	=B4^2	=B4*C4
5		3	5	=B5^2	=B5*C5
6		4	11	=B6^2	=B6*C6
7		5	10	=B7^2	=B7*C7
8		6	13	=B8^2	=B8*C8
9					
10	求和	=SUM(B3:B8)	=SUM(C3:C8)	=SUM(D3:D8)	=SUM(E3:E8)
11	平均值	=AVERAGE(B3:B8)	=AVERAGE(C3:C8)		
12					
13	b=	=(E10-6*B11*C11)/(D10-6*B11^2)			
14					
15	a=	=C11-B13*B11			

图8－1－11　变量值的计算公式

然后用式（8-1-3）和式（8-1-4）计算如下：

$$b = \frac{\sum xy - n\bar{x}\bar{y}}{\sum x^2 - n\bar{x}} = \frac{212 - 6 \times 3.5 \times 9.17}{91 - 6 \times (3.5)^2} = 1.11$$

$$a = \bar{y} - b\bar{x} = 9.17 - 1.11 \times 3.5 = 5.267$$

因此，用最小二乘趋势法得到以下回归方程：

$$\hat{y} = 5.267 + 1.11x$$

为求出第 7 个月的市场需求，将 $x = 7$ 代入上式，则得：

第 7 个月的市场需求预测值 $= 5.267 + 1.11 \times 7 = 13.07$（千单位）

为验证模型的有效性，在图 8-1-12 中画出了市场需求的历史数据线与回归直线，以进行对比，如图 8-1-12 所示。图 8-1-13 所示为用 Excel 方法确定回归直线的截距与斜率。

图 8-1-12　观察数据线与回归直线对比

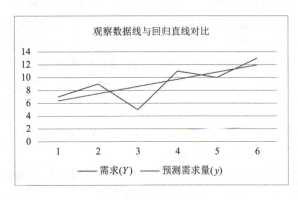

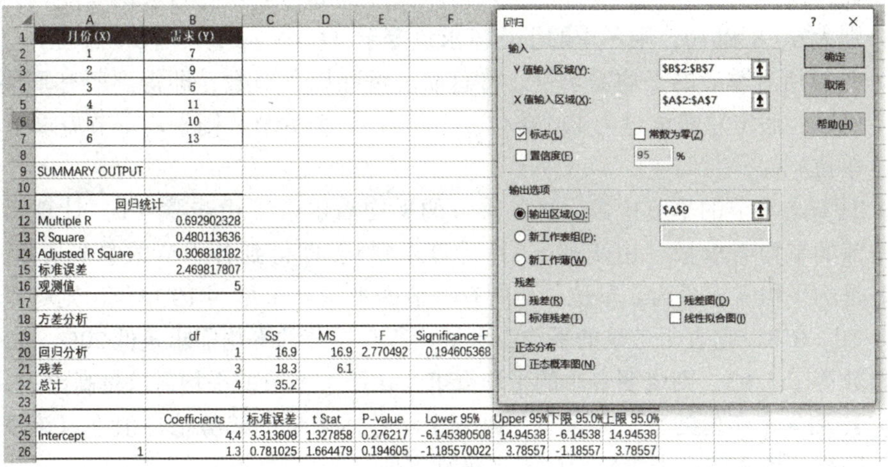

图 8-1-13　用 Excel 中的回归功能计算回归直线的截距与斜率

项目八　掌握需求预测与库存控制

在应用最小二乘法时，应满足下述两个条件：

（1）在对时间序列进行预测时，不宜作长期预测。例如，用 15 个月的 Intel 股票平均价格的值只能预测未来 2～3 个月的情况，更长期间的预测在统计意义上是无效的，所以不能用 3 年的销售数据规律预测未来 5 年的情况。世界充满了太多的不确定性。

（2）最小二乘法假设数据点之间呈线性关系，所以应先作出散点图以判断其是否满足线性关系。若散点图呈曲线状，则需采用非线性分析方法。

四、随季节性变化的数据的预测

在一些受到诸如天气、节假日等事件影响的时间序列中，数据呈有规则的上下变动，这就是季节性变化。例如，除雪机的需求量在寒冷的冬季达到高峰，而对高尔夫俱乐部或日光浴场的需求则在夏季达到峰值。

季节性变化的周期可以是小时、日、周、月等。电影院在周五、周六傍晚有较高的需求；Burger King 快餐店的生意每天中午 12 时和下午 5：30 时各经历一次起伏；邮局、玩具专卖店的顾客光临数与销售量也呈季节性变动。此外，电力公司、银行、公交车和地铁需满足高峰时的需求，在进行产能设计时同样需要考虑季节性变化问题。时间序列预测首先要预测整个时间段中数据的总趋势。当数据季节性变化时，则必须对该预测趋势线进行修正。在时间序列问题中，季节性变化是用实际值与平均值进行描述的，用月或季度为单位进行数据分析更有助于确定季节性变动的周期。通常可用几种常见的方法推算出季节性指数。

在一种季节性模型中，将季节性因子乘以平均需求量的估计值，即得到修正季节性变化的预测值。下面是某公司的"季节"预测步骤：

（1）计算各"季节"在历史年的平均需求量。将各年中同一季节的需求量增加，然后除以年数，即得到各个"季节"的平均需求量。例如，假定在过去的 3 年内，冬季的销售量分别为 6、8 和 10，则冬季的平均需求量等于 $(6+8+10)/3=8$（单位）。

（2）计算所有季节的平均需求量。将总需求量除以季节数，即得到所有季节的平均需求量。例如，假定总需求量为 120 单位，三年有 12 个季节，则平均季节需求量为 $120/12=10$（单位）

（3）计算各季节的季节指数。将各季节的平均需求量［由步骤（1）计算得到］除以所有季节的平均需求量［由步骤（2）计算得到］，即得到各季节的季节指数。例如，三年内冬季的平均需求量为 8 单位，而所有季节的平均需求量为 10 单位，则冬季的季节指数为 $8/10=0.8$，它表明冬季的平均需求量比所有季节的平均需求量低 20%。如果春季的季节指数等于 1.03，则表明春季的平均需求量比所有季节的平均需求量高出 3%。

（4）预测未来年份的季节需求量。将未来年份需求量的趋势估计值乘以该季节的季节指数，即得到该季节在未来年份的需求量预测值。

【例 8.2】某展览中心的参观人数如表 8-1-3 所示。计算各季节的季节指数，并预测 2002 年冬季的参观人数。

表 8 - 1 - 3　某展览中心参观人数

年份	季度	参观人数/千人
1999	冬季	79
	春季	97
	夏季	126
	秋季	80
2000	冬季	74
	春季	85
	夏季	107
	秋季	65
2001	冬季	89
	春季	117
	夏季	140
	秋季	94

季节指数的计算过程和结果如图 8 - 1 - 14 所示，其计算公式如图 8 - 1 - 15 所示。

	A	B	C	D	F	F
1	年份	季度	参观人数（千人）		各季节的平均季节需求量	季节指数
2		冬季	79	冬季	80.667	0.840
3	1999	春季	97	春季	99.667	1.037
4		夏季	126	夏季	124.333	1.294
5		秋季	80	秋季	79.667	0.829
6		冬季	74			
7	2000	春季	85			
8		夏季	107	所有季节的平均季度需求量	96.083	
9		秋季	65			
10		冬季	89			
11	2001	春季	117			
12		夏季	140			
13		秋季	94			
14						
15						

图 8 - 1 - 14　计算某展览中心参观人数季节指数

	A	B	C	D	E	F
1	年份	季度	参观人数（千人）		各季节的平均季节需求量	季节指数
2		冬季	79	冬季	=AVERAGE(C2,C6,C10)	=E2/$E$8
3	1999	春季	97	春季	=AVERAGE(C3,C7,C11)	=E3/$E$8
4		夏季	126	夏季	=AVERAGE(C4,C8,C12)	=E4/$E$8
5		秋季	80	秋季	=AVERAGE(C5,C9,C13)	=E5/$E$8
6		冬季	74			
7	2000	春季	85			
8		夏季	107	所有季节的平均季度需求量	=AVERAGE(C2:C13)	
9		秋季	65			
10		冬季	89			
11	2001	春季	117			
12		夏季	140			
13		秋季	94			
14						
15						

图 8 - 1 - 15　计算某展览中心参观人数季节指数公式

下面说明季节指数的应用。对于随季节变化的数据，必须先剔除其随季节波动的部分才能进行回归分析，通常将原始数据除以相应的季节指数，即得到一组剔除了季节因素影响的数据。然后，将该数据作为非独立变量，将时间作为独立变量，进行回归分析，得到回归直线的方程。根据图 8 – 1 – 15 的季节指数进行回归，可得本问题的回归模型为

$$\hat{y} = 85.395 + 1.647t$$

用该回归模式可以预测 2002 年冬季的需求量。其中，$t = 13$ 表示 2002 年冬季，$t = 14$ 表示 2002 年春季，依此类推。冬、春、夏、秋四个季度的季节指数分别为 0.840、1.037、1.294、0.829，如图 8 – 1 – 14 所示。因此，2002 年冬季的参观人数预测值为

$$(85.375 + 1.647 \times 13) \times 0.84 = 89.7 \text{（千人）}$$

上述模型的 Excel 表示如图 8 – 1 – 16 和图 8 – 1 – 17 所示。

图 8 – 1 – 16　用 Excel 中的回归功能计算回归直线的截距与斜率

	A	B	C	D	E
1	季度	参观人数（千人）	季节指数	时间（t）	消除季节变动后的数据
2	冬季	79	0.840	1	=B2/C2
3	春季	97	1.037	2	=B3/C3
4	夏季	126	1.294	3	=B4/C4
5	秋季	80	0.829	4	=B5/C5
6	冬季	74	0.840	5	=B6/C6
7	春季	85	1.037	6	=B7/C7
8	夏季	107	1.294	7	=B8/C8
9	秋季	65	0.829	8	=B9/C9
10	冬季	89	0.840	9	=B10/C10
11	春季	117	1.037	10	=B11/C11
12	夏季	140	1.294	11	=B12/C12
13	秋季	94	0.829	12	=B13/C13

图 8 – 1 – 17　用 Excel 中的回归功能计算回归直线的公式

上述方法也可用于数据的循环。数据的循环与季节性变化十分类似，只是每相隔几年发生 1 次，而不是相隔几周、几个月或几个季度。从一个时间序列预测这类问题往往比较困难，其最大的难点在于确定标志新一轮循环开始的转折点。预测商业活动循环的最

好办法是找到某个与数据序列相关的前续变量。例如，高等院校入学率的前续变量是出生率，后者比前者超前约 18 年。

五、相关性预测方法：回归分析

相关性预测模型与时间序列预测的一个不同之处是它通常考虑与待预测变量相关的若干个变量，一旦找到了这些相关变量，就可以建立一个统计模型，从而计算出预测量。而时间序列预测法仅根据待预测变量的历史数据进行统计，相比之下，相关性预测方法更加完善。

在相关性预测时，可以考虑多个因素。例如，Dell 公司 PC 机的销售量可能与该公司的定价、广告费用、竞争者的产品价格以及国民经济和失业率相关。这里 PC 机的销售量称为非独立变量，而其他相关变量称为独立变量。经理的职责就是全力改善和促进 PC 机的销售量与这些相关独立变量之间的关系。在相关性预测模型中，最常用的定量模型是线性回归分析模型。

线性回归分析法可采用在趋势预测中的数学模型，即最小二乘法模型。其中，待预测的非独立变量仍为 $\hat{y}$，而独立变量 x 既可以是时间变量，又可以是非时间变量。

【例 5.3】某超市连锁店想要弄清以下变量之间的关系：现有库存中某种牌子的罐装蔬菜销售额（y）、该罐装蔬菜在当地报纸上所花的广告费用（x_1），以及仓库中储存该牌子产品的货架容量（x_2）之间的关系。随机地选定一个超市连锁店，该店在 20 周内的 y、x_1 与 x_2 的变化如图 8－1－18 所示。

【解】用 Excel 可以得到销售回归模型，如图 8－1－19 所示。

由图 8－1－18 中的单元格 B62、B63 和 B64 可知，回归系数 $a=-588.5$，$b_1=2.548$，$b_2=34.12$。因此，本问题的回归模型如下：

$$销售额=-558.5+2.548\times 广告费用+34.12\times 货架容量$$

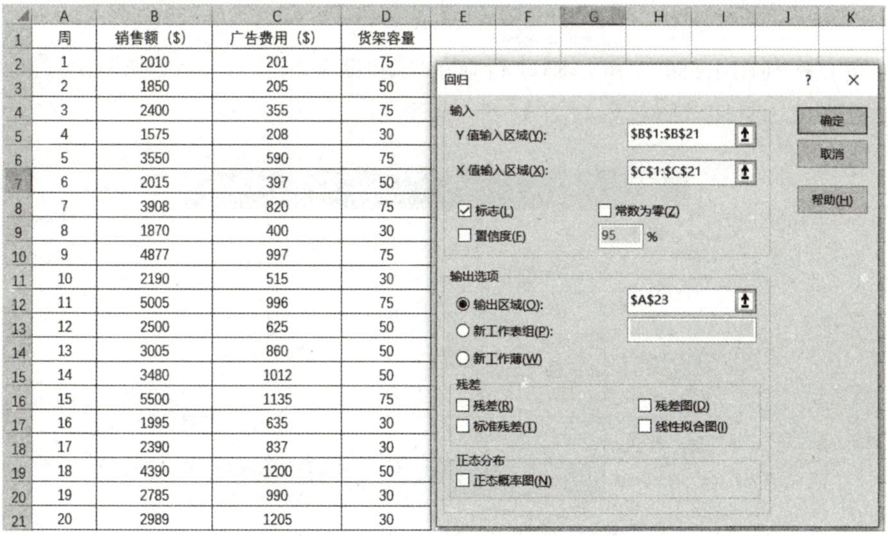

	A	B	C	D
1	周	销售额（$）	广告费用（$）	货架容量
2	1	2010	201	75
3	2	1850	205	50
4	3	2400	355	75
5	4	1575	208	30
6	5	3550	590	75
7	6	2015	397	50
8	7	3908	820	75
9	8	1870	400	30
10	9	4877	997	75
11	10	2190	515	30
12	11	5005	996	75
13	12	2500	625	50
14	13	3005	860	50
15	14	3480	1012	50
16	15	5500	1135	75
17	16	1995	635	30
18	17	2390	837	30
19	18	4390	1200	50
20	19	2785	990	30
21	20	2989	1205	30

图 8－1－18　某超市连锁店 20 周的销售额（y）、广告费用（x_1）与货架容量（x_2）

23	SUMMARY OUTPUT					
24						
25	回归统计					
26	Multiple R	0.766663183				
27	R Square	0.587772436				
28	Adjusted R Squ	0.564870904				
29	标准误差	776.8759366				
30	观测值	20				
31						
32	方差分析					
33		df	SS	MS	F	gnificance F
34	回归分析	1	15489879.22	15489879.22	25.6652	8.05E-05
35	残差	18	10863651.98	603536.2209		
36	总计	19	26353531.2			
37						
38		Coefficients	标准误差	t Stat	P-value	Lower 95%Upper 95%下限 95.0%上限 95.0%
39	Intercept	1133.230238	409.9154455	2.764546324	0.01277	272.0298 1994.431 272.0298 1994.431
40	广告费用（$）	2.652428629	0.523565909	5.06608353	8.05E-05	1.552457 3.7524 1.552457 3.7524

图 8 - 1 - 19　某超市连锁店 20 周的销售回归模型

任务实施

【解】首先要在邮政、运输、医药、商业配送和机场这几大行业中分析出该产品的主要需求行业，可求解这几年的平均值，平均值最大者即为需求最高的行业；然后利用趋势预测法预测下一年的需求量；最后利用 Excel 求解即可。

步骤一：分析主要需求的行业

首先求解邮政、运输、医药、商业配送和机场这几大行业在 2016—2021 年间需求量的平均值，以邮政行业为例（其他行业的求解亦如此）：

$$\overline{X_1} = \frac{25 + 26 + 26 + 25 + 24 + 23}{6}$$

此外可直接利用 Excel 求解，邮政行业的需求量平均值 $\overline{X_1} = \text{AVERAGE}（B3：B8）$，其他行业亦如此，具体求解过程如图 8 - 1 - 20 所示。

	A	B	C	D	E	F
1		邮政	运输	医药	商业配送	机场
2	2016年	25	30	10	10	25
3	2017年	26	28	12	14	20
4	2018年	26	25	14	18	17
5	2019年	25	25	14	22	14
6	2020年	24	22	15	25	14
7	2021年	23	20	16	28	13
8	算术平均值	24.83	25.00	13.50	19.50	17.17

图 8 - 1 - 20　分析主要需求的行业

从算数平均值可以看到，运输行业这 6 年的算术平均值最高，则该产品的主要需求行业即为运输行业。

步骤二：求解回归直线方程

首先根据趋势预测法，回归直线方程可表达如下：

$$\hat{y} = a + bt$$

回归直线的斜率与 y 轴截距可用下式计算：

$$b = \frac{\sum_{i=1}^{n} x_i y_i - n\overline{xy}}{\sum_{i=1}^{n} x_i^2 - n\,(\overline{x})^2}$$

$$a = \hat{y} - b\hat{x}$$

利用 Excel 求解的具体步骤如下。

  请同学们扫描右侧二维码，观看"利用 Excel 求解需求预测问题－任务实施"的视频。

先计算若干变量值，如图 8 – 1 –21 所示，即可得 $b = -1.943$，$a = 3\,946.657$。

	年份(X)	运输(Y)	X^2	XY
	2016	30	4064256	60480
	2017	28	4068289	56476
	2018	25	4072324	50450
	2019	25	4076361	50475
	2020	22	4080400	44440
	2021	20	4084441	40420
求和	12111	150	24446071	302741
平均值	2018.5	25		
b	-1.942857143			
a	3946.657143			

图 8 – 1 – 21　变量值的求解

因此，用最小二乘趋势法得到以下回归方程：

$$\hat{y} = 3\,946.657 - 1.943x$$

为求出第 2022 年的市场需求，将 $x = 2022$ 代入上式，则得

第 2022 年的市场需求预测值 = $3\,946.658 - 1.943 \times 2\,022 = 18.2$

 任务拓展

　　西部一个县城的某家具公司，搜集资料得知，家具销售额与当地新增住宅面积有关，资料见表 8 - 1 - 4，该县城 2022 年估计新增住宅面积 100 万平方米，请问 2022 年的家具销售额为多少？

表 8 - 1 - 4　某产品在各个行业的销售量

项目/年份	2017	2018	2019	2020	2021
新增住宅面积/（万平方米）	30	35	45	60	80
家具销售额/万元	10	8	12	14	16

 任务巩固

一、选择题

1. 常用的定性预测方法包括（　　　）。

A. 总经理集体审定法　　　　　　　B. 推销人员意见综合法

C. 德尔菲（Delphi）法　　　　　　D. 市场调查法

2. 一个时间序列一般由（　　　）等部分组成。

A. 趋势部分　　　B. 季节部分　　　C. 周期部分　　　D. 随机变量部分

3. 下列属于平滑预测方法的是（　　　）。

A. 移动平均法　　B. 时间序列法　　C. 加权移动平均法　D. 指数平滑法

二、判断题

1. 定量预测方法需要对历史数据作出分析。这些历史数据涉及某个时间序列，也可能还涉及与该时间序列相关的其他时间序列。（　　　）

2. 平滑预测方法的目的是通过一个平均化处理，使时间序列中的不规则部分平滑化。（　　　）

3. 时间序列预测是首先找到历史数据点序列的一条趋势线，然后按此趋势线进行预测。（　　　）

4. 如果要采用精确的统计方法作出线性趋势线，即用最小二乘法不失为一种好的选择。（　　　）

三、思考题

1. 在一种季节性模型中，将季节性因子乘以平均需求量的估计值，就得到修正季性变化的预测值。"季节"预测步骤包括哪些呢？

2. 线性回归分析法可采用在趋势预测中的数学模型，即最小二乘法模型，如何理解最小二乘法模型呢？

四、计算题

某粮油食品公司最近 10 周大米的销售量如表 8－1－5 所示，请预测第 11 周大米的销售量，以便该公司的大米能够及时供应，避免出现缺货或者库存过多。

表 8－1－5　某粮油食品公司最近 10 周大米销售量

周期/周	大米销售量/吨
1	62
2	51
3	72
4	64
5	50
6	48
7	76
8	54
9	63
10	73

 任务评价

学习任务完成情况评价

名称		评分标准或要求	分值	评价方式			得分
				自评	互评	师评	
理论知识评价	1	了解时间序列的组合部分	5				
	2	掌握平滑预测的方法	5				
	3	掌握趋势预测的方法	10				
	4	掌握随季节性变化的数据预测	10				
	5	掌握回归分析的预测方法	10				
技能操作评价	6	能够利用平滑预测的方法进行预测	10				
	7	能够利用趋势预测的方法进行预测	10				
	8	能够利用季节性变化的数据进行预测	10				
	9	能够利用回归分析的方法进行预测	10				
职业素养评价	10	积极参与课堂互动	10				
	11	勇于表达自己的观点，语言表达流畅	10				
总分值			100	总得分			

任务二 了解库存控制的概念

学习目标

知识目标	素质目标	技能目标
➤了解库存的基本概念 ➤理解经济订货批量模型 ➤理解生产批量（边进边出）模型 ➤掌握允许缺货情况下的 EOQ 模型	➤能够利用 Excel 求解经济订货批量模型 ➤能够利用 Excel 求解生产批量（边进边出）模型 ➤能够利用 Excel 求解允许缺货情况下的 EOQ 模型	➤全局和局部的概念，既要着眼全局，又要兼顾局部

任务描述

设有一商店出售某种商品，它的单位成本为 300 元，保管费为每年成本费的 17%，此种商品的每次订购费为 20 元。顾客对此种商品的年需求量为 400 单位，已知需求速度是连续、均匀的。如果不允许缺货，问该商店每年应订货的最优次数是多少？每次订购量为多少？

任务资讯

库存，就是库存物资，凡是处在储存状态的物资都可以称作库存物资，简称库存。在有些情况下，人们也常常把库存物资的数量简称为库存。

库存按其用途分，可以分为两大类，一类是储备库存，一类是周转库存。储备库存是为备战备荒、防备意外事故而储备的库存，平时不动用，到出现灾害、战争或意外事故时才动用。这种库存要保质保量、长期足额储存。因此这种库存不存在库存控制的问题。这种库存物资的管理，完全可以看成是一种仓储管理问题。周转库存是为了生产或流通的顺利进行，在生产或流通的各个环节上暂存待用的临时性储备，它们不断地投入生产和销售，又不断地补充进来，这样不断地周转储存，因此叫周转库存。这种库存是保证生产和流通顺利进行的条件，但是又占用流动资金、增加成本，所以对这种库存要特别重视。所谓库存控制，也就是要对这种库存实行库存量的控制。生产库存和流通库存基本上都属于周转库存。周转库存中也包括为应付一些随机变化而设立的安全库存。

本书所说的库存一般指周转库存。

库存具有二重性。一方面，库存是生产和流通的前提条件，没有库存，生产企业就不可能维持正常的生产，流通企业就不能维持正常的销售；另一方面，库存又是一种成本，是企业沉重的负担。因为这些库存物资或者是企业花费大量资金采购回来的，或者是由企业通过购进原材料，再花费大量的人力、物力、财力将原材料经过众多的、复杂的生产过程加工出来的，在没有销售出去之前的储存时期，都要占用仓库，花费大量的仓储保管费用，储存时间越长，花费的仓储保管费用就越高。因此库存实际上是一种资金的占用，要花费资金使用成本，还要花费生产成本和库存成本。因此，周转库存不能没有，没有就会影响生产和流通；但是也不能太多，太多则会导致成本太高、负担太重。

企业为了在市场中求得生存和发展就必须最大地追求利润，这就要求企业实行最大的节约。库存对于企业的意义就是满足企业生产适时适量的物资需要，而不适时适量的库存对企业就是一种浪费，是使企业受损害的根源。它或者造成缺货，影响企业正常经营；或者造成高库存，给企业增加了成本、降低了利润，降低了企业的市场竞争能力。因此，库存管理的全部意义就在于适时适量。而要做到适时适量，就要进行库存控制与优化，因此说，库存管理的核心问题就是库存控制。库存控制是一个系统工程，牵涉的面相当广，需要从生产、库存管理等多个方面进行努力，并做大量的基础工作，这些工作都是为实现库存控制服务的。所有这些工作都属于生产库存管理工作。

订货点（Order Point，OP），是一种最早期开发出来的、最基本的库存控制技术，起源于 1929 年安德勒（Andler）的经济订货批量公式，第二次世界大战以后，逐渐形成了比较完整的订货点库存控制技术。

订货点技术的基本思想是把生产和采购都看成是一种填充库存的活动，而把销售看成是一种消耗库存的活动。因此，把既保证销售又使得总库存最小作为库存量控制的目标，在对需求预测的基础上，对不同的情况应用运筹学进行最优控制，以求成本最低。

一、库存基本概念

供应链管理和 JIT 生产方式在管理实现中的应用，使人们越来越意识到库存问题是企业决策的一个重要问题，首先通过工作任务描述中某饮料配送中心的库存问题来介绍库存模型的基本要素。

（一）需求

为了解决啤酒库存问题，首先要确定该啤酒的需求情况。为此，配送中心经理从过去 10 周的销售数据中了解到该啤酒过去的需求情况，见表 8 - 2 - 1。

表 8 - 2 - 1　某品牌啤酒需求量

周次	1	2	3	4	5	6	7	8	9	10	均值
需求量	2 000	2 025	1 950	2 000	2 100	2 050	2 000	1 975	1 900	2 000	2 000

运用库存模型求解问题之前，首先要确定该货种的需求量是否是定值，如果是，则可采用确定型库存模型，否则要采用随机模型。从表 8 - 2 - 1 中可以看出，虽然啤酒需求量随着时间的变化而呈现出小幅度波动，但配送中心经理认为需求变动的偏差在允许范围内，可以按定值处理，因而可采用确定型库存模型求解。

（二）进货（补充）

啤酒每周都要分送给不同的客户和零售商，库存中的啤酒不断地减少，配送中心就需要不断地从啤酒生产商处购进啤酒，这就是库存的补充。一般情况下，该配送中心向啤酒生产商发出订单之后，啤酒并不会立即到库，从订单发出到啤酒到库的这段时间间隔称为订货提前期，而两次订货之间的时间间隔称为订货周期。订货提前期可以从以往的购买数据中取得，订购周期则是通过模型求解算出。该配送中心经理从以往的购买数据中得出啤酒的提前期约为 2 天。

对库存的补充除了向其他厂家购买之外，也可以自己生产。例如大型钢铁集团的生产线材所需的钢锭库存补充，就是通过该集团炼钢车间的生产来实现的。

库存的需求和进货是货物库存数量的一出一进，除此之外，在确定库存策略时一条很重要的原则就是库存涉及的总费用最小，为此有必要对费用进行详细的分析。

（三）费用分析

1. 订购或装配费用，用 C_0 表示

如果物品需要从其他工厂购买，则有订购费；如果由本厂生产，则有装配费。订购费（装配费）的一个重要特性就是其费用的大小与一次订购（生产）的数量无关，仅与订购（生产）的次数有关，因而采购部分就希望一次订货的数量越多越好，这样单位产品分摊的订购费（装配费）就小。

该配送中心每完成一次订货所需的通信费用、纸张费用和交通费用等就构成了该啤酒的订购费用，它在每一次订货中是一个固定的值，大小不随着每次订货数量的增加而变化。该配送中心经理估计啤酒每次的订货费用 $C_0 = 32$ 元。

装配费是指依生产所需要的调整和装配费用，如工具的安装、磨具的更换等费用。

2. 单位购买（生产）费用，用（C）表示

单位购买（生产）费用是指购买（生产）单位产品所需的费用，一般为产品的购进单价。例如每件啤酒的购买成本为 8 元，就是此货种的单位购买费用。通常单位购买（生产）费用是固定的，但有时也随着购买（生产）产品的数量而变化。

3. 库存费用，用 C_h 表示

库存费用是指为了维持一定的库存水平而发生的费用，费用的大小与库存量大小有关，库存量越大，库存费用也越大。因而工厂采购部门同时也希望每次订货的数量越少越好，使库存量保持在一个较低的水平，降低库存费用。

库存费一般包括因占用资金而发生的利息、仓储费用，以及因为货品过时、变质所

发生的费用，即资金成本和非资金成本。

如果采购部门是借款来购买产品，则需利息；如果是自有资金，则需机会成本，即这笔资金如果用于其他投资所带来的效益。库存费一般用单位商品在单位时间内的库存费用，或用单位商品在单位时间内占该物资单位购买成本的百分数表示，例如年资金成本主要是用每件商品单位购买成本的百分数表示。该配送中心经理认为，每件啤酒的年资金成本为18%。

非资金成本一般包括仓库的折旧费用、仓库内部搬运费用和其他管理费用，同样也用单位商品单位时间的库存费用，或用单位商品在单位时间内占该项物资单位购买成本的百分数表示。例如年非资金成本主要是每件商品的单位保管费率，它的大小为7%。

由于每件啤酒的购买成本 C 为 8 元，而啤酒的资金成本和非资金成本分别为18%、7%，因此每件啤酒的年库存费用 $C_h = 8 \times (18\% + 7\%) = 2$（元）。

4. 缺货损失费用

当需要某产品，而该产品库存已消耗完时，则会发生缺货损失费，一般包括影响生产（停工待料或用代用品等）的损失费、减少的利润、信誉的损失费等。

（四）库存策略

库存策略就是为订购数量和订货时间提供的各种备选方案。常见的库存策略有以下三种类型：

（1）循环策略。循环策略，即定时补充，每经过一个循环时间即补充库存量 Q。

除此之外可以根据现有库存数量制定相应的库存策略。对于现有库存数量可以通过连续盘点取得，也可通过定期盘点取得。

（2）规定量策略，连续盘点。当库存低于一定数量（又称为重新订货顶点）时就需进行补充。例如：规定库存水平为 M，重新订货点为 R，实际库存量为 x。当 $x \leq R$ 时，就进行补充，补充量为 $Q = M - x$，以使库存量保持在规定的水平上。

（3）混合策略，定期盘点。当库存量低于某再订货点 R，即进行补充。例如：库存量为 x，规定库存水平为 M，每经过时间 t 就对库存量进行一次检查，当 $x \leq R$ 时，就进行补充，补充量为 $Q = M - x$；反之，当 $x > R$ 时，则不进行补充。

二、确定库存模型

（一）经济订货批量模型

经济订货批量模型是库存论中最基本的模型，由哈里斯（F. W. H. arris）于 1915 年首次提出。本部分主要说明经济订货批量模型的假设条件、模型中的两个重要关系、总费用分析和经济订货批量 Q^* 的计算公式，然后通过 Excel 求解案例的啤酒库存问题，并通过啤酒库存问题说明 EOQ 模型的特性。

1. 模型的假设条件

此模型在以下 7 个假设条件下成立：

（1）单位时间的需求量是常量。

（2）每次订货量（Q）保持不变；库存水平在货物到库时达到最大值 Q，库存量沿着以需求速度为斜率的直线下降，直至 0，此时又一批货物到库。

（3）每次的订购费用（C_0）保持不变。

（4）单位购买成本（C）保持不变，即不随订购数量的变化而变化。

（5）单位时间内单位商品的库存费用（C_h）保持不变；计算期内的库存费用是 C_h 和平均库存水平的函数。

（6）不允许缺货。

（7）订货提前期（L）是常量。

经济订货批量库存模型可用图 8 – 2 – 1 表示。

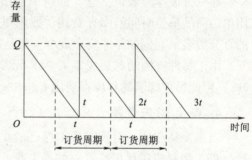

图 8 – 2 – 1　经济订货批量库存模型

2. 两个重要关系

这两个重要关系是年订货次数、订货周期和重新订货点的关系，它们同样适用于其他库存模型。

（1）年需求量、订货批量（Q）、年订货次数和订货周期之间的关系。

$$年订货次数 = 年需求量（D）/订货批量（Q）$$

$$订货周期 = 1/年订货次数 = 订货批量（Q）/年需求量（D）（年）$$

$$以周为单位的订货周期 = 以年为单位的订货周期 \times 52$$

$$以天为单位的订货周期 = 以年为单位的订货周期 \times 365$$

（2）年需求量（D）、订货提前期（L）和重新订货点之间的关系。

$$重新订货点 = 订货提前期（L）\times 年需求量（D）$$

3. 经济订货批量模型的总费用分析

由于此模型不允许缺货，所以总费用不包括缺货损失费，仅包括年订购费用、年购买费用和年库存费用三项。

（1）年订购费用。

$$年订购费用 = 年订货次数 \times 每次订购费用（C_0）$$

$$= \frac{D}{Q} \times C_0 \tag{8 – 2 – 1}$$

（2）年库存费用。

$$年库存费用 = 年平均库存量 \times 单位商品库存费用（C_h）$$

计算年库存时首先要得到年平均库存量表达式。从图 8 – 2 – 1 中可以看出，库存量达到最大值 Q 之后，由于需求为定值，所以库存量就呈直线匀速减少到 0，这样在 0 ～ t 时间内平均库存量为 $\frac{1}{2}Q$；由于在所有订货周期长度内平均库存量都为 $\frac{1}{2}Q$，所以年平均库存量也为$\frac{1}{2}Q$。

将年平均库存量代入公式得

$$年库存费用 = \frac{1}{2}Q \times C_h \qquad (8-2-2)$$

（3）年购买费用。

$$年购买费用 = 年需求量（D）\times 单位购买费用（C） \qquad (8-2-3)$$

（4）总费用，用 TC 表示。

总费用为上面三项之和：

$$TC = \frac{D}{Q}C_0 + \frac{1}{2}Q\,C_h + DC \qquad (8-2-4)$$

4. 求解最优订货批量

最优订货批量Q^*就是使得总成本最小的 Q 值，用微分方法可求得

$$Q^* = \sqrt{\frac{2DC_0}{C_h}} \qquad (8-2-5)$$

即经济订货批量（EOQ）模型公式。当 Q 取 Q^* 时，年订购费用和年库存费用相等，如图 8-2-2 所示。

由此也可以看出Q^*的取值与年购买费用无关，只与订购费用和库存费用有关，因此，后面各个模型中，若年购买费用大小不影响库存决策，则在计算总费用时就不再将其考虑在内。

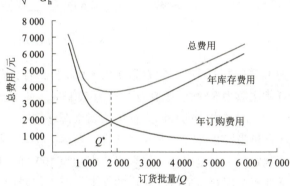

图 8-2-2　年库存费用、年订购费用和总费用曲线

5. 用 Excel 求解 EOQ 模型

Excel 求解过程如图 8-2-3 所示。

B4～B9 是模型的输入部分，其中需求量 B8 以年为基准，B8 = 2 000×52；为了方便计算订货点 B16，以前期 B9 用年来表示，则 B9 = 2/365。

B12～B19 是模型的输出部分：

$$B12 =（年保管费率+年利率）\times 购买单价 =（B4+B5）* B7；$$

$$B13 = SQRT（2 * B8 * B6）/B12）；$$

$$B14 = B8/B13；$$

$$B15 = 1/B14 * 365；$$

$$B16 = B8 * B9；$$

$$B17 = 1/2 * B13 * B12；$$

$$B18 = B14 * B6；$$

$$B19 = B17 + B18 + B7 * B8.$$

在实际操作中订货批量、订货次数和重新订货点必须是整数，因此经济订货批量应

	A	B	C	D
1	EOQ模型计算			
2				
3	**输入**			
4	年利息率:	17%		
5	年保管费用率/单位:	8%		
6	订购费用/次(C_0):	32	元/次	
7	价格/件(C):	8	元/件	
8	年需求量(D):	104000	件	
9	提前期(L):	0.005479452	年	
10				
11	**输出**			
12	年库存费用/单位(C_h):	2	元/件	
13	经济订货批量(Q^*):	1824.281	件	
14	年订货次数:	57.009	次	
15	订货时间间隔:	6	天	
16	重新订货点:	569.863	件	
17	年库存费用:	1824.281	元	
18	年订货费用:	1824.281	元	
19	总费用(TC):	835648.561	元	

图 8 − 2 − 3　EOQ 模型 Excel 求解表

为 1 824 件（通过比较 Q 取 1 824 和 1 825 时总费用的值，来确定最终的经济订货批量），订货次数为 57 次，重新订货点为 570 件。

该配送中心的啤酒库存策略属于循环策略，可以确定为，每次订货量为 1 824 件，当库存量为 570 件时，就开始订货。当然，在实际操作中为了适应需求的波动，可以根据需要制定一个安全库存，如果安全库存为 400 件，那么当库存量为 970 件时就要开始订货。增加安全库存虽适应了变化的需求，但库存费用也增加了 $2 \times 400 = 800$（元/年）。

6. EOQ 模型特性分析

由于经济订货批量 Q^* 的取值只与 C_0、C_h 和 D 有关，其中 D 的值可以较为客观地通过销售数据取得，而 C_0 和 C_h 的值则需要一定的人为估计才能得出，如订货成本中的人工成本、库存费用中的资金成本等。所以希望 EOQ 模型在 C_0 和 C_h 值有一定变动时，经济订货批量和总成本而变动不大。

仍以上例中啤酒的库存为例，通过 Excel 来计算最优订货批量与总成本随 C_0 和 C_h 的变化而变化的情况。

C_0 值分别为 1.92 元/件和 2.08 元/件，C_h 值分别 30 元/次和 34 元/次，求解过程如图 8 − 2 − 4 所示。

图 8 − 2 − 4 中单元格 E3 ~ F6 为输入部分。

G3 = SQRT（2 * 104000 * F3/E3）；

H3 = 1/2 * G3 * E3 + 104000/G3 * F3；

I3 = 1/2 * 1824 * E3 + 104000/1824 * F3；

G4～I6 使用拖动柄复制求出。

E	F	G	H	I
			TC(元)	TC(元)
C_h(元/件)	C_0(元/次)	Q^*件	$Q=Q^*$	$Q=1824$
1.92	30	1803	3461	3462
1.92	34	1919	3685	3690
2.08	30	1732	3603	3607
2.08	34	1844	3835	3836

图 8 – 2 – 4　C_0 和 C_h 变化时 EOQ 模型的 Q^* 和 TC 变化情况

从图 8 – 2 – 4 中可以看出，最优订货批量为 1 700～2 000 件，总成本为 3 400～3 800 元，即使 C_h 值取 1.92 元/件、C_0 值取 34 元/次，如果还用 $C_h=2$ 元/件、$C_0=30$ 元/次时的最优订货批量 1 824 件计算，总成本与用 $C_h=1.92$ 元/件、$C_0=34$ 元/次时的最优订货批量 1 919 件计算的总成本仅相差 5 元，即 3 690 – 3 685 = 5（元）。这说明 EOQ 模型的最优订货批量与总费用对于 C_0 和 C_h 具有一种"刚性"，即当 C_0 和 C_h 变化时，最优订货批量和总费用的变化不大，这是 EOQ 模型的一个重要特性。正是因为这一特性，在成本估计不是十分准确的情况下，EOQ 模型仍然可以得出一个较为合理的库存策略。

（二）生产批量（边进边出）模型

如果某货物是由本厂生产补充的，则库存的补充过程就不同于 EOQ 模型的瞬时补充过程，而是一个逐渐补充的过程，若其余的假设条件与 EOQ 模型相同，则此模型就是生产批量模型。

生产批量模型库存可用图 8 – 2 – 5 表示。

在生产期内库存量因需求而不断减少，因生产而不断增加。设 p 为每天的生产数量，d 为每天的需求数量，并要求 $p \geq d$，则在生产期内库存量以 $p-d$ 的速度增加；非生产期内由于没有库存量的补充，所以库存量以 d 的速度减少；最大库存量并不是生产期内的生产数量，设 t 为生产期的天数，则最大库存量为 $(p-d) \times t$。

生产批量库存模型与经济订货批量模型的分析方法相同，均以总费用最小来分析生产批量库存模型的库存策略。

1. 生产批量模型的费用总分析

首先说明模型中各个参数的意义。

Q——每次生产的批量；

p——每天的生产量；

t——每次的生产天数；

d——每天的需求量；

D——年需求量；

P——年生产量；

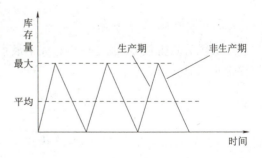

图 8 – 2 – 5　生产批量模型库存

C_h——单位商品的库存费用；

C_0——每次生产的装配费用。

（1）年装配费用。

$$年装配费用 = 年生产次数 \times C_0 \qquad (8-2-6)$$

（2）年库存费用。

$$年库存费用 = 年平均库存量 \times C_h \qquad (8-2-7)$$

从图 8 - 2 - 5 中可以看出：

$$最大库存量 = (p-d) \times t$$

由于生存期内完成的生产量为 Q，且 $Q = p \times t$，故

$$T = Q/p \text{（天）}$$

$$最大库存量 = (p-d) \times Q/p = (1-d/p) \times Q$$

由此可知年平均库存量为

$$年平均库存量 = \frac{1}{2}(1-d/p) \times Q \qquad (8-2-8)$$

由于式（8 - 2 - 8）中 d/p 是比率关系，因此只要时间单位相同，得出的比率就相同，平均率存量也相同，而不管需求速率和生产速率是用天、用月还是年表示。

式（8 - 2 - 8）还可以表示为

$$年平均库存量 = \frac{1}{2}(1-D/p) \times Q \qquad (8-2-9)$$

由式（8 - 2 - 7）和式（8 - 2 - 9）可得：

$$年库存费用 = \frac{1}{2}(1-D/p) \times QC_h \qquad (8-2-10)$$

2. 总费用 TC

总费用为年装配费用和年库存费用之和：

$$TC = \frac{D}{Q}C_0 + \frac{1}{2}(1-D/p) \times QC_h \qquad (8-2-11)$$

3. 求解最优货批量

最优订货批量 Q^* 就是使得总成本最小的 Q 值，用微分方法可求得式（8 - 2 - 11）取得最小值时，有

$$Q^* = \sqrt{\frac{2DC_0}{(1-D/p)C_h}} \qquad (8-2-12)$$

4. 用 Excel 求解生产批量模型

【例8.4】设某厂甲车间产品每年半制品需要量为 8 000 吨，每年生产半制品能力为 200 000 吨，每吨生产费用为 0.4 元，设备装配费用每次 36 元。要使费用最低，甲车间最佳的储存策略该如何？

建模求解，如图 8 - 2 - 6 所示。

单元格 B4 ~ B7 是模型的输入部分。

单元格 B10 ~ B15 是模型的输出部分：

B10 = SQRT（2 * B6 * B4/（（1 − B6/B7）* B5））；

B11 = B6/B10；

B12 = 1/B11 * 365；

B13 = 1/2 *（1 − B6/B7）* B10 * B5；

B14 = B11 * B4；

B15 = B13 + B14。

由此可得甲车间最佳生产批量为 1 225 吨，两次调拨之间的时间间隔为 56 天。

生产批量模型计算		
输入		
装配费用/次(C_0):	36	元/次
年库存费用/单位(C_h):	0.4	元/吨
年需求量(D):	8000	吨
年生产量(P):	200000	吨
输出		
最优生产批量(Q*):	1225	吨
年生产次数:	7	次
挑拨时间间隔:	56	天
年存费用:	235	元
年装备费用:	235	元
总费用(TC):	470	元

图 8 – 2 – 6　生产批量模型

（三）允许缺货的 EOQ 模型

在大多数情况下，缺货会造成利润减少、顾客流失等诸多不良后果，然而在有些情况下，允许一定数量的缺货，以减少库存费用、降低库存总成本。例如，汽车销售商并不采取存储大量汽车以及时满足顾客需求的库存策略，而是在有顾客需求时才开始订购汽车，主要原因是汽车库存费用很高（主要是资金成本），所以在库存费用很高的情况下，允许一定程度的缺货会大大降低库存费用、节约资金。

缺货时，顾客一般会有两种选择：一是到别的商家购买；二是等待此商家再次购进商品。本部分介绍的允许缺货的 EOQ 模型中，假设没有及时购买商品的顾客会全部等待，商家再次购进商品时，首先满足这些等待顾客的需求。允许缺货的 EOQ 模型的其余假设与 EOQ 模型相同。

允许缺货的 EOQ 模型库存模式可用图 8 – 2 – 7 表示。

设模型中的各参数下：

Q——每次订购的批量；

D——年需求量；

S——缺货数量；

d——每天的需求量；

C_h——单位商品库存费用；

C_0——每次订购的费用；

C_b——单位产品缺货损失费用；

t——订货周期；

t_1——订货周期（T）内没有缺货的时间；

t_2——订货周期（T）内缺货的时间。

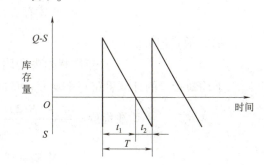

图 8 – 2 – 7　允许缺货的 EOQ 模型

从图 8 – 2 – 7 中可以看出新一批商品购进时库存缺货量为 S，此时立刻满足等待的顾客需求 S，这样最大库存量就不是 Q，而是 Q − S。

订货周期 T 分为两个部分：t_1 和 t_2。在 t_1 时间内到达的需求立刻满足，在 t_2 时间内到达的需求需要等待，直到下一批商品进库时才能得到满足。

上述两点就是允许缺货的 EOQ 模型的特征。下面通过分析允许缺货的 EOQ 模型的总费用来确定允许缺货的 EOQ 模型的库存策略，并通过例题介绍允许缺货的 EOQ 模型的 Excel 求解过程。

1. 允许缺货的模型总费用分析

（1）年订购费用。

$$年订购费用 = 年订购次数 \times C_0 = \frac{D}{Q} \times C_0 \tag{8-2-13}$$

（2）年库存费用。

$$年库存费用 = 年平均库存量 \times C_h$$

因为最大库存量 $= Q - S$，所以在 t_1 时间段内的平均库存量为 $(Q-S)/2$，而在 t_2 时间段内的平均库存量为 0，所以在一个订货周期内的平均库存量为

$$平均库存量 = \frac{1/2(Q-S)t_1 + 0t_2}{t_1 + t_2} = \frac{1/2(Q-S)t_1}{T}$$

$$t_1 = \frac{Q-S}{d}$$

$$t_2 = \frac{S}{d}$$

$$T = \frac{Q}{d}$$

所以有

$$平均库存量 = \frac{1/2(Q-S)\left[(Q-S)/d\right]}{Q/d} = \frac{(Q-S)^2}{2Q}$$

$$年库存费用 = \frac{(Q-S)^2}{2Q}C_h \tag{8-2-14}$$

（3）缺货损失的费用。

$$年缺货损失费用 = 年平均缺货量 \times C_b$$

平均缺货量的计算思路与平均库存量的计算思路相同。

$$平均缺货量 = \frac{0t_1 + (S/2)t_2}{T} = \frac{(S/2)t_2}{T} = \frac{(S/2)(S/d)}{Q/d} = \frac{S^2}{2Q}$$

$$年缺货损失费用 = \frac{S^2}{2Q}C_b \tag{8-2-15}$$

（4）总费用 TC。

总费用为年订购费用、年库存费用和年缺货损失费用之和，即

$$TC = \frac{D}{Q}C_0 + \frac{(Q-S)^2}{2Q}C_h + \frac{S^2}{2Q}C_b \tag{8-2-16}$$

2. 求解最优订购批量

最优订货批量 Q^* 和最大缺货量 S^* 即得总费用最小的 Q 和 S 值，用对 Q 和 S 的偏微分可求得式（8-2-16）取得最小值时：

$$Q^* = \sqrt{\frac{2DC_0}{C_h}\left(\frac{C_h + C_b}{C_b}\right)} \qquad (8-2-17)$$

$$S^* = Q^*\left(\frac{C_h}{C_h + C_b}\right) \qquad (8-2-18)$$

3. 用 Excel 求解允许缺货的 EOQ 模型

本部分通过某厂某种材料的库存问题来说明生产批量模型的 Excel 求解过程。

【例 8.5】某厂对某种材料的全年需求量为 1 040 吨，每次采购该种材料的订货费为 2 040 元，每年保管费为 170 元/吨，允许缺货且损失费为每年每吨 500 元，试问每次最优订货量为多少？每年应订货几次？每年的存储费用为多少？

【解】允许缺货的 EOQ 模型如图 8-2-8 所示。

	A	B	C
1	允许缺货的EOQ模型计算		
2			
3	输入		
4	订货费用/次(C_0):	2040	元/次
5	年库存费用/单位(C_h):	170	元/吨
6	年缺货费用/单位(C_b):	500	元/吨
7	年需求量(D):	1040	吨
8			
9	输出		
10	最优订货批量(Q^*):	183	吨
11	最大缺货量(S):	46	吨
12	年订货次数:	6	次
13	订货时间间隔:	64	天
14	年库存费用:	8657	元
15	年订货费用:	11601	元
16	年缺货费用:	2943	元
17	总费用(TC):	23202	元

图 8-2-8　允许缺货的 EOQ 模型

单元格 B4 ~ B7 是模型的输入部分。

单元格 B10 ~ B17 是模型输出部分：

B10 = = SQRT（2 * B7 * B4/B5 *（（B5 + B6）/B6））；

B11 = B10 *（B5/（B5 + B6））；

B12 = B7/B10；

B13 = 1/B12 * 365；

B14 = 1/2 *（B10 - B11）^2/B10 * B5；

B15 = B12 * B4；

B16 = 1/2 * B11^2/B10 * B6；

B17 = SUM（B14；B16）。

通过 Excel 计算得出，该厂每次的最优订货批量为 183 吨，最大缺货量为 46 吨，订货的时间间隔为 64 天。

【例 8.6】设某车间每月需要零件 30 000 只，每次的订购费是 500 元，每月每件的存

储费是 0.2 元，零件批量的单价如下：

当 $0 < Q < 10\,000$ 时，单价为 0.98 元；

当 $10\,000 \leqslant Q < 30\,000$ 时，单价为 0.94 元；

当 $Q \geqslant 50\,000$ 时，单价为 0.90 元。

试求此时该厂的最优订货量是多少？该厂为了最大限度享受数量折扣的优惠，而把每次的采购量定为 50 000 是否合算？

【解】数量折扣是供应商提供给买家的一种优惠条件，单位商品的购买随着购买量的增加而有一定程度的下降，它是订货数量的函数。常见的商品折扣形式如图 8 – 2 – 9 所示。

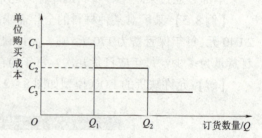

图 8 – 2 – 9　单位购置成本随订购数量的变化

从图 8 – 2 – 9 中可以看出，当订货数量 $0 < Q < Q_1$ 时，单位购买成本为 C_1；当 $Q_1 \leqslant Q < Q_2$ 时，商品的单位购买成本为 C_2，$C_2 < C_1$；当 $Q \geqslant Q_2$ 时，单位购买成本为 C_3，$C_3 < C_2$。

有数量折扣的 EOQ 模型假设条件与 EOQ 基本相同，只是单位购买费用随订货数量 Q 的变化而有所不同。

【建模求解】由此得出的问题求解思路如下：

（1）按照经济订货批量模型计算最优订货批量 Q^*。

（2）若 $Q^* < 10\,000$，则分别计算当订货批量为 Q^*、10 000、30 000 和 50 000 时的总库存费用，其中使得总费用最小的订货批量值就是最优订货批量；

若 $10\,000 < Q^* < 30\,000$，则分别计算当订货量为 Q^*、30 000 和 50 000 时的总库存费用，其中使得总费用最小的订货批量值就是最优订货批量；

若 $30\,000 \leqslant Q^* < 50\,000$，则分别计算当订货量为 Q^* 和 50 000 时的总库存费用，其中使得总费用最小的订货批量值就是最优订货批量；

若 $Q^* \geqslant 50\,000$，则 Q^* 就是最优订货量。

（3）由于有数量折扣，此时单位购买成本对最终的库存决策就会产生影响，因而总费用计算公式为

$$TC(Q) = \frac{1}{2}Q \times C_0 + \frac{D}{Q}C_h + D \times C(Q)$$

式中　C_0——每次的订购费用；

　　　C_h——单位商品的库存费用；

$C(Q)$——单位购买成本（随 Q 的变化而有改变）；

　　　TC——总费用。

（4）确定了最优订货批量后，就可以求解其他变量。

（5）用 Excel 求解有数量折扣的 EOQ 模型。

本部分通过 Excel 求解［例8.6］的库存问题。Excel 求解过程如图 8 – 2 – 10 所示。

	A	B	C
1	有数量折扣的EOQ模型计算		
2			
3	输入		
4	订货费用/次(C_0):	500	元/次
5	月库存费用/单位(C_h):	0.2	元/只
6	月需求量(D):	30000	只
7			
8	单位购买成本函数:		
9	数量等级	单位购成本	
10	0	1	元
11	10000	0.98	元
12	30000	0.94	元
13	50000	0.9	元
14			
15	输出		
16	EOQ模型计算的Q^*:	12247	吨
17	Q*总费用1(TC):	31849	元
18	Q=30000的总费用2(TC):	31700	元
19	Q=50000的总费用3(TC):	32300	元
20	最优订货批量:	30000	只
21	最小成本:	31700	元

图 8-2-10 有数量折扣的 EOQ 模型

单元格 B14~B13 是模型的输入部分，其中：

单元格 B10 代表的 Q 的范围是 $0 < Q < 10\ 000$；

单元格 B11 代表的 Q 的范围是 $10\ 000 \leqslant Q < 30\ 000$；

单元格 B12 代表的 Q 的范围是 $30\ 000 \leqslant Q < 50\ 000$；

单元格 B13 代表的 Q 的范围是 $Q \geqslant 50\ 000$；

单元格 B13~B21 是单元格的输出部分：

B16 = SQRT（2 * B6 * B4/B5）；

B17 = 1/2" * B16 * B5 + B6/B16 * B4 + B6 * B11；

B18 = 1/2 * A12 * B5 + B6/A12 * B4 + B6 * B12；

B19 = 1/2 * A13 * B5 + B6/A13 * B4 + B6 * B13；

B20 = IF（B21 = B17，B16，IF（B21 = B18，A12，A13））；

B21 = MIN（B17：B19）。

通过 Excel 计算可以得出，该厂每次的最优订货批量为 30 000 只。如果该厂一味强调享受优惠价格而把订货批量制定为 50 000 只，虽然元件购进价格便宜，但却因年库存费用的增加而使总费用较最优订货批量 30 000 只增加了 32 300 – 31 700 = 600（元），所以该厂把每次采购量定为 50 000 并不合算。

任务实施

【解】由于此模型不允许缺货，所以总费用不包括缺货损失费用，仅包括年订购费用、年购买费用和年库存费用三项，根据总费用公式求得最优订货批量，然后利用 Excel 求解即可。

步骤一：建立经济订货批量（EOQ）模型公式

（1）年订购费用。

$$年订购费用 = 年订货次数 \times 每次订购费用(C_0) = \frac{D}{Q} \times C_0$$

（2）年库存费用。

$$年库存费用 = 年平均库存量 \times 单位商品库存费用(C_h) = \frac{1}{2}Q \times C_h$$

（3）年购买费用。

$$年购买费用 = 年需求量(D) \times 单位购买费用(C) = DC$$

总费用用 TC 表示，即可求得

$$总费用 TC = \frac{D}{Q} \times C_0 + \frac{1}{2}Q \times C_h + DC$$

（4）求解最优订货批量。

最优订货批量 Q^* 就是使得总成本最小的 Q 值，用微分方法可求得当取得最小值时，有

$$Q^* = \sqrt{\frac{2DC_0}{C_h}}$$

即经济订货批量（EOQ）模型公式。当 Q 取 Q^* 时，年订购费用和年库存费用相等，即通过年订购费用曲线最低。

步骤二：用 Excel 求解 EOQ 模型

Excel 求解过程如图 8 – 2 – 11 所示。

	A	B	C
1	EOQ模型计算		
4	**输入**		
5	年保管费用率/单位:	17%	
6	订购费用/次(C₀):	20	元/次
7	价格/件(C):	300	元/件
8	年需求量(D):	400	件
10	**输出**		
11	年库存费用/单位(Cₕ):	51.00	元/件
12	经济订货批量(Q*):	17.71	件
13	年订货次数:	22.58	次
14	订货时间间隔:	16.16	天
15	年库存费用:	451.66	元
16	年订货费用:	451.66	元
17	总费用(TC):	120903.33	元

图 8 – 2 – 11　EOQ 模型计算过程

在实际操作中订货批量，订货次数必须是整数，因此商店每年的订货次数是 23 次，经济订货批量应为 18 件。

 请同学们扫描右侧二维码，观看"利用 Excel 求解库存控制问题–任务实施"的视频。

 任务拓展

工厂每年原料甲需求量为 1 800 吨，不允许缺货，若每月保管费为 60 元，订购费为 200 元，试求最优批量及每年最低的总存储费。

 任务巩固

一、选择题

1. 库存按其用途分，可以分为（　　　）。

A. 储备库存　　　　B. 基本库存　　　　C. 周转库存　　　　D. 安全库存

2. 下列属于持有库存原因的有（　　　）。

A. 应付各种变化，起到应急的缓冲作用

B. 减少季节性需求波动，使生产过程均衡、平稳

C. 工序间在制品库存可维持生产过程的连续性

D. 适量库存可最大限度缩短对顾客的相应时间

3. 库存模型的基本问题有（　　　）。

A. 如何使库存相关的总成本最小　　　　B. 应该库存什么商品

C. 补充库存时，每次的补充量是多少　　D. 应该间隔多长时间来补充库存

二、判断题

1. 订购费用与订货次数有关而与订货数量无关。（　　　）

2. 在同一存储模型中，可能既发生存储费用，又发生短缺费用。（　　　）

3. 在允许发生短缺的存储模型中，订货批量的确定应使由于存储量减少带来的节约能抵消缺货时造成的损失。（　　　）

4. 在其他费用不变的条件下，单位存储费用增加，最优订货批量也相应增大。（　　　）

5. 在其他费用不变条件下，最优订货批量随单位缺货费用的增大而减小。（　　　）

三、计算题

某制造厂在装配作业中需用一种外购件,需求率为常数,全年需要量为300万件,不允许缺货。一次订购费为100元,存储费为0.1元/(件·月)。库存占用资金每年利息、保险等费用为年平均库存金额的20%。该外购件进货单价和订购批量 Q 有关,具体关系见表8-2-2,试求经济订购批量。

表8-2-2　进货单价和订购批量

订购批量/件	$0 \leqslant Q < 10\ 000$	$10\ 000 \leqslant Q < 30\ 000$	$30\ 000 \leqslant Q < 50\ 000$	$Q \geqslant 50\ 000$
进货单价/元	1.00	0.98	0.96	0.94

 **任务评价**

学习任务完成情况评价

名称		评分标准或要求	分值	评价方式			得分
				自评	互评	师评	
理论知识评价	1	了解库存的基本概念	5				
	2	理解经济订货批量模型	10				
	3	理解生产批量(边进边出)模型	10				
	4	掌握允许缺货情况下的 EOQ 模型	10				
技能操作评价	5	能够利用 Excel 求解经济订货批量模型	15				
	6	能够利用 Excel 求解生产批量(边进边出)模型	15				
	7	能够利用 Excel 求解允许缺货情况下的 EOQ 模型	15				
职业素养评价	8	积极参与课堂互动	10				
	9	勇于表达自己的观点,语言表达流畅	10				
总分值			100	总得分			

任务三　掌握商贸流通企业物流优化

学习目标

知识目标	素质目标	技能目标
➤了解牛鞭效应的危害 ➤掌握降低牛鞭效应的方法 ➤掌握商贸流通企业需求预测 　与库存控制模拟试验的原理	➤能够阐述降低牛鞭效应的方法 ➤能够完成商贸流通企业需求预测 　与库存控制模拟试验	➤认真的治学态度，勤俭的 　生活习惯

任务描述

　　某复印社每月约消耗复印纸 80 箱，他从汇文批发站进货，每进一次货发生的固定费用为 200 元。汇文批发站规定，一次购买量 $Q < 300$ 箱时，每箱 120 元；当 $300 \leqslant Q \leqslant 500$ 时，每箱 119 元；当 $Q > 500$ 箱时，每箱 118 元。已知存储费为 16 元/年/箱，求该复印社每次进货的最佳批量，以使全年的总费用为最少。

任务资讯

　　商贸企业物流是指商品进入流通领域后的物流活动，是指商品被生产出来以后，通过销售最终消费的物流活动，即生产企业发货—商贸企业销售—最终消费的物流活动，这就是我们所说的商贸企业物流，它产生于商品交易过程中，包括从信息采集、订单到采购、储存、配送、结算、分析等环节。商贸企业物流以市场为起点，零售商根据顾客需求向批发商订货，批发商向分销商订货，接着分销商向制造商发出订货单营销信息系统将市场需求传递给工厂。

一、长鞭效应

　　零售商根据顾客需求向批发商订货，批发商向分销商订货，接着分销商向制造商发出订货单。批发商接受零售商的订单，并向其供应商—分销商订货。为了确定这些订单的订货量，批发商必须预测零售商的需求。如果批发商不能获知顾客的实际需求数据，则必须利用零售商已发出的订单进行预测。因为零售商订单的变动性明显大于顾客需求

的变动性，为了满足与零售商同样的服务水平，批发商被迫持有比零售商更多的安全库存，或者保持比零售商更高的能力。这种情况同样出现在批发商和分销商、分销商和制造商中，结果导致这些供应链成员维持更高的库存水平、发出更大的订单，从而发生更高的订货和库存成本。这种需求扭曲以逐级放大的形式沿供应链上游蔓延，即称为牛鞭效应。

牛鞭效应的危害具体表现在以下几个方面：

（1）库存积压，增加库存成本；

（2）增加了企业的生产成本和运输成本；

（3）使得用户需求得不到及时的满足，服务水平差；

（4）给人造成需求增加的错觉，使制造商投入的生产能力大于实际的需求。

降低牛鞭效应的方法：

（1）改进需求预测方法。

供应链上游总是将来自下游的需求信息作为自己需求预测的依据，并据此安排生产计划或供应计划。这种封闭式的逐级传递的需求信息是导致牛鞭效应产生的主要原因。我们假定供应链中的上游管理者是根据下游所传递的订单信息，采用指数平滑法来计算需求预测和安全库存的，那么供应商得到的订单将会有很大的波动。正是因为这种需求预测没有针对实际的市场需求，故需求预测的放大直接造成了供应链中各节点企业的库存增加，导致库存成本的增加。

（2）缩短订货提前期。

由于供应链上下游各级企业从订货到收货存在"时滞"，即某节点企业向其上游企业发出订货单到收到货物之间需要一段时间，这种"时滞"存在两方面的负面效应：一是使订货量的信息得不到及时的修正；二是企业要考虑"时滞"期的需求量，提高了安全库存。因此，各级企业在预计库存时都计入了提前期，而提前期越长，需求变动引起的库存和订货点的变化就越大。

（3）优化库存策略。

每一个企业通常使用某种方法控制库存。当库存耗尽时，下游企业会立刻向上游供应商发出订单，订货批量有周期批量和即刻批量两种形式。一般情况下，销售商并不会来一个订单就向上级供应商订货一次，而是在考虑库存和运输费用的基础上，在一个周期或者汇总到一定数量后再向供应商订货，即采用批量订货的方式，对订购方案进行优化。

（4）供应链的多层级结构。

供应链的多层级结构是由供应商、制造商、分销商、批发商、零售商和用户等组成的多层级的复杂的物流和信息流。供应链每一层级的参与者为了避免缺货都会设置安全库存，这些安全库存又因为上述原因在供应链内被逐级放大并累积。多层的累积反过来又导致上游企业对市场波动反应迟钝，供应链越长，层级越多，牛鞭效应越显著。

（5）信息的共享程度。

企业之间的信息共享程度存在完全信息共享、部分信息共享和信息不共享三种类型，而不同的信息共享程度对牛鞭效应的影响也不尽相同。信息完全共享，对生产的安排、计划的执行、库存的分配、市场的预测实行统一集中的控制，以便于识别加工过的信息，供应商也能了解到最终客户的实际需求，不会产生较大的订货波动，牛鞭效应影响小。部分信息的共享，如果合作领域包括的主要流程与订货流程息息相关，那么会对减少供应商订单波动产生一定影响。企业决策时如果无信息共享，其结果是最大化了牛鞭效应，特别是在产品短缺、交货时间长、市场波动比较大的情况下，供应链中的上游企业将面临巨大的需求波动。

二、商贸流通企业需求预测与库存控制模拟试验

啤酒游戏（Seer Game）是 20 世纪 60 年代，从 M1T 的 Sloan 管理学院所发展出来的一种物流管理动态模拟实验，用来模拟每阶段只有一名参与者的供应链运营，为我们较好地再现了牛鞭效应产生的过程。游戏中共有五个角色，分别是顾客、零售商、批发商、分销商及制造商。游戏是这样进行的：顾客—零售商—批发商—分销商—制造商（从左到右下订单，从右到左满足订单）。在经营一段时间以后，首先消费者需求出现微小调整，随后零售商、批发商、分销商的订单、库存量相继出现波动，并且沿供应链波动幅度越来越大，牛鞭效应的痕迹越来越明显。我们也借鉴这一思想，按照啤酒流通过程开展需求预测与库存控制模拟试验。

案例 1：千岛湖啤酒代理企业需求预测与库存控制模拟试验

杭州千岛湖啤酒有限公司创建于 1985 年 9 月（前身淳安县千岛湖啤酒厂，厂址淳安县汾口镇），1998 年 7 月转制成立有限责任公司，2004 年 6 月在千岛湖镇坪山工业区扩建 15 万千升啤酒生产能力的新厂，2006 年 12 月 14 日又与世界五百强、亚洲最大饮料生产商麒麟啤酒麦酒株式会社并购合资（外方占 25% 的股权），形成目前以杭州为总部，以汾口、千岛湖为两个生产基地，具有 30 万千升实际生产能力的中外合资企业。公司注册资本 26 500 万元，2010 年年底总资产 4.58 亿元，银行信用等级 AAA 级。现有职工 1 200 多人，公司占地面积达 43 万平方米，交通便捷，环境优美，是一座花园式的现代化生产企业。

杭州地区啤酒由千岛湖生产基地供货，其原料采购、产品生产、产品销售情况如图 8－3－1 所示。

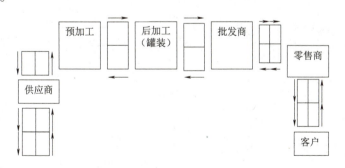

图 8－3－1　生产工艺流程图

客户（主要指酒店等较大需求的客户）每天下午由业务部汇总数据后，将信息传递给零售商销售人员，销售人员收到数据后在第三天下午将数据下达给仓库，仓库根据订

单组织货源，安排发货、装车，一般要到第四天才能将货物送到客户手中；同样道理，零售商每天将需求信息汇总，第二天下午由业务部门将信息传递给批发商，批发商销售人员收到信息后，于第三天将订单信息传给仓库，仓库根据订单组织货源，安排发货、装车，一般要到第四天才能将货物送到零售商；批发商将订单信息每天下午送到罐装厂，罐装厂当天收到后发货，第二天送到；罐装厂每天将订单信息下午送到预加工，预加工当天收到后发货，第二天送到；预加工每天将订单信息下午送到供应商，供应商当天收到后发货，第二天送到，供应商组织货源需要四天时间。

假定每箱啤酒每天保管费用为 0.1 元，脱销费用为 6 元，每次订货费用为 160 元，分 2~3 组进行模拟试验，并采用需求预测与库存控制理论进行优化，比较成本最低的库存优化策略。首先模拟这样一个库存策略：初始库存量为 120，其中一组 1 个月模拟数据表如表 8 - 3 - 1 所示。

表 8 - 3 - 1　模拟数据表　　　　　　　　　　　　箱

日期	收货	期初库存	需求量	库存结余	脱销数量	交货天数
1		120	16	104		
2		104	24	80		
3		80	20	60		
4		60	16	44		
5		44	22	22		
6	120	142	18	124		
7		124	22	102		
8		102	18	84		
9		84	22	62		
10		62	18	44		
11		44	24	20		
12	120	140	20	120		
13		120	16	104		
14		104	20	84		
15		84	18	66		
16		66	20	46		
17		46	18	28		
18	120	28	22	6		
19		126	20	106		
20		106	22	84		
21		84	20	64		
22		64	24	40		
23		40	20	20		
24	120	140	20	120		
25		120	16	104		
26		104	20	84		
27		84	16	68		
28		68	20	48		

日期	收货	期初库存	需求量	库存结余	脱销数量	交货天数
29		48	18	30		
30		30	22	8		

模拟过程延续 30 天，在此经营期内库存合计 2 568 箱，脱销损失合计 0，订货费为 640 元，库存月成本为 256.8 元，月总成本为 896.8 元。其 EOQ 模型如图 8－3－2 所示。

进行优化后，再次模拟 30 天，将结果进行对比，直到满意为止。

EOQ模型计算		
输入		
	年需求量	7202.667
	采购费用（每次）	160
	仓储费用（每年）	365
	最佳订购量	79.46488
输出	年订货次数	90.63963
	总费用	29004.68

图 8－3－2　EOQ 模型

任务实施

【解】依据已知条件可得 $D = 960$ 元，$C_0 = 200$ 元，$C_h = 16$ 元，即

$$Q^* = \sqrt{\frac{2DC_0}{C_h}} \approx 155 \text{ 箱}$$

因为 $Q^* < Q_1 = 300$ 箱，故需将一次进货量 $Q^* = 155$ 箱，与 $Q_1 = 300$ 箱、$Q_2 = 500$ 箱时的全年总费用进行比较。

当 $Q^* = 155$ 箱时，全年总费用为

$$200 \times \frac{960}{155} + \frac{1}{2} \times 16 \times 155 + 960 \times 120 = 117\,678.7 \text{（元）}$$

当一次进货 $Q_1 = 300$ 箱时，全年总费用为

$$200 \times \frac{960}{300} + \frac{1}{2} \times 16 \times 300 + 960 \times 119 = 117\,280 \text{（元）}$$

当一次进货 $Q_2 = 500$ 箱时，全年总费用为

$$200 \times \frac{960}{500} + \frac{1}{2} \times 16 \times 500 + 960 \times 118 = 117\,664 \text{（元）}$$

所以可得，最优决策为：每次进货 300 箱，全年总费用最少。

任务拓展

某工厂每月需要甲产品 100 件，每月生产 500 件，每批装配费为 5 元，每月每件产品保管费为 0.4 元，问每次生产批量为多少才可以使月保管费与装配费之和最低？

任务巩固

一、多选题

1. 下列属于降低牛鞭效应的方法的是（　　　）。

A. 改进需求预测方法　　　　　　B. 缩短订货提前期

C. 优化库存策略　　　　　　　　D. 供应链的多层级结构

2. 牛鞭效应的危害具体表现在（　　　）。

A. 库存积压，增加库存成本

B. 增加了企业的生产成本和运输成本

C. 使得用户需求得不到及时的满足，服务水平差

D. 给人造成需求增加的错觉，使制造商投入的生产能力大于实际的需求

二、判断题

1. 商贸企业物流，它产生于商品交易过程中，包括从信息采集、订单到采购、储存、配送、结算、分析等环节。（　　　）

2. 企业之间的信息共享程度存在完全信息共享、部分信息共享和信息不共享三种类型，而不同的信息共享程度对牛鞭效应的影响也不尽相同。（　　　）

三、思考题

谈一谈你如何理解商贸物流中的牛鞭效应。

任务评价

学习任务完成情况评价

名称		评分标准或要求	分值	评价方式			得分
				自评	互评	师评	
理论知识评价	1	了解牛鞭效应的危害	5				
	2	掌握降低牛鞭效应的方法	10				
	3	掌握商贸流通企业需求预测与库存控制模拟试验的原理	20				
技能操作评价	4	能够阐述降低牛鞭效应的方法	20				
	5	能够完成商贸流通企业需求预测与库存控制模拟试验	25				
职业素养评价	6	积极参与课堂互动	10				
	7	勇于表达自己的观点，语言表达流畅	10				
总分值			100	总得分			

项目九　认识对策行为与对策论

> **教学目标**：通过对策论的学习，研究对策现象中各方是否存在最合理的行动方案，以及如何找到最合理的行动方案。
>
> **本项目内容要点**：生活中的对策行为、对策论的提出、对策现象的三要素和对策问题的举例、分类。

对策也叫博弈，是自古以来的政治家和军事家都很关注并研究的问题。作为一门正式学科，其是在 20 世纪 40 年代形成并发展起来的。1944 年，冯·诺依曼（von Neumann）与摩根斯特恩（O. Morgenstern）的《博弈论与经济行为》一书出版，标志着现代博弈论的初步形成。20 世纪 50 年代，纳什（Nsh）建立了非合作博弈的"纳什均衡"理论，标志着博弈论新时代的开始。正是因为纳什在经济博弈论领域划时代的贡献，使其成为继冯·诺依曼之后对对策论发展贡献最大的学者，并因此获得了 1994 年诺贝尔经济学奖。纳什均衡概念在非合作博弈理论中起着核心作用，为博弈论广泛应用于经济学、管理学、社会学、政治学、军事科学等领域奠定了坚实的理论基础。

思政小课堂

田忌赛马出自西汉史学家司马迁撰写的纪传体史书《史记》卷六十五中《孙子吴起列传第五》：齐使者如梁，孙膑以刑徒阴见，说齐使。齐使以为奇，窃载与之齐。齐将田忌善而客待之。忌数与齐诸公子驰逐重射。

孙子见其马足不甚相远，马有上、中、下辈。于是孙子谓田忌曰："君弟重射，臣能令君胜。"田忌信然之，与王及诸公子逐射千金。

及临质，孙子曰："今以君之下驷与彼上驷，取君上驷与彼中驷，取君中驷与彼下驷。"既驰三辈毕，而田忌一不胜而再胜，卒得王千金。于是忌进孙子于威王。威王问兵法，遂以为师。

我们要懂得扬长避短，善于利用自身优势。当然从另一个角度来说，遇事要从不同的角度出发思考问题，要敢于打破常规的思考方法。

田忌赛马出自西汉史学家司马迁撰写的纪传体史书《史记》卷六十五：《孙子吴起列传第五》：齐使者如梁，孙膑以刑徒阴见，说齐使。齐使以为奇，窃载与之齐。齐将田忌善而客待之。忌数与齐诸公子驰逐重射。

孙子见其马足不甚相远，马有上、中、下辈。于是孙子谓田忌曰："君弟重射，臣能令君胜。"田忌信然之，与王及诸公子逐射千金。

及临质，孙子曰："今以君之下驷与彼上驷，取君上驷与彼中驷，取君中驷与彼下驷。"既驰三辈毕，而田忌一不胜而再胜，卒得王千金。于是忌进孙子于威王。威王问兵法，遂以为师。

我们要懂得扬长避短，善于利用自身优势。当然从另一个角度来说，遇事要从不同的角度出发思考问题，要敢于打破常规的思考方法。在思想理念、政策举措上既继承和弘扬优良传统，又勇于创新，提出新论断、新要求；坚持问题导向，直面前进道路上的新矛盾、新问题，深刻回答了中国之问、世界之问、人民之问、时代之问。

任务　认识对策论的基础内容

学习目标

知识目标	素质目标	技能目标
➤了解生活中出现的对策行为 ➤了解对策论的提出过程 ➤掌握对策论的三要素 ➤掌握对策问题的分类和举例	➤能够判断对策论的三要素 ➤能够针对对策问题举例	➤培养学生的契约精神和诚实守信的道德品质 ➤明白公而无私、大公无私等人生哲理

任务描述

A 和 B 在玩猜硬币游戏，游戏规则是双方各拿出一枚钱币，在不让对方看见的情况下将硬币出示给对方，如果两个钱币都呈正面或都呈反面，则 A 得 1 分，B 得 –1 分；如果两个硬币一正一反，则 A 得 –1 分，B 得 1 分。试分析该游戏中的对策三要素。

任务资讯

一、生活中的对策行为

在日常生活中经常可以看到一些具有对抗或竞争性质的现象，如下棋、打牌、体育比赛等。在战争中的双方，都力图选取对自己最有利的策略，千方百计地去战胜对手；在政治方面，国际间的谈判、各种政治力量间的较量、各国际集团间的角逐等都无不具有对抗性质；在经济活动中，各国之间的贸易摩擦、企业之间的竞争等，举不胜举。

具有竞争或对抗性质的行为称为对策行为。在这类现象中，参加竞争或对抗的各方各自具有不同的利益和目标。为了达到各自的利益和目标，各方必须考虑对手的各种可能行动方案，并力图选取对自己最有利或最合理的方案。对策论就是研究对策现象中各方是否存在最合理的行动方案，以及如何找到最合理的行动方案。

在我国古代，"齐王赛马"就是一个典型的对策论研究的例子。战国时期，有一天齐王提出要与田忌赛马，双方约定：从各自的上、中、下三个等级的马中各选一匹参赛；每匹马均只能参赛一次；每一次比赛双方各出一匹马，负者要付给胜者千金。已经知道的是，在同等级的马中，田忌的马不如齐王的马，而如果田忌的马比齐王的马高一等级，则田忌的马可取胜。当时，田忌手下的一个谋士给他出了个主意：每次比赛时先让齐王牵出他要参赛的马，然后用下马对齐王的上马，用中马对齐王的下马，用上马对齐王的中马。比赛结果，田忌二胜一负，夺得千金。由此看来，两个人各采取什么样的出马次序对胜负是至关重要的。

二、对策论的提出

对策论（Game Theory）又称竞赛论或博弈论，是研究具有对抗或竞争性质现象的数学理论和方法。它既是现代数学的一个新分支，也是运筹学的一个重要学科。对策论发展的历史并不长，但由于它所研究的现象与政治、经济、军事活动乃至一般的日常生活等有着密切联系，并且处理问题的方法具有明显特色，所以日益引起广泛的重视。特别是从 20 世纪 50 年代纳什（Nsh）建立了非合作博弈的"纳什均衡"理论后，标志着对策论发展的一个新时期的开始。对策论在这一新时期发展的一个突出特点是，博弈的理论和方法被广泛应用于经济学的各个学科，成功地解释了具有不同利益的市场主体，在不完备信息条件下，如何实现竞争并达到均衡。正是由于纳什在对策论研究和将对策论应用于经济学研究方面的突出贡献，使得他于 1994 年获得了诺贝尔经济学奖。他提出的著名的纳什均衡概念在非合作博弈理论中起着核心作用，为对策论广泛应用于经济学、管理学、社会学、政治学、军事科学等领域奠定了坚实的理论基础。

三、对策现象的三要素

（一）局中人

在一个对策行为（或一局对策）中，有权决定自己行动方案的对策参加者称为局中

人。通常用 I 表示局中人的集合，如果有 n 个局中人，则 $I = \{1, 2, 3, \cdots, n\}$。一般要求一个对策中至少要有两个局中人，如在"齐王赛马"的例子中，局中人是齐王和田忌。

（二）策略集

一局对策中，可供局中人选择的一个实际可行的完整的行动方案称为一个策略。参加对策的每一局中人 i $(i \in I)$，都有自己的策略集 S_i。一般每一局中人的策略集中至少应包括两个策略。在"齐王赛马"的例子中，如果用（上、中、下）表示以上马、中马、下马依次参赛这样一个次序，这就是一个完整的行动方案，即为一个策略。可见，局中人齐王和田忌各自都有 6 个策略：（上、中、下），（上、下、中），（中、上、下），（中、下、上），（下、中、上），（下、上、中）。

（三）赢得函数（支付函数）

在一局对策中，各局中人选定的策略形成的策略组称为一个局势，即若 S_i 是第 i 个局中人的一个策略，则 n 个局中人的策略组：

$$s = (s_1, s_2, \cdots, s_n)$$

就是一个局势。全体局势的集合 S 可用各局中人策略集的笛卡儿积表示，即

$$S = S_1 \times S_2 \times \cdots \times S_n$$

当一个局势出现后，对策的结果也就确定了。也就是说，对任一局势 $s \in S$，局中人可以得到一个赢得值 $H_i(s)$。显然 $H_i(s)$ 是局势 s 的函数，称为第 i 个局中人的赢得函数。在齐王与田忌赛马的例子中，局中人集合为 $I = \{1, 2\}$，齐王和田忌的策略集可分别用 $S_1 = (a_1, a_2, a_3, a_4, a_5, a_6)$ 和 $S_1 = (b_1, b_2, b_3, b_4, b_5, b_6)$ 表示。这样，齐王的任一策略 a_i 和田忌的任一策略 b_i 就形成了一个局势 s_{ij}。如果 $a_1 = $（上，中，下），$b_1 = $（上，中，下），则在局势 s_{11} 下齐王的赢得值为 $H_1(s_{11}) = 3$，田忌的赢得值为 $H_2(s_{11}) = -3$，如此等等。

一般地，当局中人、策略集和赢得函数这三个要素确定后，一个对策模型也就给定了。

四、对策问题的举例及分类

对策论在经济管理的众多领域中有着十分广泛的应用。下面列举几个可以用对策论思想和模型进行分析的例子。

【例 9.1】（市场购买力争夺问题）据预测，某乡镇下一年的饮食品购买力将有 4 000 万元。乡镇企业和中心城市企业饮食品的生产情况是：乡镇企业有特色饮食品和低档饮食品两类，中心城市企业有高档饮食品和低档饮食品两类。它们争夺这一部分购买力的结局见表 9 - 1 - 1，表中数字是相应策略下对乡镇企业的营销额，单位是万元。问题是乡镇企业和中心城市企业应如何选择对自己最有利的产品策略。

表 9 – 1 – 1　乡镇企业所得　　　　　　　　　　　万元

乡镇企业策略	中心城市企业策略	
	出售高档饮食品	出售低档饮食品
出售特色饮食品	2 000	3 000
出售低档饮食品	1 000	3 000

【例9.2】（囚犯难题）设有两个嫌疑犯因涉嫌某一大案被警官拘留，警官分别对两人进行审讯。根据法律，如果两个人都承认此案是他们干的，则每人各被判刑7年；如果两人都不承认，则由于证据不足，两人各被判刑1年；如果只有一人承认，则承认者予以宽大释放，而不承认者将被判刑9年。因此，对两个囚犯来说，面临一个在"承认"和"不承认"这两个策略间进行选择的难题。

上面两个例子都可以看成是一个对策问题。而对策问题有些是二人对策，有些是多人对策；有些是有限对策，有些是无限对策；有些是零和对策，有些是非零和对策；有些是合作对策，有些是非合作对策等。为了便于对不同的对策问题进行研究，对策论中将问题根据不同方式进行了分类。通常的分类方式有以下几种：

（1）根据局中人的个数，分为二人对策和多人对策；

（2）根据各局中人赢得函数的代数和是否为零，分为零和对策与非零和对策；

（3）根据各局中人间是否允许合作，分为合作对策和非合作对策；

（4）根据局中人策略集中的策略个数，分为有限对策和无限对策。

此外，还有许多其他的分类方式，例如根据策略的选择是否与时间有关，可分为静态对策和动态对策；根据对策模型的数学特征，可分为矩阵对策、连续对策、微分对策、阵地对策、凸对策和随机对策等。

任务实施

对策现象的三要素即为局中人、策略集合赢得函数（支付函数）。

步骤一：局中人

在该游戏中，局中人是 A 和 B。

步骤二：策略集

此游戏中 A 和 B 各有两个策略，出示硬币的正面和反面。

用 α_1、α_2 表示 A 出示正面和反面这两个策略，用 β_1、β_2 表示 B 出示正面和反面这两个策略，则

$$S_1 = \{\alpha_1,\ \alpha_2\},\ S_2 = \{\beta_1,\ \beta_2\}$$

步骤三：赢得函数（支付函数）

当两个局中人分别从自己的策略集合中选定一个策略以后，就得到一个局势，这个

游戏的局势集合为

$$S = S_1 \times S_2 = \{(\alpha_1, \beta_1), (\alpha_1, \beta_2), (\alpha_2, \beta_1), (\alpha_2, \beta_2)\}$$

两个局中人的赢得函数 H_1、H_2 是定义在局势集合上的函数，由给定的规则得到

$$H_1(\alpha_1, \beta_1) = 1, \ H_1(\alpha_1, \beta_2) = H_1(\alpha_2, \beta_1) = -1, \ H_1(\alpha_2, \beta_2) = 1$$

$$H_2(\alpha_1, \beta_1) = -1, \ H_2(\alpha_1, \beta_2) = H_1(\alpha_2, \beta_1) = 1, \ H_2(\alpha_2, \beta_2) = -1$$

也可用图 9 – 1 – 1 中的表格表示：

若局中人 A 出反面（策略 2），局中人 B 也出反面（策略 2），则在图 9 – 1 – 1 表格中第 2 行、第 2 列处的元素 1 就是局中人 B 应该付给局中人 A 1 个单位的数目（例如以元为单位），即局中人 A 得到赢得（Payoff）1。

又如局中人 A 选择策略 1（正面），局中人 B 选择策略 2（反面），此时第 1 行第 2 列的元素是 –1，表示局中人 A 得到赢得值为 –1，即局中人 A 输掉 1 个单位。换句话说，局中人 B 从局中人 A 处赢进 1 个单位。

局中人 B

		β_1	β_2
局中人 A	α_1	1	–1
	α_2	–1	1

图 9 – 1 – 1　赢得函数的表格表示

任务拓展

2 个小孩玩猜拳的游戏，游戏中，双方可分别出石头、剪刀、步。规则是：剪刀赢布，布赢石头，石头赢剪刀，赢者得一分；若双方所出相同，算和局，均不得分。试分析该游戏中的对策三要素。

任务巩固

一、单选题

1. 下列选项中不是对策行为的基本要素的是（　　　）。

A. 策略集　　　B. 赢得函数　　　C. 鞍点　　　D. 局中人

2. （　　　）又称竞赛论或博弈论，是研究具有对抗或竞争性质现象的数学理论和方法。

A. 存储论　　　B. 对策论　　　C. 排队论　　　D. 决策论

二、判断题

1. 具有竞争或对抗性质的行为称为对策行为。（　　　）

2. 对策论就是研究对策现象中各方是否存在最合理的行动方案，以及如何找到最合理的行动方案。（　　　）

3. 根据各局中人赢得函数的代数和是否为零，分为合作对策和非合作对策。（　　　）

三、思考题

"二指莫拉问题"：甲、乙二人游戏，每人出一个或两个手指，同时又把猜测对方所出的指数叫出来。如果只有一个人猜测正确，则他所赢得的数目为二人所出指数之和，否则重新开始，写出该对策中各局中人的策略集合。

 任务评价

学习任务完成情况评价

名称		评分标准或要求	分值	评价方式			得分
				自评	互评	师评	
理论知识评价	1	了解生活中出现的对策行为	10				
	2	了解对策论的提出过程	10				
	3	掌握对策论的三要素	10				
	4	掌握对策问题的分类和举例	10				
技能操作评价	5	能够根据对策论的三要素进行判断	20				
	6	能够针对对策问题举例	20				
职业素养评价	7	积极参与课堂互动	10				
	8	勇于表达自己的观点，语言表达流畅	10				
总分值			100	总得分			

附录　本书涉及的 Excel 函数

1. SUM 函数

函数名称：SUM。

主要功能：计算所有参数数值的和。

使用格式：SUM（Number1，Number2，…）。

参数说明：Number1、Number2，…代表需要计算的值，可以是具体的数值、引用的单元格（区域）、逻辑值等。

特别提醒：如果参数为数组或引用，则只有其中的数字将被计算，数组或引用中的空白单元格、逻辑值、文本或错误值将被忽略。

2. MAX 函数

函数名称：MAX。

主要功能：求出一组数中的最大值。

使用格式：MAX（number1，number2，…）。

参数说明：number1，number2，…代表需要求最大值的数值或引用单元格（区域），参数不超过 30 个。

特别提醒：如果参数中有文本或逻辑值，则忽略。

3. MIN 函数

函数名称：MIN。

主要功能：求出一组数中的最小值。

使用格式：MIN（number1，number2，…）。

参数说明：number1，number2，…代表需要求最小值的数值或引用单元格（区域），参数不超过 30 个。

特别提醒：如果参数中有文本或逻辑值，则忽略。

4. AVERAGE 函数

函数名称：AVERAGE。

主要功能：求出所有参数的算术平均值。

使用格式：AVERAGE（number1，number2，…）。

参数说明：number1，number2，…代表需要求平均值的数值或引用单元格（区域），参数不超过 30 个。

特别提醒：如果引用区域中包含"0"值单元格，则计算在内；如果引用区域中包含空白或字符单元格，则不计算在内。

5. TODAY 函数

函数名称：TODAY。

主要功能：给出系统日期。

使用格式：TODAY（）。

参数说明：该函数不需要参数。

6. IF 函数

函数名称：IF。

主要功能：根据对指定条件的逻辑判断的真假结果，返回相对应的内容。

使用格式：= IF（Logical，Value_ if_ true，Value_ if_ false）。

参数说明：Logical 代表逻辑判断表达式；Value_ if_ true 表示当判断条件为逻辑"真（TRUE）"时的显示内容，如果忽略，则返回"TRUE"；Value_ if_ false 表示当判断条件为逻辑"假（FALSE）"时的显示内容，如果忽略，则返回"FALSE"。

7. SUMPRODUCT 函数

函数名称：SUMPRODUCT。

主要功能：在给定的几组数组中，将数组间对应的元素相乘，并返回乘积之和。

使用格式：= SUMPRODUCT（array1，array2，array3，…）。

参数说明：Array1，array2，array3，…为 2 到 30 个数组，其相应元素需要进行相乘并求和。

特别提醒：数组参数必须具有相同的维数，否则函数 SUMPRODUCT 将返回错误值 #VALUE！。函数 SUMPRODUCT 将非数值型的数组元素作为 0 处理。

8. COUNT 函数

函数名称：COUNT。

主要功能：计算参数列表中的数字项的个数。

使用格式：= COUNT（value1，value2，…）。

参数说明：Value1，value2，…是包含或引用各种类型数据的参数（1 ~ 30 个），但只有数字类型的数据才被计数。

特别提醒：如果参数是一个数组或引用，那么只统计数组或引用中的数字；数组中或引用的空单元格、逻辑值、文字或错误值都将被忽略。如果要统计逻辑值、文字或错误值，则使用函数 COUNTA。

9. SUMXMY2 函数

函数名称：SUMXMY2。

主要功能：返回两数组中对应数值之差的平方和。

使用格式：= SUMXMY2（array_ x，array_ y）。

参数说明：Array_ x，必需。第一个数组或数值区域。

Array_ y，必需。第二个数组或数值区域。

特别提醒：参数可以是数字，或者是包含数字的名称、数组或引用。如果数组或引用参数包含文本、逻辑值或空白单元格，则这些值将被忽略，但包含零值的单元格将被计算在内。如果 array_ x 和 array_ y 的元素数目不同，则函数 SUMXMY2 将返回错误值#N。

参 考 文 献

［1］叶向．实用运筹学——运用 Excel 建模和求解［M］．北京：中国人民大学出版社，2006．

［2］朱道立，等．运筹学［M］．北京：高等教育出版社，2006．

［3］王文平．运筹学．北京：科学出版社，2007．

［4］叶向．实用运筹学——运用 Excel 建模和求解［M］．北京：中国人民大学出版社，2006．

［5］姚文斌．物流运筹实务［M］．北京：机械工业出版社，2014．